나는
사이버 외교관
반크다

아시아의 중심! 동북아의 관문!
전 세계 모든 이들과 꿈과 우정, 비즈니스를 나누는 나라
대한민국 KOREA

 '반크' 사명 선언문

1. 77억 외국인을 대상으로 한국의 이미지를 변화시킨다

2. 우리는 흩어진 750만 한민족을 하나로 모은다

3. 우리는 7천만 대한민국 국민들의 꿈을 격려하고 고양하며 촉진시키고 섬긴다

　　　　"나 사이버 외교 사절단 반크 가족 (　　　　　　　)은
　　　　위와 같은 미션을 항상 가슴속에 간직하고 반드시
　　　　우리의 주어진 사명을 실현시키겠습니다."

　　　　이메일주소 : ＿＿＿＿＿＿＿＿＿＿＿＿＿

www.prkorea.com

나는
사이버 외교관
반크다

박기태 지음

한길

프롤로그

한국을 변화시키는 건
바로 당신!

우리 청소년들에게 꼭 필요한 일

안녕하세요. 저는 반크 사이트에 가끔 들러서 많은 것을 보고, 배우는 주부랍니다. 이 사이트는 자녀들에게 정말 유익하고 좋은 사이트입니다. 주소는 www.prkorea.com인데, '사이버 외교 사절단 반크'라는 제목을 갖고 있어요. 아마 아시는 분들도 있을 거라 생각합니다. 요즘 아이들 사이에서는 선풍적인 인기를 끌고 있거든요.

이 사이트는 사이버 외교관을 양성하는 것을 목표로 하고 있는데, 외국 친구와 해외 펜팔을 하면서 한국을 홍보한다고 해서 '사이버 외교관'이라고 하나 봐요. 세계 속의 한국을 변화시키겠다는 포부를 갖고 있고요. 청와대에서도 추천 사이트로 선정했고, 매스컴에도 여러 번 등장한 유명한 사이트랍니다.

제 아이는 여기 반크의 회원이 되고 나서부터는 컴퓨터 게임을 하는 시간이 확 줄고 외국 친구에게 영어 편지를 쓰느라 정신이 없답니다. 그래서 그런지 영어 성적도 부쩍 올랐고요. 어느 날인가 자기는 '외국 친구들에게 한국을 알리는 사이버 외교관'이라면서 잔뜩 폼을 잡기도 하더군요. 자기의 작은 노력으로 할 수 있는 일이 참 많고, 그동안 모르고 지나쳤던 일들이 너무나 많다는 것을 깨달았대요. 참 기특했죠. 반크는 정말 건강한 삶의 방식을 가르치는 곳이에요.

새 희망을 갖게 되었답니다

젊었을 때 했던 나라 걱정은 다 어디 가고, 하루하루 애들 씻기고 먹이는 일로 일상을 채워가는 아기 엄마입니다. 우리나라의 실망스런 여러 모습에 절망을 느껴 이민을 생각하면서 비겁하게 지내다가 우연히 반크를 알게 되었습니다. 그리고는 새 희망을 갖게 되었답니다. '그래, 지금은 만 명이지만 언젠가는 20만 명이 되고, 그 사람들이 외국 친구 5명에게만 우리나라를 알려도 100만 명이 우리의 친구가 되는 거야.' 무모해보이지만 아주 건실한 삶의 방식 하나를 알게 되었습니다. 아무리 부정하려 해도 내 나라는 한국이고, 이민을 간다 해도 자기 나라의 수준에 따라 대우를 받을 수밖에 없다는 것을 깨달았습니다. 그리고 앞으로 내 아이가 살아갈 이 나라를 좀 더 자랑스러운 나라로 만들어야겠다고 다짐했습니다. 이건 아주 이기적인 발상일지도 모르지만, 희망 하나를 마음속에 걸어봅니다. 내 아이들이 자부심을 느낄 수 있는 나라, 전 세계 모든 이들과 꿈과 우정을 나누는 대한민국을 만들기 위해서.

한국을 변화시키는 힘

위의 사연들은 반크의 주부 회원으로 자녀와 함께 활동하고 있는 김정숙 님과 김인수 님께서 여러 인터넷 사이트에 올린 글입니다. 필자는 그동안 수많은 반크 가족들이 변화하는 모습을 지켜봤습니다. 처음엔 초, 중, 고등학생들에서부터 시작된 작은 변화가 점진적으로 주부들까지 확산되었고, 지금은 우리나라 모든 구성원들로까지 퍼져나가고 있습니다. 필자가 지난 20년간 반크의 모든 구성원을 통해 알게 된 변화의 흐름은 크게 4가지 방향으로 정리할 수 있습니다.

그 첫 번째 변화의 주체는 '우리나라 어린이'였습니다. 폭력성이 강한 게임과 저질 상업성 음란 사이트에 빠져 허우적거리는 수많은 어린이들이 전 세계 해외 친구들과의 순수한 만남을 통해 밝고 건전한 마음을 갖게 되는 모습을 보았습니다.

두 번째 변화의 주체는 '우리나라 청소년'이었습니다. 교실 파괴까지 이어지는 교육 환경 속에서 목적 없이 공부하는 청소년들이 전 세계 외국 친구들과 이메일을 교류하면서 외국어, 한국 문화, 역사 등을 자발적으로 공부하는 모습을 보았습니다.

그리고 세 번째 주체는 '우리나라 어른'이었습니다. 우리나라 어른들이 잃어버린 꿈을 다시 회복하고 가치 있는 꿈을 발견하여, 그 꿈을 사회에서 실현시켜나가는 모습을 보았습니다. 그분들의 꿈은 격려받고, 고양되고 촉진되었습니다.

마지막 변화의 주체는 바로 이 모든 사람들이 살고 있는 '우리나라 대한민국'이었습니다. 우리나라 국민들이 전 세계 모든 외국인을 대상으로 한국 홍보 활동을 전개하여 세계 속 한국의 위상을 드높이고, 이러한 과정 속에서 대한민국의 정치, 경제, 사회, 문화가 변화되는 모습을 생생히 보았습니다.

이 책은 바로 반크의 구성원들 사이에서 보았던 4가지 변화들이 우리나라 모든 사람들에게 확장되기를 바라는 마음에서, 그리고 대한민국 사회 전 영역으로 확장되기를 바라는 마음에서 집필되었습니다.

무엇보다 필자는 이 책을 읽는 독자 여러분이 외국인 친구와 친밀감을 나누는 기쁨, 지구 반대쪽의 친구들과 꿈과 우정을 나누는 가슴 벅찬 감동으로 설렘 가득한 하루하루를 보내길 바랍니다. '지금 이 시간 친구들이 있는 곳은 몇 시일까?' 시차를 계산하면서 이메일을 기다리고, '오늘은 또 어떤 내용으로 메일을 쓸까?' 생각하며 무미건조한 여러분의 생활이 활력을 찾을 수 있기를 바랍니다.

그리고 외국 친구 단 한 사람을 대상으로 시작한 여러분의 '한국 바로 알리기' 활동이 어떤 진행 과정을 거쳐 친구가 속한 가정, 지역 사회, 국가에까지 영향을 미치게 되는지 알게 되기를 소망합니다. 친구에게 있어 가장 낯설었던 한국이라는 작은 나라가 전 세계에서 가장 친근하고 큰 나라 대한민국으로 자리매김하는 전 과정을 파노라마처럼 한눈에 볼 수 있기를 바랍니다. 그래서 세계 속의 한국을 변화시키는 힘의 주체는 특정 계층이나 인물이 아니라 바로 여러분 자신이라는 것을 깨우치길 바랍니다.

바로 여러분이 세계 속의 한국을 변화시키는 힘입니다.

contents

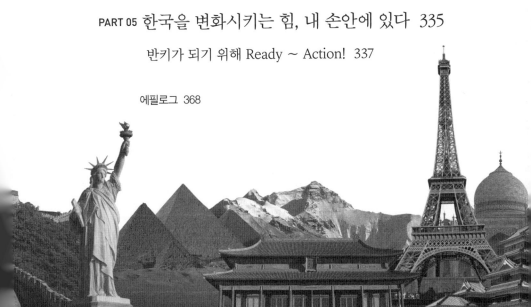

머리말

모든 변화는
아주 작은 행동에서 시작된다

처음 반크가 시작된 것은 1999년 초입니다. 지금 생각하면 참 작은 시작이었던 것 같습니다. 당시 필자는 외국 친구들과 펜팔을 통해 영어 공부도 하고 국제 감각도 키우고 싶다는 생각을 하고, 미국, 유럽 등 각 대학의 아시아 관련 학과 게시판에 무작정 자기 소개서를 띄웠습니다.

'나는 월드컵이 열리는 나라, 한국의 박기태다. 한국과 아시아에 관심이 많은 전 세계 친구들과 사귀고 싶다. 관심이 있으면 나에게 메일을 보내달라. 내가 당신만의 사이버 관광 가이드가 되어주겠다.'라고요. 예상 외로 호응은 뜨거웠고, 하루에 수십 통의 메일이 쏟아졌습니다. '아시아'하면 중국과 일본을 먼저 떠올리는 그들에게 한국과 한국인의 존재 자체가 흥미롭게 느껴졌던 것 같습니다. 또 인터넷상에서 사이버 관광 가이드가 되어주겠다는 아이디어가 통한 것 같습니다.

이런 경험을 바탕으로 '외국 친구들과의 이메일 펜팔 교류'를 주제로 한 개인 홈페이지도 만들었습니다. 그런데 개인적인 기록을 위해 열었던 이 홈페이지가 뜻밖에 네티즌, 특히 초, 중, 고등학생들의 뜨거운 관심을 받기 시작했습니다. 이는 아무래도 해외여행이나 어학연수를 가지 않고도 외국 친구를 사귈 수 있다는 것이 학생들에게 매력적으로 느껴졌기 때문인 것 같습니다.

그런데 외국 친구와 처음 메일 교류를 시작할 때는 개인적인 교류만으로도 신기하고 재미있었지만, 시간이 지나고 관계가 깊어지면서 새로운 관심사를 갖게 되었습니다. 그것은 바로 내가 아닌 내가 사는 나라, '한국'에 대한 관심이었습니다. 직접 이야기를 나눠보니 외국 친구들은 한국에 대해 잘못 알고 있는 것이 너무나 많았습니다. 약소한 국가, 비겁한 나라, 낙후된 국가…. 그들이 알고 있는 한국은 우리가 살고 있는 한국과는 너무나 달랐습니다.

필자는 이런 사실들을 홈페이지 회원들에게 모두 알렸고, 그때부터 제 홈페이지는 '해외 펜팔 – 사이버 관광 가이드'의 역할에서 '국가 홍보 – 사이버 외교관'으로 역할 전환을 하게 됐습니다. 이것이 지금의 '반크'가 탄생하게 된 배경입니다.

많은 사람들이 알고 있는 것처럼 반크는 세계 지도에서 없어진 '동해'를 살린 단체입니다. 사람들은 수십 년 동안 정부조차도 하지 못한 일을 어떻게 해냈냐며 의아해합니다. 반크는 그때마다 대답합니다. 비밀은 '겨자씨'에 있다고 말입니다. 필자가 매일 읽는 성경에 겨자씨에 관한 비유가 하나 나옵니다. 작은 겨자씨가 자라면 풀보다 더 커져서 나무가 되고, 그 나무에 새까지 와서 휴식을 취합니다. 반크 활동도 마찬가집니다.

한국에 한 번도 온 적이 없는 지구 반대편의 외국인 친구들이 지도상에서 보면 너무나 작은 나라에 불과한 한국에 대해 궁금해하고, 김치도 모르던 친구가 한국말을 배워보겠다며 한국어 사전을 삽니다. 그리고 친구의 나라인 한국에서 외교관으로 활동하고 싶다며 외무 고시를 준비합니다. 그리고 일본해라고 표기된 외국 교과서를 보면 동해로 바꿔달라고 그 출판사에 직접 편지를 보내고 있습니다. 외국인 친구를 사귀는 것은 어찌 보면 아주 작은 일일 수도 있습니다. 하지만 내가 사귄 친구의 마음속에서 한국의 이미지가 바뀐다면, 그 변화는 더 넓고 깊게 확산될 겁니다.

나 혼자서 하는 일이 어떻게 세상에 영향을 미치겠느냐는 생각을 하기 전에 아주 작은 씨앗도 큰 나무로 성장할 수 있다는 '겨자씨 믿음'을 가지고 내가 먼저 실천한다면, 그리고 더 많은 사람들이 더불어 이런 생각을 할 수만 있다면 못할 것도 없지 않겠습니까? 겨자씨 같은 기적이 우리나라 곳곳에서 일어나지 않을까요? 이 책이 바로 우리나라 모든 사람들이 그런 겨자씨의 믿음을 삶의 가치관으로 삼을 수 있도록 돕기를, 그리고 겨자씨의 기적이 한국을 변화시키는 힘이라는 사실을 보여주는 역할을 할 수 있기를 기대합니다.

반크가 중국과 일본의 역사 왜곡 문제로 주목을 받자, 한국을 너무 사랑해서 모인 단체로 오해하는 경우가 많습니다. 아마 저희 반크의 캐치프레이즈 가운데 '아시아의 중심, 동북아의 관문'이라는 표현 때문에 오해가 생기는 것 같습니다. 반크의 핵심은 그다음에 나오는 '전 세계 모든 이와 꿈과 우정을 나누는 나라'입니다.

중국처럼 땅이 많다고, 일본처럼 돈이 많다고 리더가 될 수 있는 건 아닙니다. 교류를 통해 자발적으로 리더십을 인정받아야 합니다. 저희 반크의 모든 구성원들은 외국인과 직접적으로 교류 활동을 전개하고 해외 초, 중, 고등학교와 단체 교류 활동도 펼치는데, 그쪽 선생님들이 이런 말씀을 하십니다. 아이들이 일본이나 중국 아이와 사귈 때랑 다르게 한국 아이와 사귀면 바로 한국과 사랑에 빠진다는 겁니다. 사귄 지 몇 달 안 돼도 갖은 선물을 보내곤 하는 게 한국 사람들이라서 그런 것 같습니다.

한국이 아시아의 중심 국가가 될 수 있을까, 의심스러워하는 사람도 많지만 저희의 생각은 이렇습니다. 대륙과 섬을 연결하는 반도국이라서 대륙과도 섬과도 교류가 가능하고, 사계절이 있는 나라라서 열대 나라와도 한대 나라와도 얘기가 잘 통합니다.

따라서 저희 반크는 이와 같은 한국의 장점을 발전시켜 전 세계 모든 외국인들에게 한국이라는 나라를 단짝 친구처럼 신뢰할 수 있는 나라로 변화시키고자 노력하고자 합니다. 민족을 가슴에 품고 전 세계인을 향해 친구로 나아가는 것, 그것이 반크가 지향하는 21세기 지구촌 시대를 향한 한국인의 비전이자 아시아의 빛으로 세계를 이끌어가는 대한민국의 미래입니다.

반크를 통해 21세기 대한민국은 '아시아의 중심, 동북아의 관문'이 되어 물질적으로 풍요한 나라가 될 것이고, 또 '전 세계 모든 이와 꿈과 우정을 나누는 나라'가 되어 정신적으로도 풍요로워질 것입니다.

한국을 변화시키고 싶으세요? 모든 씨앗 중 가장 작은 겨자씨가 자라면 그 어떤 풀보다 커져서 큰 나무가 되고 공중의 새들까지 와서 그 가지에 깃들듯이, 한 명의 외국 친구를 사귀면 전 세계 77억 인구가 '친구의 나라 한국'을 사랑하게 됩니다. 한 명의 외국 친구를 사귀면 우리나라 7천만 인구가 내 나라 한국을 더 사랑하게 됩니다. 그렇게 되면 전 세계 모든 이들과 꿈과 우정을 나눌 수 있는 나라, 대한민국 KOREA가 될 것입니다.

그렇지만 한 가지 잊지 말아야 할 중요한 것이 있습니다. 한 명의 외국 친구를 사귀는 것은 누구나 시작할 수 있는 일이지만, 한 명의 외국 친구가 한국을 사랑하게 되기까지의 과정에는 무한한 정성과 인내, 책임감, 그리고 헌신이 필요하다는 사실을 말이죠.

이제 여러분은 겨자씨의 기적을 실천하기 위한 첫걸음을 내딛었습니다. 이 책은 여러분이 인터넷의 바다에서 길을 잃지 않고 목적한 바를 실현할 수 있도록 도와줄 것입니다. 한국을 이전보다 더 사랑하고 더 많이 알게 되고, 외국인 친구와 건강한 교류를 나누고, 내 나라 한국을 만방에 제대로 알리기까지의 과정이 쉽지는 않겠지만 나는 여러분이 겨자씨의 기적을 실천한다는 자부심을 가질 수 있기를 바랍니다. 그리고 '반크'라는 이름에 걸맞은 재미와 기쁨과 보람을 느낄 수 있기를 진심으로 바랍니다.

사이버 외교 사절단 반크 단장

박기태

PART 01

PRKOREA
반크

반크는 VOLUNTARY AGENCY NETWORK OF KOREA의 영어 약자로써 한국을 알고 싶어하는 외국 친구들과 한인 동포, 입양아들에게 한국의 모든 것을 인터넷을 통해 친절하게 알려주는 사이버 관광 가이드입니다. 동시에 한국을 모르는 전 세계 외국인들에게 한국을 바르게 알리고, 전 세계 외국인과 한국인을 대상으로 친구 맺기를 주선하는 사이버 외교 사절단입니다. 한마디로 전 세계 모든 이들이 한국을 중심으로 꿈과 우정을 나누는 '지구촌 만남의 다리'를 건설하는 단체입니다.

'한국을 중심으로 전 세계 모든 이들이 한자리에 모여 꿈과 우정을 나눈다.' 정말 설레는 일 아닌가요? 그런 나라를 만들기 위해서는 우리가 준비해야 할 일들이 있습니다. 바로 한국이라는 나라를 친근한 '친구의 나라'로 인식시키는 것입니다. 일단 전 세계 외국인들에게 단짝 친구 같은 친근한 이미지의 한국을 심어줘야 합니다. 그래야 한국인과 사귀고 싶어지고, 한국도 방문하고 싶어지기 때문입니다.

그러나 이런 우리의 기대와는 달리 세계 속에서 한국의 이미지는 친근함과 거리가 멀어도 너무 멉니다. 외신을 통해 소개되는 한국은 '남북으로 갈려 싸우는 불안한 나라, 싸구려 제품 생산국, 일본의 소국, 멱살 잡고 싸우는 국회 의원이 가득한 나라, 고위 공직자들의 총체적 비리가 판을 치는 나라'라는 부정적인 이미지가 강합니다.

또 외국의 학생들이 수업 시간에 배우는 교과서에서 한국은 어떻게 묘사되고 있나요? 외국 교과서에 '동해'가 버젓이 '일본해'라고 표기되어 있다는 사실은 이제 우리나라 국민이면 누구나 아는 사실입니다. 일본해는 외국 교과서에 소개된 한국사의 왜곡을 총체적으로 상징하는 키워드입니다. 일본해 이외에도 오류와 왜곡은 수없이 많습니다. 대부분의 외국 교과서를 보면 한국의 역사는 중국의 식민지에서 시작되었고 이후 한국은 중국과 일본의 종속 국가로 전락했다고 소개되고 있습니다. 한국이 소유하고 있는 문화는 전부 중국에서 유래되었고 일본의 한반도 침략은 한국의 발전에 크게 기여했다고 설명한 교과서도 많습니다.

자연히 이런 교과서를 접한 외국 학생들은 한국을 중국과 일본 사이에 낀 의미 없는 나라라고 생각할 수 있습니다. 또 한국에 살고 있는 한국인들에 대해서도 마찬가지로 생각합니다. 이 모든 일은 일본의 역사 교과서에 실린 왜곡된 한국사가 수십 년이 지나는 동안 아무런 조치도 없이 전 세계 각 나라의 교과서로 전파되었기 때문입니다. 그런데 더 큰 문제는 왜곡된 한국의 역사가 인터넷을 통해 빠르게 확산되고 있다는 것입니다. 인터넷은 파급력과 정보 전파력이 막강합니다.

실제로 전 세계 유명 언론사, 정부 기관, 대형 인터넷 포털 사이트에서는 '고래 싸움에 새우 등 터진다.'라는 속담을 인용하여 한국의 국가 이미지를 '비겁한 새우'로 묘사하고 있습니다. 심지어 한국은 외세의 침략에 '고립 정책'으로 대응했고, 그런 정책으로 인해 점진적으로 아시아에서 '은둔의 왕국'이 되었다고 소개합니다. 이외에도 외국 관광 사이트에 한국은 전형적인 후진국으로 소개되고 있습니다. 콜레라에 걸릴 위험성이 높으니 면역력이 없는 모든 여행자들은 A형 간염 예방 접종을 받아야 한다고 충고하고 있고, 심지어 한국의 경제 성장률이 아프리카 수준이라고 소개되는 경우도 있습니다.

아마도 이는 우리나라가 지속적이고 체계적으로 국가 홍보를 하지 못했기 때문일 겁니다. 하지만 보다 근원적이고 본질적인 문제는 외국인들이 한국을 사랑하지 않기 때문이라고 생각합니다. 만약 그들이 한국을 사랑한다면 우리가 수정을 요구하기 전에 한국을 알기 위해 노력했을 것이고, 한국의 바른 모습을 소개하기 위해 애썼을 겁니다. 이런 모든 상황을 고려해볼 때 문제를 해결할 수 있는 방안은, 결국 전 세계 77억 외국인들이 한국을 '내 친구의 나라'처럼 사랑하게 만드는 것이라고 할 수 있겠습니다.

반크는 이를 위해 '사이버 외교관(반키) 양성 사업', 일명 'PRKOREA 프로젝트'를 진행하고 있습니다. 'PRKOREA 프로젝트'란 전 세계 외국인들에게 한국을 직접적으로 홍보하는 20만 명의 '사이버 외교관'을 양성하는 일입니다. 외국인 친구를 1인당 5명씩만 사귀면 모두 100만 명의 외국 친구에게 한국을 홍보할 수 있죠. 그러면 대한민국의 영향력은 점진적으로 확장될 것입니다. 다시 말하면 전 세계 외국인을 대상으로 한국을 홍보할 수 있는 사이버 외교관을 양성하고, 외국 친구들과 그 가족, 국가와 사회, 더 나아가 77억 인류를 대상으로 정치, 경제, 문화, 역사, 사회, 관광 등 한국의 모든 이미지를 점진적으로 '친구의 나라'로 변화시키는 계획입니다.

상식적으로 생각하면 외국 친구 단 한 명으로부터 홍보 활동을 시작하는 것은 번거롭고 시간이 너무 많이 걸릴 것처럼 보일 수도 있습니다. 그렇지만 많은 시간이 걸리고 그 과정에 엄청난 노력과 땀이 요구된다 할지라도, 그것이 한국을 '내 친구의 나라'로 만드는 올바른 길이라고 믿습니다.

반크의 핵심 활동은 해외 펜팔을 통해 전 세계인과 직접적으로 교류하여 한국의 역사와 문화를 바로 알려나가고, 동시에 외국 친구들이 접하는 각종 해외 정보물에 잘못 기술된 한국의 모습을 시정하는 것입니다. 그리고 그러한 과정에서 한국의 이미지를 '우리가 꿈꾸는 친근한 대한민국'으로 바꿔나가는 것입니다. 펜팔로 사귄 외국 친구들에게 진실된 한국의 모습을 보여주면 그 친구는 누가 시키지 않아도 자신과 가족, 친척 등 그 나라의 다른 사람들에게 한국을 제대로 알리는 역할을 합니다. 이렇게 주위 사람들의 생각부터 변화시켜나가다 보면 언젠가는 전 세계 사람들이 '한국'하면 모두 "아! 내 친구의 나라, 친근하고 믿을 수 있는 나라!"라고 말하는 날이 올 겁니다.

계획은 정말 그럴 듯한데, 너무 무모한 프로젝트 아니냐고 말하는 사람들도 있습니다. 그러나 지렛대의 원리를 개발한 아르키메데스는 "거대한 지렛대와 지렛대를 놓을 자리만 발견하면 지구도 끌어올릴 수 있다."고 말했습니다. 우리에게는 이미 세계 최고 수준의 초고속 인터넷망, 초, 중, 고등학교 교육망, 그리고 세계 최대의 인터넷 인구가 있습니다. 이 인터넷망과 교육망을 지렛대로 삼고, 우리나라 모든 네티즌들이 거대한 지렛대에 힘을 가하면 전 세계 77억 인구 모두에게 '내 친구의 나라 대한민국'을 널리 알릴 수 있습니다.

chapter 01

반크가 바라는 대한민국

반크는 꿈이 있습니다. 반크의 모든 활동은 그 꿈을 이루기 위해 행해진다 해도 과언이 아닙니다. 자기가 꿈꾸는 미래의 모습을 '비전'이라고 하는데, 반크는 앞에서 말한 것과 같이 이 나라와 민족을 향한 가슴 벅찬 비전이 있습니다. 반크는 기나 긴 5천 년의 역사 동안 아시아와 동북아 주변 국가에게 끊임없는 침략과 약탈을 받았던 대한민국 역사의 물줄기를 송두리째 바꾸고자 합니다. 반크의 비전은 다음과 같습니다.

아시아와 동북아 주변 국가를 능동적으로 주도하고 개척하는 나라!
아시아의 중심, 동북아의 관문으로 성장하는 나라!
나아가 전 세계 모든 이들과 꿈과 우정을 나누는 나라, 대한민국 KOREA!

여기서 '아시아의 중심, 동북아의 관문'은 물질적으로 풍요한 대한민국을 만들기 위한 비전이고, '전 세계 모든 이와 꿈과 우정을 나누는 나라'는 정신적으로 풍요한 대한민국을 만들기 위한 비전입니다. 반크는 대한민국이 아시아의 중심, 동북아의 관문이 되어 경제적으로 풍요한 나라가 되고, 풍요한 경제력을 기반으로 전 세계 모든 이에게 사랑을 베푸는 그런 나라가 되길 원합니다. 또한 대한민국 국민이 전 세계 모든 이와 꿈과 우정을 나눌 수 있는 친근한 국민이 되어 전 세계 모든 이에게 사랑을 받는 그런 국민이 되길 원합니다. 반크의 비전은 대한민국 남녀노소를 불문하고 학생, 주부, 직장인, 경제인, 문화 예술인 등 각 분야의 모든 사람이 공유할 수 있는 우리 모두의 비전입니다.

비전을 성취하기 위해서는 '미션'이란 게 필요합니다. 꿈만 꾸고 그에 걸맞은 실천을 하지 않으면 그야말로 꿈에서 그치고 말죠. 비전을 성취하기 위해서는 스스로에게 어떤 사명, 즉 미션을 부과할 필요가 있습니다. 반크의 미션은 다음과 같습니다.

첫째, 전 세계 77억 외국인을 대상으로 한국의 이미지를 변화시킨다.
둘째, 흩어진 750만 한민족을 하나로 모은다.
셋째, 7천만 대한민국 국민들의 꿈을 격려하고 고양하며 촉진시킨다.

반크 구성원은 이 비전과 미션을 이루기 위해서 모든 에너지를 집중하고 있습니다. 내가 쓰는 메일 한 통, 내가 보내는 편지 한 장이 가깝게는 나의 생활을 변화시키고 또 나아가 대한민국의 내일을 변화시킨다는 믿음을 가지고 활동하고 있습니다.

반크에서 활동하면 외국인 친구와 친밀감을 나누는 기쁨이 무엇인지, 지구 반대쪽의 친구들과 꿈과 우정을 나누는 설렘이 무엇인지를 알 수 있습니다. 더 나아가 '내가 세계 속에서 한국을 대표한다는 뿌듯함'을 맛볼 수 있을 겁니다. 외국 친구를 향한 자신의 작은 노력이 한국을 향한 그 친구의 마음까지 움직인다는 것을 알게 될 테니까요. 반크 활동을 통해 여러분은 한국을 변화시키는 주체가 특정 계층이나 인물이 아니라 바로 여러분 자신이라는 것을 깨우치게 될 겁니다. 정해진 것을 그대로 수용하고 따르는 객체(엑스트라)가 아닌 세계 속 한국을 변화시키는 주체(주인공)로 다시 태어나게 되는 거지요. 이렇게 다시 태어난 여러분은 앞으로 한국을 변화시키는 힘의 주체가 될 것이며 대한민국 사회 전체와 대한민국을 구성하는 어린이, 청소년, 어른들의 변화를 이끌게 될 겁니다. 여러분의 활동이 대한민국을 변화시키는 겁니다. 여러분의 활동이 대한민국을 어떻게 변화시키는지 살펴볼까요?

먼저 여러분은 대한민국 사회를 변화시킬 것입니다. 전 세계 77억 외국인을 대상으로 하는 여러분의 한국 홍보 활동은 한국의 이미지를 개선시킬 것이고, 그러한 과정 속에서 대한민국의 정치, 경제, 사회, 문화는 새롭게 변화될 것입니다. 세계에 한국을 홍보하려면 먼저 한국인 스스로가 한국을 똑바로 알고 사랑해야 하며, 외국인에게 부끄럽지 않기 위해서라도 우리 스스로 잘못된 부분을 고쳐야 하기 때문입니다.

또한 여러분은 이 땅의 어린이를 변화시킬 겁니다. 폭력성이 강한 게임과 저질 음란 사이트에 빠져 허우적거리는 수많은 어린이들이 여러분의 활동을 보고 인터넷을 전 세계 어린이들과 꿈과 우정을 나누는 통로로 활용하게 될 겁니다. 폭력 게임과 음란 사이트의 유혹을 스스로 이겨낼 수 있는 힘을 가지게 되고, '피부색과 언어를 떠나 세계는 하나'라는 밝고 아름다운 세계관을 갖게 될 것입니다.

그리고 이 땅의 청소년도 변화시킬 겁니다. 교실 파괴로까지 이어지는 교육 환경 속에서 목적 없이 공부하는 청소년들이 반크 활동을 하는 여러분을 보고 자발적으로 공부를 하게 됩니다.

외국 친구를 사귀면 그 친구와 조금이라도 더 원활하게 의사소통을 하고 싶은 마음에 영어 공부도 열심히 하게 될 겁니다. 이때부터 청소년들은 수험 위주의 암기식 공부에서 벗어나 자발적인 공부를 시작하게 됩니다.

마지막으로 이 땅의 어른들을 변화시킬 겁니다. 여러분의 활동은 우리나라에서 희망을 잃어버리고 이민을 떠나려 마음먹은 우리나라 모든 어른들의 발길을 되돌릴 겁니다. 앞으로 내 아이가 살아갈 나라를 좀더 자랑스러운 나라로 만들기 위해 이 땅을 도피하기 보다는 이 땅을 변화시켜야겠다는 마음을 가지게 될 것입니다.

생각만 해도 가슴이 설레지요? 이것이 바로 반크가 그리는 우리의 미래이며, 또한 반드시 우리에게 다가올 내일의 모습입니다.

반크가 변화시키는 한국, 우리가 꿈꾸는 21세기 대한민국의 미래!

여러분은 전 세계인들이 한국하면 어떤 이미지가 떠올리는 것을 바라시나요?

1950년 전쟁 이후 최빈국에서 세계경제대국으로 우뚝 선 "기적"의 나라

반세기 만에 산업화와 민주주의를 동시에 이룬 "성취"의 나라

원조를 받는 나라에서 원조하는 나라로 바뀐 개발도상국들의 "희망"의 나라

정보통신기술발전 지수 세계 1위를 자랑하는 "첨단"의 나라

K-pop과 드라마로 세계인의 마음을 움직이는 "한류"의 나라

오천 년 역사와 찬란한 문화유산을 가진 "문화대국"의 나라

이처럼 세계인들에게 우리가 꿈꾸는 한국의 이미지는 기적, 성취, 희망, 첨단, 한류, 문화대국 등 눈부신 경제성장과 산업화, 민주화, 정보화의 위업을 이뤄내고 한류로 전 세계 젊은이들을 열광시키며 오천 년 역사와 문화를 가진 자랑스러운 한국의 이미지일 것입니다.

하지만 우리가 꿈꾸는 세계 속에 한국의 이미지와는 별개로 외국 교과서, 세계지도, 백과 사전, 인터넷 등을 통해 한국 역사의 왜곡되고 잘못된 모습이 확산되고 있으며, 한국의 부끄러운 모습 또한 전 세계에 보여지고 있습니다.

세계지도에 동해는 일본해로 확산되고 있고, 세계 교과서 속에 한국

의 역사는 중국과 일본의 역사에 의해 왜곡되어 있으며, 한국의 전통 역사와 문화에 대한 국제사회의 관심은 저조합니다.

무엇보다 한국의 대외 원조는 OECD 중 최하위권이고, 세계 공헌지수는 27국 중 26위입니다. 한국은 세계에서 '살기 좋은 나라' 순위에서 28위이며, 세계평화지수는 51위, 무기 수입은 세계 1위입니다.

특히 미래 세계 속에 한국의 국가 이미지를 만들어 나갈 대한민국 젊은 세대 중 절반이 대한민국이 부끄러울 때가 있다고 생각하며, 심지어 대한민국 국민으로 살지 않기를 희망하는 젊은이 또한 3명 중 1명에 달한다는 통계도 있습니다. 이러한 통계 결과가 말해주듯이 OECD 36개 국가 중 세계행복 지수에서 한국은 24위를 기록했습니다.

오천 년 역사에 대한 자부심은 강하지만, 국제사회에 한국 역사는 왜곡되어 있으며 전통 문화에 대한 관심은 소홀합니다. 국제사회에 도움을 받던 나라에서 경제 대국이 되었지만 국제사회의 의무와 책임에는 인색합니다. 평화로운 나라를 지향하지만 분단과 전쟁의 위험성이 노출되어 있는 것도 현실입니다.

이처럼 우리가 꿈꾸는 한국의 모습과는 별개로 한국의 부끄러운 모습 또한 스스로 변화시켜나갈 필요가 있습니다. 이를 위해 반크는 한국의 미래의 주인공인 청소년과 청년들과 함께 적극적으로 세계 속에 한국의 국가 이미지를 우리가 꿈꾸는 이미지로 변화시키고자 합니다.

반크는 한국의 청소년, 청년들과 함께 21세기 한국의 국가 이미지를 "아시아의 중심, 동북아의 관문, 전 세계 모든 이와 꿈과 우정을 나누는 매력적인 친구와 같은 나라"로 정하고, 77억 세계인에게 한국을 알려나가고 있습니다.

만약 반크의 꿈이 이루어진다면 우리의 미래는 어떻게 달라질까요?

한국 정치의 미래가 달라집니다

세계인들에게 한국이 친구처럼 믿고 신뢰할 만할 나라라는 인식이 확산된다면 한국과 외교, 통상을 맺고자 하는 전 세계 나라가 줄을 설 것입니다. 그렇게 되면 한국은 전 세계를 대상으로 국가 간 협력, 조약을 체결할 때 우월한 위치에 서게 될 것입니다.

일본과 독도 문제 등 국제사회에 한국의 입장을 설득하고자 할 때도 친구의 나라라는 인식은 영토와 역사 문제 이면에 숨겨져 있는 한국인의 정서, 감정 등을 이해시키고자 할 때 큰 도움이 될 것입니다. 그리고 이런 대외적인 정치, 외교력은 한국 내부적으로도 성숙한 정치로 변환하는 데 발판이 될 것입니다.

한국 경제의 미래가 달라집니다

단짝 친구와 같은 한국의 인식은 갈수록 불확실한 국제경제환경 속에서도 빛을 발할 것입니다. 세계인들이 친구처럼 믿을 수 있는 나라에 자본을 투자할 때, 한국이 만든 제품은 '친구 나라가 만든 제품'으로 구매력이 높아질 것이기 때문입니다. 또한 전 세계 어떤 나라보다도 친구 나라인 한국을 방문하기 위해 관광객이 급증할 것이고, 이렇게 대외적인 국가 경제력은 내부적으로도 투명한 경제로 변환되는 데 발판이 될 것입니다.

한국 사회의 미래가 달라집니다

1988년 서울 올림픽과, 2002년 월드컵, 2018년 평창 올림픽 때 한국 사회의 성숙한 시민의식은 세계인을 감동하게 했습니다. 국제적으로 한국을 향한 이목이 집중되자, 한국인들은 누가 시키지 않아도 자발적으로 국제적 문화시민으로서 행동했습니다. 하지만 이런 대규모 국제 행사는 매년 개최할 수 없다는 한계가 있습니다. 반면 세계인들에게 한국인이 내 친구의 나라라는 인식이 확산되면, 한국을 직접적으로 방문하지 않는 외국인도 한국인을 성숙하고 국제적인 문화시민으로 느끼게 될 것입니다. 1년 365일 세계인과 친구가 되는 다양한 글로벌 네트워크 프로그램이 확산되면, 한국인은 사귀고 있는 친구를 통해 자연스럽게 글로벌 시민의식을 갖는 데 도움이 될 것입니다.

한국 문화의 미래가 달라집니다

세계인에게 한국의 드라마와 영화, 음악으로 대표되는 한류가 사랑을 받자, 한국인 스스로도 한국 문화에 대한 자긍심이 높아지고, 이는 한국문화에 대한 관심으로도 이어지고 있습니다. 그동안 알지 못했던 보석 같은 한국의 문화가 세계인의 관심으로 확산되자, 세계인과 소통할 수 있는 한국 문화에 대한 다양한 연구로 이어지고 있습니다. 만약 세계인들에게 한국이 내 친구의 나라라는 인식이 확산된다면, 한국에 대한 외국인의 호기심은 친한 친구의 오늘을 있게 한 보다 다양한 삶과 문화에 대한 애정으로 표출될 것입니다. 이는 국민 모두가 한류 대사가 되게 하는 동기부여를 주어, 한류가 더 이상 특정한 연예인과 드라마에 의해 좌우지되는 것이 아니라 지속적이고 장기적으로 발전하게 할 것입니다.

이렇게 반크가 만들어 나가는 21세기 한국의 국가 이미지는 한국의 정치, 경제, 사회, 문화를 새롭게 변화시키는 영감을 불러일으키고, 5천만 한국인과 전 세계 해외동포가 하나가 되게 하는 구심점을 제공하며, 77억 세계인의 가슴속에 매력적인 나라 한국을 떠올리게 할 것입니다.

겨자씨는 어떤 씨보다 더 작지만, 자라면 어떤 풀보다 더 커져서 나무가 되며, 공중의 새들이 와서 그 가지에 깃듭니다.

1999년 한 청년의 작은 펜팔사이트로 시작된 반크의 시작은 작은 겨자씨와 같았습니다. 하지만 대한민국 모든 국민들과 전 세계 해외동포가 함께하는 큰 나무로 성장하여 전 세계 77억 세계인들이 대한민국에 깃들게 하는 위대한 꿈을 이루어 나갈 것입니다.

chapter 02
반크 활동은 누구나 할 수 있는 가까운 실천

반크의 첫걸음은 외국인 친구를 사귀는 것으로 시작됩니다. 친구와 펜팔을 하다 보면 자연히 우리나라의 역사와 문화, 정서 등을 이야기하게 되고 그러다 보면 자연스럽게 사이버 외교 사절단이 되는 겁니다. 따라서 올바른 한국의 역사와 문화를 외국 친구에게 알려주기 위해서는 우리가 먼저 한국을 제대로 알고 사랑하는 마음을 가져야 합니다. 그것이 반키가 가져야 할 기본 자격 요건입니다. 하지만 다른 것은 아무것도 필요 없으니 걱정할 필요는 없습니다. 일단 한국을 사랑하는 마음만 있다면, 그 외의 다른 것들은 다 따라오기 마련이니까요.

2021년 현재 반크에는 약 150,000명의 사이버 외교관, 글로벌 한국홍보대사, 반크 회원 등이 활동하고 있습니다. 이 중 70%는 초, 중, 고 학생인데 그 이유는 해외 펜팔을 통해 외국 친구를 사귀고 싶어하고, 영어를 자연스럽게 배우고 싶어하는 학생들이 많기 때문입니다. 또 학교 교육 및 학생들의 일상생활에서 인터넷의 활용 비율이 점차 높아지고 있는 것도 그 주된 이유 중 하나라고 생각합니다.

최근에는 학생들뿐 아니라 주부 및 직장인, 심지어 할아버지도 반크 활동에 참여하고 있는데, 반크에서는 그분들의 심리적 부담(그분들은 영어나 인터넷에는 아무래도 약하기 마련이니까요)을 덜어주기 위해 인터넷 활용 교육과 영어 펜팔 교육도 함께 실시하고 있습니다.

현재 반키로 활발히 활동중인 사람들의 생생한 목소리를 들어보면, 반크의 활동에 대해 좀 더 잘 알 수 있을 겁니다.

이지연 사이버 외교관 (중학생)

저는 반크 활동을 하면서 학교에서 배울 수 없는 많은 것을 배웠습니다. 외신 번역, 외국인과의 메일 교류, 해외 채팅방에서의 한국 소개, 국제 서한 작성 등 처음 시도해본 일이 많았고 그런 만큼 두려움도 있었습니다. 하지만 한 번 해보니까 할 수 있다는 자신감이 생겼습니다. 무엇보다 반크 활동을 하는 시간만큼은 내가 우리나라를 위해 무언가를 하고 있다는 느낌을 받았고, 더 나아가 세계 속에서 한국을 대표할 수 있는 구체적인 방법들을 하나하나 배워가면서 나와 대한민국의 일치감을 느낄 수 있었습니다.

서명진 사이버 외교관 (고등학생)

고3이라는 신분으로 반크 활동을 한다는 거. 학교 친구들은 다들 바쁘다는 이유로 나중에 하겠다고 했지만, 전 이 활동이 그 어떤 것보다도 더 저를 크고 넓게 만들어줬다고 생각해요. 일방적인 주입식 교육이 아닌, 직접 찾아보고 글로 작성해보고 실천으로 옮기는 능동적인 학습을 할 수 있다는 것이 가장 보람 있었습니다. 한국에 대해서도 더 많이 알게 되었고, 외국 친구들도 많이 사귈 수 있었습니다. 무엇보다도 마음 한구석에 있던 애국심이 더 단단해지고, 더 붉어지고, 더 빛이 나고, 더 깨끗하고 당당하게 되었어요. 우리나라에 대한 자긍심과 긍지. 이건 여느 고3들이 보는 문제집이나 자습서, 교과서나 학원 교재, 그 어떤 곳에서도 가르쳐주지 않는 거죠. 반크만큼 그것을 확실하게 가르쳐주는 곳은 없습니다.

이윤희 사이버 외교관 (대학생)
반크 활동은 잠시 묻혀 있던 한국에 대한 관심을 새록새록 일깨워주는 활동이었습니다. 너무 무리하지도 않고 그렇다고 너무 단조롭지도 않게 말이죠. 각 테마나 분량에서 전혀 부담을 느끼지 않도록 아주 커리큘럼이 잘 배분되어 있었습니다. 반크 활동의 모든 테마가 우리 가슴속에 겨울잠을 자고 있던 '한국 사랑하기 세포'를 하나하나 살아나도록 일깨워주는 느낌이었습니다. 반크 활동에 참여하면서 나는 내 자신의 나라인 한국에 대해 더욱 더 깊은 애정을 갖게 된 것은 물론이고 '내가 우리나라에 대해 그동안 이렇게 무심하고 무지했구나.' 하는 반성을 많이 할 수 있는 기회를 얻었습니다.

김경탁 사이버 외교관 (직장인)

반크 활동을 통해 내가 변해야 세계인들도 변한다는 사실을 알게 되었습니다. 한 달여의 교육을 받으면서 힘들었던 적도 있었습니다. 그도 그럴 것이 외신을 찾아 각국의 방송, 잡지, 신문을 돌아다녀야 했고 외신을 번역하기 위해 사전과 몇 시간씩 씨름을 하기도 했으며, 유명 사이트에서 한국에 관한 오류들을 발견했을 때는 현실에 대한 무력감에 컴퓨터를 꺼버리기도 했으니까요. 하지만 교육을 받으면서 세계 각국의 보도를 보는 눈이 생겼고, 늘어나는 영어 실력에 나 자신이 놀라기도 했으며, 우리 사이버 외교관들의 힘으로 오류들이 시정되었다는 소식에 환호를 하기도 했습니다. 반크 활동을 주저하는 분들이 있으면 이 말을 드리고 싶습니다. "망설이지 마세요. 도전하세요! 반크 활동을 하다 보면 점점 나 하나가 아닌 한국인으로 변화하는 여러분을 볼 수 있을 겁니다."

김세라피나 사이버 외교관 (주부)

요즘에 신문을 보면 뭔가 개운치 않은 뒷맛에 씁쓸함을 느끼곤 합니다. 실망을 거듭하게 되는 우리 사회의 여러 모습들, '자녀 교육을 위해서'라는 말을 하면서 이 땅을 떠나 낯선 땅에 자기를 내팽개치는 사람들의 이야기 등에서 저 또한 자유로울 수 없었습니다. 그렇다면 우리 아이들이 세계 속에서 대우받고, 우리나라가 자랑스러울 수 있도록 만들 방법을 찾아야겠지요. 반크 활동은 그 방법을 찾을 수 있게 해준 소중한 경험이었습니다.

홍현주 사이버 외교관 (초등학생)

한국적인 것이 세계적인 것이다(한국 홍보 자료 모으기). 자긍심을 가져라! 그래야 한국을 자랑스럽게 알릴 수 있다(한국 홍보 자료 만들기). 자신을 과장하거나 포장하지 말고 진실해라(영어로 자기소개). 진실한 마음이야말로 진실한 친구를 만든다(펜팔로 한국 홍보하기). 잘못된 것은 확실하게 말하고, 올바르게 지적하라(항의 서한 보내기). 민족은 하나가 되어야 큰일을 할 수 있다(한민족 하나되기). 나의 꿈이 대한민국의 비전이다(대한민국의 꿈 이루기).

반크 활동을 따라하다 보니까 저절로 알게 되었습니다. 감사합니다.

여러 반키들의 말에서 알 수 있는 것처럼 반크 활동은 나이나 성별을 불문하고 '마음'만 있다면 누구나 할 수 있는 일입니다. 그리고 활동하는 만큼 재미와 보람을 느낄 수 있습니다. 실천은 멀리 있는 게 아닙니다.

chapter 03

반키 따라잡기

지금까지의 사이버 외교관 교육은 전문 교육 선생님에 의해 이메일로 이루어졌습니다. 보통 이메일 교육은 한 달 동안 진행되며, 4단계 프로그램(오늘의 교육, 교육 복습 및 평가, 부가 교육, 특강)으로 짜여 있습니다.

이러한 교육 프로그램에 대한 내용은 이 책의 각 부마다 자세히 설명되어 있습니다. 따라서 여러분은 이제 이 책만으로도 공부할 수 있을 것입니다.

'오늘의 교육'은 반크에서 하는 14가지 활동을 한 달을 기준으로 자세히 알려주는 내용입니다. 지금 반크는 이 프로그램의 내용을 보고 자신의 수준에 맞는 단계에 직접 참여하는 방식으로 진행되고 있습니다. 참여 후에는 반드시 해당 활동 게시판에 글을 남겨야 하고 '교육 복습 및 평가'에서는 게시판에 남긴 글에 대한 평가와 전날 배웠던 교육 메일에 대한 복습을 합니다. 또 '부가 교육'에서는 사이버 외교관 활동을 할 때 필요한 영어, 한글 로마자 표기법 등을 공부할 수 있습니다. 마지막으로 '특강'은 반크 교육 프로그램에 대한 이해를 높이기 위해 준비한 내용으로 반크 활동의 의미를 되새길 수 있는 코너입니다.

책을 통해 반크를 만나는 독자 여러분은 5부의 'Action Report' 14가지 과제를 통해 반크 활동을 경험해볼 수 있습니다.

한 달간의 교육(개인이나 단체에 따라서 한 달 프로그램이 아니라 더 장기간의 프로그램으로 새로 구성할 수도 있겠죠)을 모두 마치면 최고의 사이버 외교관, 우수 사이버 외교관, 사이버 외교관, 교육 탈락자로 구분되고 이 중 사이버 외교관 이상의 실력을 인정받은 분들은 반크에서 추진하는 '한국 바로 알리기' 사업에 참여할 수 있습니다. 교육에 떨어지더라도 다시 재교육을 받아 합격하면 사이버 외교관으로 활동할 수 있습니다.

한 달을 기준으로 진행되는 반크 활동은 한국 홍보 자료 모으기 → 영어로 자기 소개, 한국 소개 → 펜팔 한국 홍보 → 채팅방 한국 홍보 → 국제 전문가 되기 → 외신 번역하기 → 한국 오류 발견하기 → 외국 교과서 출판사에 친선 서한 보내기 → 항의 서한 보내기 → 협력 서한 보내기 → 교류 서한 보내기 → 한민족 하나되기 → 꿈 다지기 → 대한민국의 꿈 이루기의 순서로 전개됩니다. 각 단계를 좀 더 자세히 설명해보도록 하겠습니다.

반크의 14가지 사이버 외교관 양성 프로그램

사이버 외교관 양성 프로그램은 14단계로 되어 있습니다. 여기에서는 각 단계에 대해 대략적으로 소개하고 넘어가도록 하겠습니다. 2부가 시작되면 교육 프로그램이 본격적으로 시작됩니다.

1단계 : 홍보 자료 수집

해외 네티즌들에게 정확한 한국의 모습을 알려주는 것은 매우 중요한 일입니다. 그러기 위해서는 우리 자신이 먼저 우리나라에 대한 지식을 쌓고, 많은 자료를 수집해야 합니다. 한국 홍보 자료 수집 활동은 한국을 알고자 하는 해외 네티즌들에게 도움이 될 만한 사이트 주소나 자료를 수집하는 일로써, 이 활동은 우리의 자랑스러운 문화유산을 연구하고 보전하는 일을 가능케 합니다.

2단계 : 영어로 자기소개, 한국 소개하기

초등학교 때부터 수십 년간 영어 공부를 해왔지만 막상 외국인을 만나면 아무 말도 못하는 것이 우리의 현실입니다. 이제 맹목적인 영어 공부에서 벗어나야 하지 않을까요?

이 활동은 외국 친구를 사귀고, 사귄 친구에게 자기 자신과 자기가 사는 나라 대한민국을 알리기 위한 도구로써 영어를 활용할 수 있도록 만들어줍니다.

3단계 : 이메일 펜팔로 외국 친구 사귀기

인터넷상에서 외국 친구에게 한국을 홍보하는 것은 중요합니다. 그렇지만 그 이전에 진실한 친구가 되어주는 것이 먼저입니다. 이 활동은 외국 친구에게 친근한 대한민국을 알릴 수 있는 방법이 무엇인지 알게 해줍니다.

4단계 : 채팅방에서 외국인과 대화하기

이 활동은 외국인과 직접적으로 접촉할 수 있는 하나의 방법입니다. 여러분이 외국 친구들과 채팅을 통해 대화한 모든 내용은 대한민국을 대표합니다. 해외 채팅방의 문을 두드리는 순간, 여러분은 한 개인에서 한 나라를 대표하는 외교관이 됩니다.

5단계 : 국제 전문가 되기

앞으로 한국을 대표하게 될 여러분들은 한국에 대한 정보뿐 아니라 해외에 대한 정보도 습득해야 합니다. 외국 친구와 펜팔이나 채팅을 하면서, 또는 전 세계 인터넷 사이트에서 정보를 검색하면서 세계 여러 나라의 문화나 풍습에 대해 조금씩 알게 될 것이고, 나아가 국제 전문가가 될 것입니다.

6단계 : 외국 신문 번역하기

한국 관련 외신 뉴스를 보면 외국인들이 한국을 어떻게 보고 있는지를 알 수 있습니다. 외국인들이 한국을 어떤 시선으로 보고 있는지 알고 나면 세계 속 한국의 현실을 알 수 있고, 앞으로 우리가 어떤 식으로 한국을 홍보해야 할지 그 전략을 연구할 수 있습니다. 또한 이 활동은 어떤 자세로 각 나라별 외국인을 대해야 하는지 알게 해줄 겁니다.

7단계 : 한국 오류 발견하기

이 단계는 인터넷상에 왜곡되어 있는 한국의 정보를 찾는 과정입니다. 세계 유수의 교육 기관과 유명 방송, 언론, 출판사, 정부 기관 웹 사이트에 대한민국 동해가 일본해라고 버젓이 표기되어 있고, 한국은 그 역사 내내 중국과 일본의 식민지였다는 외국 교과서의 내용이 그대로 복사되어 소개되고 있습니다. 이대로 방치할 경우 전 세계 모든 네티즌이 동해를 일본해로 표기하고, 한국이 중국의 속국이라 소개한 인터넷 자료를 접하게 될 것입니다. 그렇기 때문에 인터넷에 한국에 대한 정보가 어떤 식으로 적혀 있는지 파악하여, 오류 확산을 사전에 저지해야 합니다.

8단계 : 외국 교과서 출판사에 친선 서한 보내기

영향력 있는 외국 교과서는 전 세계 학생들의 인식을 형성합니다. 한국에 대한 인식도 그 안에 포함됩니다. 그런데 대부분의 외국 교과서가 동해를 일본해로, 한국을 중국과 일본의 속국, 가난한 후진국형 농경 국가로 기술하고 있습니다. 친선 서한 보내기는 이들 외국 교과서를 출판하는 출판사로 편지를 보내 해당 교과서의 오류 내용을 지적하고 한국에 대한 정확한 이해 자료를 전달함으로써 외국 교과서의 대대적인 내용 개선을 이끌어내는 과정입니다.

9단계 : 항의 서한 보내기

세계 최대의 다큐멘터리 잡지사 내셔널 지오그래픽, 미국 최대 세계 지도 보급사 그래픽 맵스, 영국 유명 언론사 BBC, 세계 최대 여행 잡지 론니 플래닛 등과 같은 정보 전파력이 막강한 매체가 잘못된 한국 정보를 시정하고 있습니다. 이는 반크에서 수년간 끊임없이 이의를 제기해 이뤄낸 성과입니다. 이 활동은 한국에 대한 오류 정보를 게재하고 있는 해외 사이트를 대상으로 시정을 이끌어내는 구체적인 방법을 체득하게 해줄 것입니다.

10단계 : 협력 서한 보내기

이 활동은 외국 기관을 대상으로 협력을 추진하는 과정입니다. 한국의 국가 정보는 해외의 영향력 있는 기관에 지속적으로 전달되지 못하고 있습니다. 따라서 외국 방송사, 언론, 출판사, 여행사, 정부 기관, NGO 등과 같이 영향력과 정보 전달력이 큰 기관을 대상으로 협력 서한을 보내 현지 외국인들에게 한국에 대한 정보를 제공할 수 있는 창구를 마련해야 합니다.

11단계 : 교류 서한 보내기

이 활동은 외국 학교와 온라인 자매결연을 해 외국 학교 학생들과 단체 펜팔을 추진하는 과정입니다.

'해외 펜팔'이 외국 친구들과 1:1로 이메일을 교류하는 것이라면 '단체 펜팔'은 개인 단위가 아닌 외국 학교 전체 학생들과 단체로 이메일이나 편지를 교류하는 것입니다. 외국의 선진적인 학교에서는 학생들의 올바른 세계관 형성, 더 나아가 국가간 상호 이해 증진을 위해 정책적으로 이런 프로그램을 많이 실시하고 있습니다.

12단계 : 한민족 하나 되기

한민족 하나 되기는 전 세계에 흩어져 있는 한민족 커뮤니티를 인터넷상에 하나로 모으는 활동입니다. 세계 각지에 흩어져 있는 한민족이 같은 공간에 모이면, 한민족의 인적 자원, 지적 자원, 물적 자원을 하나로 모을 수 있습니다.

13단계 : 꿈 다지기

전 세계 외국인을 대상으로 한국 홍보에 열중하면서도 개개인의 삶은 하나도 변화하지 않는다면 그건 마치 모래 위에 집을 짓는 것과 같습니다. 모래 위에 지은 집은 바람이 불면 무너집니다. 결코 오래갈 수가 없습니다. 꿈 다지기는 여러분 스스로의 삶을 본질적으로 변화시킬 만한 꿈을 발견하는 과정입니다.

14단계 : 대한민국에 꿈 심기

이 활동은 자신의 꿈과 대한민국의 꿈 사이에서 연관성을 발견하는 과정입니다.

한국인 절반이 이민을 고려하고 있고, 청소년들은 한국에 더 이상 희망이 없다고 말합니다. 이런 상황을 극복하기 위해서는 대한민국에 비전을 심어야 합니다. 대한민국에 꿈 심기는 우리가 진정 바라는 대한민국을 이루기 위해 지금 우리가 해야 할 일을 계획하고 실천하는 활동입니다.

네트워크로 만들어나가는 반크의 걸음걸음

2003년 초 미국에 있는 반크 회원으로부터 제보가 들어왔습니다.

"안녕하세요? 반키 여러분. 저는 미국에 거주하고 있는 권은석이라고 합니다. 미국에서 전 과목 교과서를 만드는 비교적 큰 회사 글렌코에서 발간하는 교과서 내용 중 왜곡된 내용이 있어 제보하고자 합니다. 'Chapter 14. East Asia' 중에서 소단원 'Korea and Japan' 부분입니다. 한국의 역사는 중국과 일본의 역사에 종속되어 있다고 기술되어 있었으며, 한국을 고래 사이에 낀 새우라고 표현했습니다. 그리고 만주의 고구려, 남쪽 해상의 백제는 한반도 내의 작은 세력으로 묘사했으며, 만주를 다스리던 발해(대진)국은 한국의 역사가 아닌 중국의 역사로 소개되고 있습니다. 또한 한반도 최초의 국가인 고조선은 누락시킨 채 한사군을 처음에 등장시켜 한국사의 상한선을 끌어내렸고, 한국이 시작부터 중국의 지배를 받은 것으로 기술하고 있습니다. 또한 교과서 안에 있는 세계 지도에 동해는 없고 '일본해'만 있었습니다."

위와 같은 제보를 받고 반크는 곧바로 미국에 있는 다른 회원들에게 이 사실을 알렸습니다. 그래서 왜곡된 역사관으로 한국을 기술하고 있는 미국 교과서와 교과서를 발행하고 있는 출판사 정보를 미국 전 지역을 대상으로 수집했습니다. 한국을 왜곡된 시각으로 기술하고 있는 교과서는 하나둘이 아니었습니다. 이에 모든 반크 가족과 함께 수집한 정보를 가지고 영향력과 정보 파급력이 큰 유명 교과서 출판사, 웹사이트 1,000곳을 대상으로 편지 및 이메일 항의 서한을 발송하는 운동을 전개했습니다.

그 결과 2003년 6월 9일에는 미주 지역 교과서 출판사 BJU 프레스로부터 '동해 병기'를 성취했고, 7월 16일에는 미국 공영 교육 방송인 PBS 45&49로부터 '동해 병기'를 성취해냈습니다. 또한 10월 14일에는 미국 내 최대의 SAT 교과서 출판사인 맥그로 힐사로부터 2004년 교과서 개정판을 발행할 때 한국 관련 오류를 고치겠다는 서한을 받아냈습니다. 반크는 2021년 현재 내셔널 지오그래픽, 세계보건기구, 넷플릭스 등 파급력과 정보 전파력이 강한 세계적인 기관의 한국에 대한 왜곡된 정보를 700곳 이상 시정했습니다.

외국 교과서에 우리나라가 부정적으로 묘사되고 있는 근본적인 원인은 무엇일까요? 우선 미국 등 전 세계 교과서에 소개된 한국 관련 오류의 핵심을 살펴보면 한국 역사를 통틀어서 중국과 일본의 속국으로 단정한다는 것입니다. 외국 교과서를 보면 '한국은 중국의 식민지에서 출발한 중국의 부속 국가', '임나일본부설(4~6C경 고대 일본이 한국 남쪽에 군사적 식민지를 설치하여 한반도를 지배했다는 설)', '청일 전쟁 이후로 중국의 식민지에서 일본의 식민지로 전환', '한국은 중국과 일본이라는 고래 사이에 낀 새우 같은 국가'라고 공공연히 표현되어 있습니다. 이런 외국 교과서의 부정적, 수동적 한국관(속국, 새우 이미지)은 일본의 역사 교과서에 소개된 왜곡된 한국의 모습과 상당 부분 일치합니다. 일본이 한국을 강제 점령했을 때 일본은 '한국이 과거에도 주변 나라에 점령당한 적이 있다.'는 역사적인 전례(한국은 건국 초기부터 중국의 식민지이며 중국의 속국)를 세울 필요가 있었고, 이러한 불순한 동기로 광범위하게 한국 역사를 조작했다고 생각합니다.

문제는 이와 같이 터무니없이 왜곡된 한국 역사의 내용이 일본 학자들에 의해 영어 문서화되었고, 지난 수십 년간 전 세계 외국 학자들에게 폭넓게 보급되었다는 사실입니다. 또한 일본 학자들이 저술한 한국 역사를 대부분의 서양 학자들이 사실로 받아들이고 있다는 것입니다. 한국 사람들이 뒤늦게 이 문제에 대한 심각성을 인지하고 제대로 된 한국의 역사를 영어로 출판하고자 했을 때는 이미 일본판 출판물이 서양 사회에서 확고히 자리를 잡은 이후였습니다.

외국 교과서의 왜곡된 한국관은 일본 역사 교과서에서 기인합니다. 하지만 일본 교과서 내용이 지난 수십 년간 전 세계 교과서로 복제되는 것을 방치한 것은 다름 아닌 한국인, 바로 대한민국 국민 전체, 우리 모두의 책임이 아닐까 생각합니다. 늦었다, 이미 돌이킬 수 없다고 생각하기보다는 지금부터라도 외국 교과서를 집필하는 학자, 일선 학교에 편지를 보내 상황을 개선시켜야 합니다. 대한민국의 일이 나의 일이라는 생각을 갖고, 나의 발걸음 하나가 우리의 내일을 밝게 만들 수 있다는 마음가짐을 가져야 할 때입니다.

위의 교과서 시정 사례에서 볼 수 있는 것처럼 우리가 움직이면 상황을 변화시킬 수 있습니다. 보다 많은 사람이 반크 활동에 동참한다면 우리가 바라는 미래가 더 빨리 우리 앞에 다가오지 않을까요?

지금 우리는

지금 반크에서 가장 주력하고 있는 현안이 있다면 '고구려'와 관련된 역사 왜곡이라고 할 수 있습니다. 우리의 역사가 왜곡되어 전 세계로 퍼져나간 것은 일본의 역사 교과서 왜곡이 가장 큰 원인이겠지만 그뿐만이 아니라 중국에서도 고구려의 역사를 중국사의 일부로 왜곡하고 있습니다. 중국에서는 2002년부터 고구려의 역사를 중국사의 일부로 편입시키기 위해 '동북공정'이라는 거대한 프로젝트를 추진하고 있습니다. 동북공정 프로젝트란 고구려가 중국 변방의 소수 민족이 세운 지방 정권이며, 그 지방 정권이 중원 정부를 대신해서 그 지역을 위임 통치했다는 것을 입증한다는 계획입니다. 말 그대로 고구려가 중국의 역사라는 것을 증명하겠다는 거죠. 5년 동안 연구비만 200억 위안(약 3조원)을 중국 정부 차원에서 지원한다고 합니다.

동북공정을 추진하는 중국의 의도를 한국 학계나 언론에서는 두 가지로 분석하고 있습니다. 첫번째 설은 이렇습니다. 고조선은 고구려, 발해로 이어집니다. 따라서 고구려와 발해의 역사를 중국의 역사 속에 편입시키면 한국의 역사는 삼한에서 시작해서 신라, 백제 그리고 고려, 조선으로 이어집니다. 한국의 역사가 완전히 축소돼버리는 거죠. 이런 중국의 논리에 따르면 한국의 역사는 시간적으로는 2천 년에 불과하며, 또 공간적으로는 대동강이 아닌 한강 이남에 국한됩니다. 이는 고구려 역사(고조선, 발해)를 빼앗아 한반도 통일 이후에 일어날 수 있는 북한 영토에 대한 통치권 및 영토 분쟁에 대비하겠다는 중국의 사전 작업입니다.

그리고 두번째 설은 중국 내 조선족의 정체성을 '중국 민족'으로 규정하기 위한 작업이라고 합니다. 남북통일 이후의 한반도 정세가 중국 동북 지구 및 조선족의 이탈 같은 부정적인 파급 효과를 내지 못하도록 사전에 예방 조치를 하는 것입니다. 향후 중국 내 소수 민족 사회에 초래될 혼란을 막기 위한 포석이라는 거죠.

고구려사가 중국사에 편입되면 평양도 중국의 것이 되는 것입니다. 뿐만 아니라 우리 역사상 최대의 영토를 개척했던 광개토 태왕, 장수왕, 중국 수나라의 침략을 물리쳤던 을지문덕 장군은 우리 역사가 아니라 중국사 속의 인물이 되는 것입니다. 물론 중국이 아무리 고구려를 중국 역사로 주장한다고 해도 전 세계 외국인들이 고구려가 한국 역사라는 사실을 확실히 알고 있다면 중국은 역사를 조작하는 나라로 세계적인 비웃음을 당할 게 아니냐고 생각할 수도 있습니다.

그렇지만 현실은 어떤가요? 과연 중국을 제외한 전 세계 외국인들이 고구려를 한국의 역사로 알고 있을까요? 당장 여러분의 눈으로도 우리의 현실을 확인할 수 있습니다. 우선 해외 유명 대학교, 대형 포털 사이트, 역사 사이트에 들어가서 검색창에 'Korean history'를 입력해보세요. 아마 컴퓨터 모니터 화면에는 결코 믿을 수 없는 결과가 출력될 것입니다. 우선 세계적인 다큐멘터리 지리학 전문 잡지사 내셔널 지오그래픽 사이트의 한국 역사 소개 부분을 보면 '한국은 668년 최초의 국가가 형성된 후 1592년에는 침략 국가 일본에 의해, 그리고 그로부터 30년 후에는 만주 사람들에 의해 철저하게 황폐화되고 파괴됐다.'고 적고 있습니다.

또 미국 야후 등 전 세계적으로 파급력과 정보 전파력이 막강한 사이트를 보면 모두 동일하게 한국 역사에서 고구려를 빠뜨리고 있습니다. 고구려뿐만이 아닙니다. 외국 학생들이 세계사 학습 시간에 즐겨 이용하는 인터넷 백과사전 팩트몬스터라는 교육 사이트에는 '한국은 중국의 식민지에서 출발해 역사 전체를 거쳐 일본과 중국에 지배를 받았다.'라는 내용이 소개되어 있습니다.

우리가 우리를 제대로 알지 못하고, 또 기껏 알고 있는 사실도 해외에 바르게 홍보하지 못하는 사이 중국인과 일본인의 입에서 한국 역사의 왜곡은 계속되고 있고, 이는 다시 인터넷을 통해 전 세계 모든 외국인들에게 사실인 것처럼 전해지고 있습니다. 우리가 아무것도 하지 않아도, 외국인들이 자발적으로 한국의 5천 년 역사와 고구려를 알아줄 것이라는 환상에서 깨어나야 합니다.

반크는 중국의 동북공정 프로젝트와 관련해서 '고구려 부흥 프로젝트'를 진행하고 있습니다. 일명 '서희 프로젝트'라고 하는데요, 천여 년 전 거란이 침입했을 때 혼자 나아가 외교 협상을 함으로써 우리나라를 지킨 서희 장군을 본받아 전 세계에 고구려의 역사 왜곡이 부당하다는 것을 알리는 겁니다. 이를 위해 지금 반키들은 전 세계 역사 학자와, 각 나라 초, 중, 고 학교 선생님들에게 이메일을 보내고 우리나라 고구려사를 영문 자료로 제작하여 전 세계에 공급하는 일을 부지런히 하고 있습니다.

이게 바로 한국 바로 알리기

반크는 '세계 속의 친근한 대한민국'을 만들기 위해 우리나라 모든 국민이 쉽게 동참할 수 있는 범국민 한국 바로 알리기 사업을 여러 방면에서 전개하고 있습니다. 다음은 한국을 바로 알리기 위해서 반크에서 실시하고 있는 프로그램들에 대한 설명입니다.

사이버외교관양성프로젝트

http://diplomat.prkorea.com

반크는 디지털 상에서 한국을 세계에 알리는 '사이버 외교관'을 양성 교육을 전개하고 있습니다. '사이버외교관'이 되기 위해서는 온라인상에서 한 달간 12가지 교육프로그램을 이수해야 자격을 얻습니다. 교육은 영어 자기소개-한국소개, 해외e펜팔사귀기, 채팅한국홍보, 한국오류발견, 국제문서발송법 등과 같은 다양한 내용으로 구성되어 있습니다. 초등학생, 중고생 등 청소년부터 청년과 중장년 노인까지 세계인에게 한국을 알리고 싶어하는 한국인 누구나 가입할 수 있습니다.

월드체인저양성 프로젝트

http://changer.prkorea.com

반크는 디지털 상에서 21세기 글로벌 시대에 한국인들이 한국을 넘어 지구촌 시민으로서의 자신의 존재를 인식하고, 세계인들이 관심을 기울이고 있는 기후변화, 빈곤, 질병 등과 같은 지구촌공동이슈에 적극적으로 참여하여 해결하는 월드리더가 될 수 있도록 "월드 체인저" 양성 교육을 전개하고 있습니다. 지구촌 문제 해결에 앞장서 세계를 변화시키고자 하는 한국인 누구나 가입할 수 있습니다. 초등학생, 중고생 등 청소년부터 청년과 중장년 노인까지 세계인에게 한국을 알리고 싶어하는 한국인 누구나 가입할 수 있습니다.

사이버독도사관학교

http://dokdo.prkorea.com

사이버 독도사관학교는 전 세계에 대한민국을 알릴수 있는 사이버 독도 사관생도를 양성하기 위해 설립되었습니다. 한국의 문화 역사를 세계에 알리는 다양한 교육 동영상을 제공하여 세계인에게 한국을 알리는 구체적인 방법을 배울 수 있고, 전국 초중고교에 반크 동아리 활동에 참여할 수 있는 방법을 제공합니다

글로벌역사아카데미

http://peace.prkorea.com

글로벌 역사외교 아카데미는 네티즌 누구나 동북아역사현안 및 지구

촌공동이슈에 대해 쉽게 이해할 수 있도록 온라인 교육을 제공합니다. 동해, 독도, 동북공정 등과 같은 동북아역사현안에 대한 전문가 강의와 기후변화, 빈곤, 질병 등과 같은 지구촌 공동이슈에 대한 동영상 교육을 들을 수 있습니다.

21C 이순신 오류 시정 프로젝트

http://korea.prkorea.com

한국인 누구나 해외 교과서, 백과사전, 웹사이트에서 동해, 독도, 한국역사 관련 오류를 발견·시정 활동에 참여할 수 있습니다. 이 사이트를 통해 대한민국 국민 누구나 세계 곳곳에 잘못 알려진 한국 관련 내용을 바로 알릴 수 있습니다.

지구촌 촌장학교

http://school.prkorea.com

반크는 온라인으로 한국을 알리는 활동을 넘어, 오프라인에서 직접 한국을 세계에 알리며 지구촌을 변화시키는 다양한 교육을 실시하고 있습니다. 지구촌 촌장학교는 반크가 실시하는 글로벌 한국 문화관광 홍보대사, 문화유산 홍보대사, 공공외교대사 등 다양한 한국 홍보대사 교육을 받을 수 있는 정보를 제공하고 활동을 지원하는 사이트입니다.

한국을 좋아하는 외국인 커뮤니티 Friendly Korea Community

http://chingu.prkorea.com

반크는 한국에 관심있는 전 세계 외국인들을 디지털 세상 속에서 하나로 모여 한국인과 친구가 되도록 지원하는 커뮤니티를 만들고 있습니다. 이 사이트는 한국의 드라마, 노래, 영화, 역사 등 한국에 관심 있어 하는 전 세계 외국인들이 가입하여 한국인들과 꿈과 우정을 나누고 있습니다.

반크 한국 홍보 활동 소개

http://wearethe.prkorea.com

반크에서 활동하는 평범한 청소년과 청년들이 어떻게 한국을 대표하는 외교관으로 변화가 되어, 전 세계 곳곳에 대한민국을 알려나가는 글로벌 한국홍보대사로 성장하는지, 그 평범하지만 위대한 이야기를 소개합니다.

독도, 일본군 위안부 등 일본 제국주의 과거사 해외 홍보 사이트

http://maywespeak.com

독도와 일본군 '위안부'는 더 이상 한·일 간의 분쟁 이슈나 혹은 두 나라 사이의 정치적 논란이 아닙니다. 이것은 과거 일본 제국주의가 자행한 침략 전쟁 범죄의 문제로서, 세계적으로 함께 고민하고 이해하며 해결해야 하는 글로벌 이슈입니다. 이 사이트는 세계인들에게 독도와 일본군 '위안부' 문제를 설득력 있게 제시하고 있습니다.

독립운동가의 꿈

http://kkum.prkorea.com

사이버 외교사절단 반크는 일제 강점기 빼앗긴 나라를 되찾기 위해 활동했던 독립운동가의 꿈을 기억하고, 이 꿈을 자양분으로 21세기 한국 청년들이 독립운동가들이 꿈꾸었던 대한민국을 만들어 나가는 프로젝트를 추진하고 있습니다.

인도의 간디, 프랑스의 드골 등에 비해 한국의 독립운동가들은 세계에 제대로 알려져 있지 않습니다. 반크는 이 사이트를 통해 독립운동가들의 활동과 업적, 그리고 꿈을 전 세계에 알려나가는 21세기 독립운동가를 양성하고자 합니다.

한국 독립운동가 해외 홍보사이트

http://peacemaker.prkorea.com

'The Unsung Heroes who fought for independence'(독립을 위해 싸운 숨은 영웅)이란 제목의 사이트는 ▲세계 속에 알려지지 않은 영웅 한국의 독립운동가 ▲제국주의와 싸운 평화대사 ▲3·1 운동, 영문 독립선언서 ▲한국의 독립운동가 12명 ▲독립운동가의 심장 독도 등으로 구성됐습니다. 첫 부분에서는 최근 미국 뉴욕타임스에서 소개된 유관순 열사에 대한 기사와 그 의미를 소개했고, '제국주의와 싸운 평화대사'에서는 100년 전 '동양평화론'을 꿈꾼 독립운동가 안중근의 삶과 사상을 담았습니다.

'3·1 운동'에서는 3·1 운동의 세계사적 의미와 한국과 아시아에 미친 영향, 반크 청년들의 21세기 독립운동가 활동 등을 기술했고, 영어·스페인어·프랑스어 등으로 번역한 독립선언서도 실었습니다. 사이트에서는 김구, 안창호, 헤이그 특사, 앨버트 테일러, 일본인 후세 다쓰지, 신채호, 전형필, 주시경, 이태준, 유관순, 권기옥, 안중근, 스코필드 등 독립운동가 12명의 활동을 확인할 수 있습니다.

한국 문화의 자랑 "직지" 소개

http://jikji.prkorea.com

인류사에 가장 위대한 발명이 '금속활자' 라고 전문가들은 말하고 있습니다. 하지만 한국이 세계역사상 최초로 금속활자를 개발한 나라라는 사실을 세계인들을 제대로 모르고 있습니다. 이에 반크는 현존하는 가장 오래된 금속활자본인 직지가 세계에 바르게 알려질 수 있도록 정보 사이트를 제작하였습니다.

글로벌 동해 홍보 사이트

http://eastsea.prkorea.com

일본 정부의 해외 홍보활동으로 전 세계 교과서, 세계지도, 웹사이트에는 동해 대신 일본해가 널리 알려져있습니다. 이에 사이버 외교사절단 반크 회원들은 일제 강점기 잔재인 일본해 표기를 동해로 바꾸어 나가기 위해 노력을 했고 많은 성과를 이루어냈습니다. 이 사이트는 지난 15간 세계 속에 동해를 지키기 위해 노력한 반크 회원들의 땀과 열정, 활동 과정과 결과, 그리고 노하우를 담았습니다.

이순신 해외 홍보 사이트

http://yisunsinkr.prkorea.com

해외 교과서, 백과사전, 웹사이트에는 외국의 영웅들은 잘 소개가 되어 있지만 한국의 위대한 영웅은 전혀 소개되고 있지 않습니다. 반크는 한국의 대표적인 위인, 이순신 장군의 업적과 리더십이 세계인들에게 바르게 알려질 수 있도록 '이순신 세계화 캠페인' 정보 사이트를 제작하였습니다.

21C 집현전 프로젝트

http://wisdom.prkorea.com

반크의 21세기 집현전 프로젝트는 반크에서 제작한 한국홍보자료를 한국인 누구나 쉽게 저렴하게 구입하여 한국을 홍보할 수 있도록 도움을 주고, 또 그 수입금을 전액 반크활동에 기부하여 반크가 더 적극적으로 한국을 알리는 데 지원하는 프로젝트입니다.

독도가 '다케시마'로, 동해가 '일본해'(Sea of Japan) 등으로 왜곡돼 알려진 것을 바로 잡고 싶어도 관련 자료가 없어 한탄하는 사람이 많습니다. 이 사이트를 통해 독도, 동해, 한국 역사, 일본군 위안부, 통일 한국, 지구촌 문제 등에 관한 다양한 소개 자료를 한국인 누구나 쉽게 구입해 한국을 제대로 알릴 수 있을 것입니다. 특히 최첨단 디지털 인쇄 방식을 통해 단 한 장의 한국 홍보 자료라도 주문과 동시에 인쇄해 택배로 전달하고 다양한 사이즈로 자료의 선택 인쇄가 가능합니다.

사실 대한민국은 이래요!

여러분은 이제 우리나라에 대해 많은 외국인들이 잘못된 정보, 부정적인 시각을 갖고 있다는 사실을 알게 되었을 겁니다. 그리고 어떤 방법으로 잘못된 정보를 바로잡을지에 대해서도 대략적으로는 감을 잡았으리라 생각합니다. 그렇다면 우리 대한민국의 진짜 모습은 어떤 걸까요?

한국은 아시아의 중심, 동북아의 관문!

한국은 지리적, 경제적, 문화적으로 가장 좋은 곳에 위치하고 있는 나라입니다. 지리적으로 한국은 아시아와 동북아의 심장에 위치하고 있으며 경제적으로는 세계에서 가장 자원이 많은 러시아와 가장 구매력이 높은 중국의 한가운데 위치하고 있으며, 문화적으로는 5,000년의 역사 동안 평화와 화합을 지향하는 나라였습니다.

반크는 한국의 이런 지리적, 경제적, 문화적 배경을 전 세계에 알려나감으로써 한국이 아시아의 중심, 동북아의 관문 국가로 성장할 나라라는 사실을 알리고 있습니다.

한국인은 내 친한 친구!

한국은 반도 국가이므로 대륙에 있는 국가들과도 친하게 지낼 수 있고 해양에 있는 국가들과도 친하게 지낼 수 있습니다. 한국은 사계절 국가이므로 여름 국가들과도 친하게 지낼 수 있고 겨울 국가들과도 친하게 지낼 수 있습니다. 이처럼 한국은 전 세계 어떤 나라와도 꿈과 우정을 나눌 수 있는 친근한 나라입니다.

반크는 모든 한국인이 적극적으로 외국 친구를 사귈 수 있도록 도움을 주고 있으며 전 세계 모든 외국인에게 한국이라는 나라는 친한 친구처럼 신뢰할 수 있는 나라라는 사실을 알려나가고 있습니다.

한국은 정보 통신의 대국!

2020년 기준 한국은 세계 최고 수준의 정보통신기술 인프라를 구축했습니다. 특히 제4차 산업혁명의 기본 인프라가 되는 5G를 세계 최초로 상용화시킨 나라이며, 전 세계 인터넷 평균 속도 1위, 광케이블 보급 1위, 전자정부평가 2위로 선정될 만큼 세계적인 정보통신 대국입니다. 하지만 정보통신기술 인프라에 비해 활용도는 OECD 평균 이하인 점은 아쉬운 부분입니다. 반크는 한국이 세계 최고 수준 인프라를 지렛대로 삼아 국민 모두가 사이버 외교관이 되어 전 세계 디지털 역사를 개척하고 만들어 나가는 나라라는 점을 세계에 알려 나가고 있습니다.

우리는 자랑스러운 대한민국에 살고 있습니다. 남들이 알아주지 않아도 우리 역사와 우리 국민은 훌륭하니까 그걸로 됐다고 생각할 수도 있습니다. 그렇지만 가만히 있으면 우리를 보는 시각은 점점 더 왜곡될 것이고, 우리가 아무리 진실을 말해도 아무도 믿지 않는 날이 올지도 모릅니다. 그렇게 되기 전에 진실한 마음으로 외국 친구들에게 우리의 참 모습을 알릴 수 있어야 합니다. 그리고 그것에 그치지 않고 더 발전하는 한국, 더 친근한 한국을 만들 수 있도록 노력해야 합니다. 오늘도 반크는 그 길을 향해 열심히, 그리고 부지런히 발걸음을 옮기고 있습니다. 그리고 대한민국을 사랑하는 사람들이 모두 반크와 힘을 합쳐 그 길에 동참하기를 바라고 있습니다.

PART 02

세계인의 친구
반키

2002년 월드컵과 2018 평창동계올림픽을 성공적으로 개최하고 아시아에 한류 열풍이 거세지면서 한국에 대한 외국인들의 관심이 폭발적으로 증가했습니다. 그들은 여러 채널을 통해 한국에 대한 구체적인 정보를 구하고자 노력하고 있는데, 외국 현지에서는 한국에 대한 구체적인 정보를 구할 방법이 거의 전무하다고 합니다. 이는 반크에서 실시하고 있는 '포스트 월드컵 특별 기획 사업'을 봐도 그렇습니다. 외국인을 대상으로 '한국 친구 맺기 운동'을 실시하고 있는데, 여기에 가입하는 외국인들을 보면 상당수가 외국 현지에서는 한국에 대한 구체적이고 실질적인 정보를 얻을 방법이 없어서 인터넷을 통해 한국 친구를 사귀고 한국에 대한 정보도 얻고 싶어서 가입했다고 그 동기를 밝히고 있습니다.

사실 외국인들이 외국 현지에서 한국에 대한 정보를 얻는 가장 손쉬운 방법은 현지 도서관을 방문하는 것입니다. 그런데 대다수 외국 도서관을 보면 한국 관련 서적은 턱없이 부족한 상황입니다. 같은 아시아권 국가인 일본이나 중국 등과 비교해도 그 차이가 확연할 정도입니다.

도서관 다음으로 한국에 대한 정보를 접할 수 있는 장소로는 한국 정부가 현지에 설립해 운영하는 한국 문화원이 있는데, 이 또한 주요 선진국가와 비교해보면 그 숫자가 형편없이 부족합니다. 결과적으로 한국에 대한 가장 기본적인 정보를 얻는 것도 외국인에게는 어려운 실정이라는 말입니다.

현지에 한국 문화원을 단계적으로 늘려나가고 외국 도서관에 한국 관련 도서를 제공하는 것이 가장 좋은 해결 방법이겠지만, 이보다 앞서서 세계 최고 수준을 자랑하는 'IT KOREA'의 장점을 활용하여 한국 홍보 활동을 전개하는 것이 필요합니다. 인터넷만 잘 활용하면 누구나 쉽게 한국의 정보를 콘텐츠로 만들어 현지 외국인들에게 실시간으로 배포할 수 있기 때문입니다.

외국인을 만나는 것도 그렇습니다. 인터넷을 통하면 대한민국 국민 누구나 쉽게 외국 친구를 만날 수 있습니다. 외국 펜팔 사이트와 채팅방에서 외국인에게 말을 걸어보세요. 서로 취미가 맞아 공감대가 형성되면 즉석에서 친구가 될 수 있습니다. 또 외국 친구에게 한국의 음악을 파일로 전송해줄 수도 있고 좋아하는 배우의 사진이나 동영상도 실시간으로 선물해줄 수 있습니다.

21세기 한국은 아시아의 중심, 동북아의 관문을 목표로 하고 있습니다. 따라서 21세기 주인공인 여러분은 외국 문화에 대해 열린 마음, 친근한 마음을 가져야 합니다. 그리고 국제 사회에서 널리 사용되는 언어인 영어를 유창하게 구사할 수 있어야 합니다. 이런 자질은 외국인과 직접적인 만남을 갖고 오랜 기간 많은 대화를 나누면서 체험해야 가능합니다. 인터넷 해외 펜팔이나 해외 채팅은 시간과 공간의 제약을 받지 않고도 그러한 경험을 가능케 합니다.

또한 사귄 외국인 친구와 오랜 기간 많은 이야기를 영어로 나누며 문화적인 이질감과 거리감, 그리고 영어에 대한 두려움을 극복해나간다면 여러분은 어느새 전 세계 친구들에게 가장 사귀고 싶은 친구로 인정받게 될 것입니다. 나아가 한국은 전 세계 모든 이들과 꿈과 우정을 나누는 나라가 됩니다.

chapter 01

해외 펜팔로 이제 우린
지구촌 친구!

　많은 사람들이 외국 친구를 사귀려면 직접 외국에 나가는 특별한 방법밖에 없다고 생각합니다. 그렇지만 비행기를 타거나 해외 어학연수를 가지 않고도 지금 바로 외국인 친구를 사귈 방법이 있습니다. 그게 바로 해외 펜팔(일명 e-pal)입니다.

　자, 지금 바로 해외 인터넷 검색 엔진을 클릭한 후 검색창에 'penpal', 'e-pal'이라는 단어를 입력해보세요. 각 나라별로 수많은 해외 펜팔 사이트가 뜨지요? 그리고 외국인 친구들의 다양한 프로필도 검색될 겁니다. 우리가 지구촌 어딘가에 있을 나만의 진실한 친구를 그리워하는 것처럼 외국인들도 그런 친구를 찾기 위해 노력하고 있습니다.

　이제 검색된 해외 펜팔 사이트 중 한 곳을 선정한 후 사이트에 등록된 외국 친구들의 프로필을 열람하여 마음에 드는 친구에게 먼저 이메일을 보내보세요.

어때요? 친구들이 바로 여러분과 친구가 되고 싶다며 답장을 보내던 가요? 또 그 친구와 바로 진실한 친구가 되어 마음속 깊은 곳의 내용까지 주고받게 되던가요? 아마 그렇지 않을 겁니다. 한국에서 친구를 사귈 때에도 많은 시간과 노력이 필요한데, 인터넷 해외 펜팔을 통해 외국 친구를 사귈 때는 어떻겠습니까? 이때는 더 많은 시간과 노력이 필요합니다.

이번 장에서는 외국 친구와 어떻게 하면 진실한 우정을 나눌 수 있는지 그 방법을 차근차근 알아나갈 겁니다. 자, 이제 외국 친구를 만날 준비가 됐나요?

해외 펜팔 사이트에 올릴 영문 프로필 준비하기

사람과의 만남에 있어서 첫인상이 얼마나 중요한가 하는 것은 다 알고 있겠죠? 해외 펜팔 사이트에 올릴 영문 프로필은 세계를 향한 여러분의 첫인상입니다. 특히 우리의 언어가 아닌 영어를 매개체로 프로필을 작성하는 것이니만큼 문장 하나, 단어 하나만 바꿔써도 외국인들이 받아들일 때는 큰 차이를 느낄 수 있습니다.

해외 펜팔 사이트에 올려진 외국 친구들의 소개글을 읽고 어떤 내용에 호감이 가는지 잘 살펴보세요. 그런 다음 그 내용을 바탕으로 프로필을 작성해보는 것도 좋은 방법입니다.

프로필을 작성할 때는 '진실한 마음'을 담는 것이 가장 중요하겠지만 몇 가지 노하우가 있으니 이를 참고하는 것도 좋겠습니다. 해외 펜팔 사이트에 프로필을 올릴 때에는 국가나 나이, 성별, 이름 등 기본적인 내용만 올리는 것보다 최근의 관심사, 취미, 좋아하는 것, 이루고 싶은 꿈에 대해 이야기하는 것이 좋습니다. 이런 여러분의 이야기에 공감할 수 있는 외국 친구들에게 호감을 많이 줄 수 있기 때문입니다. 노하우가 있는 영문 프로필을 샘플로 제시할 테니 잘 보고 각자 자신에게 맞는 부분을 활용해서 호감이 가는 자기만의 프로필을 작성해보세요.

우선 여러분의 이름과 인터넷상에서 사용하는 ID를 알려주세요

Hi, everyone!

⋯→ 안녕하세요, 여러분!

I'm very glad to introduce myself to you.

⋯→ 여러분에게 저를 알릴 수 있어서 너무 기뻐요.

I am Bo Ram Kim from South Korea.

⋯→ 저는 한국에 사는 김보람이라고 해요.

Please call me VANK.

⋯→ 저를 반크라고 불러주세요.

여러분이 살고 있는 나라에 대해 말해주세요

Korea is quite a small country in the world, but once you have an interest in Korea, I'm sure you will like it.

⋯→ 한국은 작은 나라에 불과하지만, 일단 흥미를 갖게 되면 당신도 분

명히 좋아하게 될 거예요.

Korea has long history of 5,000 years, held 88 Seoul Olympics, 2002 World Cup, 2002 Busan Asian Games, 2018 PyeongChang Olympics, and is famous for Kimchi and Taegwondo etc.

⋯ 한국은 5천 년의 긴 역사를 가지고 있고, 88 서울 올림픽, 2002 월드컵, 2002 부산 아시안 게임, 2018 평창 올림픽을 개최하였고 김치와 태권도 등으로 유명합니다.

Korean people are more friendly than any other country's people, and they are open-minded.

⋯ 한국 사람들은 세계 어느 민족보다 정답고, 열린 마음을 가지고 있어요.

지금 어떤 일을 하고 있는지, 그 일이 여러분에게 어떠한지 말해주세요

I am a college student majoring in political science and economics and now in the U.S.A as an exchange student.

⋯ 저는 정치외교학과 경제학을 공부하는 대학생이고, 지금은 교환 학생으로 미국에 있어요.

So, I've been here since last Summer.

⋯ 여기에 온 건 지난 여름이었는데,

It's quite challenging to me experiencing different culture and way of thinking.

⋯ 이곳에서 다른 문화와 사고방식을 경험하는 것은 저에게 도전적이고 값진 기회가 되고 있답니다.

여러분이 좋아하는 것, 취미 등을 말하여 상대방이 공통점을 찾을 수 있도록 합니다

I like to talk with other people, to travel, to learn foreign languages.

···▶ 저는 사람들과 이야기하는 것, 여행, 외국어 배우기를 좋아합니다.

Also I like to collect every stuff that I've got from the people whom
I've known, and to have some dark chocolates.

···▶ 저는 제가 아는 사람들로부터 받은 모든 물건을 수집하는 것과 진한
초콜릿을 매우 좋아한답니다.

마지막으로 펜팔을 진심으로 원한다는 내용을 씁니다

I'm ready to meet you in this cyber space.

···▶ 저는 사이버 공간에서 당신을 만날 준비가 되었답니다.

It will be happy if I meet someone via internet.

···▶ 인터넷에서 누군가를 만난다면 정말 행복할 거예요.

Would you be my friend? Please don't hesitate to give me an e-mail.

···▶ 저의 친구가 되어주시겠어요? 주저하지 말고 저에게 이메일을 보내
주세요.

Finally, I promise an important thing!

···▶ 마지막으로 한 가지 약속할게요.

I will cherish our friendship and always keep my true and kind
attitude.

···▶ 전 우리의 우정을 소중히 하고 항상 진실하고 친절한 태도를 잊지
않을 거예요.

Have a nice day :-) see - ya!!

···▶ 행복한 하루 되세요 :-) 다음에 꼭 봐요!!

친구가 되자는 권유 메일 보내기

  해외 펜팔 사이트에 영문 프로필을 올린 다음, 할 일을 다 했다고 생각하고 기다리기만 하는 사람들이 있습니다. 기다리지만 말고 마음에 드는 친구를 발견하면 친구가 되자는 권유 메일을 먼저 보내세요. 외국 친구를 사귀는 데 있어 가장 필요한 것은 용기와 적극성입니다. 다음을 참고하여 자신만의 권유 메일을 작성해보세요.

외국 친구의 프로필과 이메일 주소를 얻게 된 배경을 설명하세요

Hi. Nice to meet you.

···▶ 안녕. 만나서 반가워.

My name is Hanbi.

···▶ 내 이름은 한비라고 해.

You're probably surprised to receive this letter from a complete stranger.

···▶ 생면부지의 나에게 편지를 받고 놀랐을지도 모르겠다.

I found your profile and e-mail address at the PRKOREA homepage (http://www.prkorea.com).

···→ 나는 너의 프로필과 e-mail 주소를 PRKOREA 홈페이지(http://www.prkorea.com)에서 알게 되었어.

I am a member of that club too.

···→ 나도 그 곳의 회원이거든.

친구의 프로필을 보고 어떤 내용에 호감이 갔는지 알려주세요

Wow! You have much in common with me.

···→ 와우! 너는 정말 나와 비슷한 점이 많더라.

One of my hobbies is listening to music.

···→ 내 취미 중 하나는 음악 감상이야.

I love to listen to all kinds of music.

···→ 나는 음악이라면 어떤 것이든 즐겨들어.

I listen to music whenever I'm free.

···→ 나는 시간이 날 때마다 음악을 들어.

I find myself dancing to the rhythm of Latin music whenever I listen to it.

···→ 특히 라틴 음악을 듣고 있으면 몸이 저절로 움직인단다.

I love Latin music, and I want to recommend it to anyone and everyone.

···→ 난 라틴 음악을 사랑하며, 그걸 누구에게나 권하고 싶어.

Who is your favorite singer?

···→ 네가 가장 좋아하는 가수는 누구니?

친구에게 편지를 보내는 직접적인 이유에 대해 말합니다

The reason that I am writing is because I want to make friends all over the world.

···▶ 내가 편지를 쓰는 이유는 세계 여러 나라 친구들을 사귀고 싶기 때문이야.

I want to travel as I get older and so I'm really interested in other countries.

···▶ 나는 나이가 많아지면 여행하기를 원해. 그래서 다른 나라에 관심이 많단다.

Can we be friends?

···▶ 우리 친구하지 않을래?

답장을 받을 메일 주소를 꼭 남깁니다

If you are interested in pen palling with a 21 year-old Korean girl who likes music, movies and so on and please drop some lines.

···▶ 만약 네가 음악, 영화 등을 좋아하는 21살의 한국 소녀와 펜팔을 하고 싶다면 편지 줘.

Here's my e-mail address : vank@prkorea.org

···▶ 이게 나의 메일 주소야. vank@prkorea.org

I hope I hear from you soon!

···▶ 너의 소식을 곧 들을 수 있으면 좋겠다!

해외 펜팔 사이트 이용하기

어느 정도 준비가 됐다 싶으면 이제 해외 펜팔 사이트에서 외국 친구를 사귀어볼까요?

해외 펜팔 사이트에 올릴 영문 프로필과 등록된 외국 친구들에게 보낼 영문 편지가 준비되었으면 본격적으로 외국 친구들과 만날 수 있는 해외 펜팔 사이트를 찾아봅시다. 아래에 반크에서 선정한 해외 펜팔 Best 웹사이트를 소개하니 한번 방문해보세요.

펜팔 사이트 소개

사이트 이름	웹사이트 주소	비 고
penpals now	http://penpalsnow.com	
interpals	http://www.interpals.net	
Cyberfriends	http://www.cyberfriends.com	
Friendfinder	http://www.friendfinder.com	
Penpal Garden	http://www.penpalgarden.com	
Student Letter Exchange	http://www.pen-pal.com	우편
Students of the world	http://www.studentsoftheworld.info	
Signal Penpal Megazine	http://www.saunalahti.fi/~signal	
K&J's Club	http://www.kjclub.com	일본친구
penpal international	http://ppi.searchy.net	
penpal-gate	http://www.penpal-gate.net	
postcrossing	http://postcrossing.com	

chapter 02

언어 교환 사이트를 통해
외국 친구와 사귀어요!

최근 한류 열풍으로 동남아시아에 한국어를 배우려는 열풍이 불고 있고, 언어 교환 사이트에도 한국어를 공부하기 위해 한국 친구를 사귀려는 외국인이 늘고 있습니다. 따라서 적극적으로 언어 교환 사이트에서 외국 친구를 사귀어 한국어 공부를 필요로 하는 외국인에게 한국어를 가르쳐주고, 여러분 또한 배우고자 하는 제2 외국어를 전 세계 친구들에게 배워보세요.

대부분의 언어 교환 사이트는 프로필을 통해 메일을 교류한 이후 메신저, 인터넷 전화, 화상 통화를 통해 다양한 방법으로 소통할 수 있습니다.

아래 반크 회원들이 언어 교환 사이트를 통해 적극적으로 외국 친구를 사귀고 한국어를 가르치며 친구의 나라 언어를 배워나가는 모습을 통해 여러분도 적극적으로 도전해보세요!

언어 교환 사이트를 통해 외국 친구와 프로필을 교환해요!

스페인 친구 : Hello! Looking for Korean friends to learn the language, and teach Spanish if necessary

I am looking for some people to make friendship and to teach me about Korean language. I have a couple of friends from there and they are wonderful people so it would be nice meeting more people from Korea. I can teach Spanish if you want to. I don know what else may I say now. If you want more info just talk to me. :) Have a nice day!

⋯▸ 스페인 친구 : 안녕! 나는 나에게 한국어를 가르쳐줄 한국 친구를 찾고 있어. 나는 그 친구에게 스페인어를 가르쳐줄 수 있고. 나는 나에게 한국어를 가르쳐주며 우정을 나눌 친구를 찾고 있어. 나는 한국 친구가 있는데, 그 친구들은 멋진 사람들이야. 그래서 나는 한국 친구를 더 많이 사귀고 싶어. 나는 나와 사귀는 한국 친구들에게 스페인어를 가르쳐줄 수 있어. 나에 대한 더 자세한 내용을 알고 싶으면 메일주렴. :) 좋은 하루!

반키 : Hi! you want to teach Korean for you! If you want to learn it, you would send e-mail to me!

⋯▸ 반키 : 안녕! 나는 너에게 한국어를 가르쳐주고 싶어! 만약 네가 배우길 원한다면 나에게 메일 보내줘!

프랑스 친구 : hi! I'm looking for a good teacher to improve my english.

I speak very good French and Arabic but I'm a little weak in English that is why I want to improve it because I like it a lot and if there someone who wants to learn and practice French or Arabic, there are no problems I help him with pleasure.

⋯▸ 프랑스 친구 : 안녕! 나는 나의 영어 실력을 높여줄 교사를 구해. 나는 프랑스어와 아랍어를 잘해. 하지만 영어는 잘 못해. 그래서 나에게 영어를 가르쳐줄 친구를 찾고 있어. 나에게 프랑스어와 아랍어를 배우고 싶은 사람이 있다면 내가 가르쳐줄 수 있어.

반키 : I deal with a lot of people over the phone that speak in Arabic so I'd love to learn!

⋯▸ 반키 : 나는 아랍에 사는 아랍인들과 전화 통화를 많이 하고 있어. 그래서 아랍어를 배우고 싶어!

홍콩 친구 : Hi, I am Sharon. I am from hongkong. I wish I can have a teacher who lives in South Korea to teach me Korean via Skype. I know all the alphabet, and can read out a paragraph, also know some simple phrase and words but I want to learn the grammar, more phrases and want to make sentences.

p. s. And I'll teach you Chinese(Cantonese+Mandarin), English, etc.

⋯▸ 홍콩 친구 : 안녕, 나는 샤론이야. 나는 홍콩에서 태어났어. 나는 한국에 살면서 나에게 스카이프(무료 인터넷 전화, 및 채팅 프로그램)를 통해 한

국어를 가르쳐줄 친구를 찾고 있어. 나는 한글을 알고 있어. 또 문장과 단어도 읽을 수 있어. 하지만 나는 더욱더 많은 문법과 문장, 그리고 구절을 만들고 싶어. 대신 나는 너에게 중국어와 일본어를 가르쳐줄 수 있어.

반키 : Hello. ^0^ I can teach Korean language to you (you might think me a little bit young, though.) I have traveled hongkong last year, so I have some interest about your country. hopefully you tell me about yours! Send E-mail to me.

⋯▸ 반키 : 안녕. ^0^ 나는 너에게 한국어를 가르쳐줄 수 있어. (너는 내가 나이가 어리다고 생각할지라도) 나는 지난해에 홍콩을 여행 갔다 왔고, 너의 나라에 대해 많은 호기심을 갖고 있어. 나에게 너의 나라에 대해 알려주지 않겠니? 나에게 이메일을 보내줘.

싱가포르 친구 : Hey there! I'm yanti from singapore and I've got to say that I love korean movie/drama. would love to learn korean language too. so I'd appreciate all the help I can get. :)

⋯▸ 싱가포르 친구 : 안녕! 나는 싱가포르에서 사는 얀티라고 해. 나는 한국 드라마와 영화를 좋아해. 그리고 한국어를 배우고 싶어. :)

반키 : I'm 18 years old Korean girl and I could be your Korean teacher. I'm quiet fluent in speaking English. Chniese is also available. ^ ^ ;

If you are interested in, please reply to me.

⋯▸ 반키 : 나는 18살의 한국 소녀야. 내가 너의 한국어 교사가 되어줄게. 나는 영어를 유창히 말할 수 있어. 그리고 중국어도 가능해. ^ ^ ; 만약 관심 있으면, 나에게 연락줘.

독일 친구 : Hey what's up? I can speak german and english and I want to learn korean so I am looking someone who can teach me Korean So pls help me?

⋯▸ 독일 친구 : 안녕! 나는 독일어와 영어를 할 줄 알아. 그리고 나는 한국어를 배우고 싶어. 그래서 나에게 한국어를 가르쳐줄 친구를 찾고 있어! 나를 도와줄 수 있니?

반키 : hi, I want to practice German and English also. You can contact with me through the address.

⋯▸ 반키 : 안녕, 나는 독일어와 영어를 배우기를 원해. 메일을 보내줘.

페루 친구 : I'd like to practice my english and learn a little Korean! my english is basic but I try I can teach you spanish if you want know more add my msn

⋯▸ 페루 친구 : 나는 영어를 배우고 싶어. 그리고 한국어도 배우고 싶고! 내 영어 실력은 초급 수준이야. 만약 네가 원한다면 나는 스페인어를 가르쳐줄 수 있어. 나의 메신저 아이디를 알려줄게.

반키 : Hi! I'd love to help you. ^_^ My best friend study spanish and i want to be able to talk to her.

···▶ 반키 : 안녕! 내가 너를 돕고 싶어. ^_^ 내 단짝 친구가 스페인어를 공부해. 그래서 나는 그 친구와 스페인어로 공부하고 싶어. 나에게 연락줘.

언어 교환 사이트	웹 사이트 주소와 설명
lang-8	http://lang-8.com Language 8은 100개국 회원으로부터 어학 교류 파트너를 찾을 수 있습니다. 특히 배우고자 하는 언어를 프로필에 남기면 자신의 글을 어학 봉사자들이 교정을 해줍니다. 영어 이외에도 12개 국어로 서비스되고 있습니다.
chingu	http://chingu.prkorea.com 반크에서 만든 언어 교환 사이트로 특히 전 세계에서 한국어를 배우고자 하는 외국인이 많이 가입하고 있습니다. 외국인들에게 한국어를 가르쳐 주고자 하는 한국인들에게는 큰 도움이 됩니다.
mylanguage exchange	http://www.mylanguageexchange.com 133개 국가에서 100만 명이 가입되어 115개의 언어를 교환하고 있는 아주 큰 사이트입니다. 이곳은 특히 음성 채팅방, 온라인 사전, 상호 언어 학습의 전문가인 선생님의 검증된 학습 계획, 새로운 단어와 표현들을 기록하는 온라인 노트를 제공하고 있습니다. 영어 등 9개 언어로 서비스되고 있습니다.
lingofriend	http://www.lingofriends.com 4개 국어로 서비스되고 있는 언어 교환 사이트입니다. 프로필 등록, 친구 검색, 토론 같은 서비스를 이용할 수 있습니다.
italki	http://www.italki.com 19개 국어로 서비스되는 언어 교환 사이트입니다. 프로필 검색, 친구 찾기, 질문과 답변 등 다양한 서비스를 제공합니다.
lingozone	http://www.lingozone.com 프로필 검색, 메일 채팅 등을 통해 언어 교환을 할 수 있도록 지원합니다.

이렇게 하면 펜팔로 외국 친구 사귈 수 있어요!

해외 펜팔을 하기 위해서는 일단 영어 자기 소개서를 정성껏 준비해야 합니다. 여러분의 영어 자기 소개서는 여러분의 첫인상을 결정짓는 아주 중요한 것입니다. 단어 하나하나, 문장 하나하나에 친구를 향한 여러분의 진심어린 마음을 담아보세요.

그리고 친구를 편견 섞인 눈빛으로 바라보아선 절대 안 됩니다. 그 친구를 둘러싸고 있는 외모, 혹은 거주 환경보다는 그 친구의 마음이 중요하고 소중하다는 것을 잊지 말아야 하겠습니다.

친구가 사는 나라에 대해 알아두는 것도 빼놓을 수 없는 중요한 일입니다. 다른 나라 사람이 우리나라에 대해 잘 알고 있다면 기분이 좋아집니다. '이 친구가 내가 사는 나라를 잘 알고 있구나.'하는 생각이 들어서 마음까지 푸근해집니다. 친구가 살고 있는 곳은 어딘지 세계 지도에 표시도 해놓고, 가족 구성은 어떤지, 무엇을 좋아하는지도 기억해두세요.

마지막으로 영어 실력이 부족해도 자신감을 가지세요. 처음에는 서툴고 어렵겠지만 영어를 못해서 친구를 사귈 수 없다고 지레 겁먹지 말고 차근차근 노력해보세요. 그러면 어느새 자연스럽게 외국어를 사용하고 있는 자신을 발견할 수 있을 겁니다.

다음은 반크 선배들의 해외 펜팔 경험담입니다. 선배들의 생생한 목소리를 들으면서 준비해야 할 것, 중요하게 생각할 것들, 유의해야 할 것들을 다시 한 번 되새겨보세요.

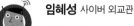

임혜성 사이버 외교관

　　외국 친구를 사귈 때에는 펜팔 사이트에 올릴 프로필이 중요합니다. 혹시 프로필 쓰기가 힘들다면 여러 펜팔 사이트를 돌아다니면서 다른 외국 친구들을 어떤 식으로 프로필을 썼는지 둘러보세요. 저는 '주저하지 말고 나에게 메일을 보내면 꼭 당신만의 진실한 친구가 되겠다.'라는 내용을 썼는데 많은 외국 친구들이 호응해주었답니다.

김수정 사이버 외교관

　　가장 중요한 것은 뭐니 뭐니 해도 'Open Mind'예요. 다른 나라에 대한 편견과 차별을 버리세요. 펜팔 사이트에 프로필을 올리면 아프리카나 아시아 쪽에서 메일을 많이 받게 되거든요. 가끔 자신이 바라는 특정 나라 사람들하고만 친분을 쌓고 싶어하는 경우가 있는데요. 어느 한 쪽으로 마음이 기우는 거야 사람이니까 어쩔 수 없겠지만 그게 차별로 이어져선 안 되겠죠?

하수현 사이버 외교관

　　처음엔 영어로 편지 쓰는 것이 너무 어려워서 해외 펜팔을 포기하려고 했습니다. 하지만 제 외국 친구들은 저의 이런 마음까지도 다 이해해주더라고요. 영어가 우리 모국어가 아닌 만큼 몇 년을 한다 해도 완벽하게 구사하는 건 무리잖아요. 시간이 많이 걸리겠지만 사전을 뒤적여가며 직접 쓴 편지는 공책에 빽빽이 필기를 하면서 외우는 수능 공부에 비할 바 아닌 순수한 평생 재산이 되는 것 같아요.

해외 친구를 사귄다는 것, 정말 멋진 일이에요! 영어 걱정은 하지 말고 일단 도전하세요. 누구나 할 수 있는 일입니다. 저도 했는 걸요!

chapter 03

해외 채팅으로 지구 반대편
친구와도 실시간 대화!

해외 채팅은 해외 펜팔과는 달리 외국인과 실시간으로 대화를 진행해야 합니다. 쉽게 말하자면 외국인과 '문자로 된 영어 대화'를 나누는 거지요. 실시간으로 진행되는 것이니만큼 채팅방에 들어가기 전에 채팅방 필수 영어 표현을 충분히 익혀두어야 합니다.

그렇다고 영어 때문에 해외 채팅을 너무 두려워할 필요는 없습니다. 우리가 일상생활을 하면서 맞춤법 및 정식 문법에 맞는 정확한 한글을 구사하며 말하지 않는 것처럼 외국어도 문법에 구애받지 않고 '올바른 정보만을 이야기한다.'는 마음가짐으로 이야기를 전개해나간다면 영어 문제는 충분히 극복할 수 있습니다. 무엇보다 해외 채팅방에서는 영어를 모국어로 사용하는 외국인보다 우리처럼 영어를 제2 외국어로 사용하는 외국인이 더 많기 때문에 영어 실력이 큰 문제가 될 것은 없습니다.

만약 영어 실력 때문에 도저히 해외 채팅방에 들어갈 엄두가 나지 않는다면 해외 펜팔을 통해 미리 알고 지내던 외국 친구와 먼저 채팅을 시도해보세요. 일단 메일을 통해서 친숙함을 나누었기 때문에 채팅방에서 만나도 자연스럽게 이야기를 시작할 수 있을 겁니다. 길 가다가 처음 만나는 외국인에게 말 걸기가 힘든 것처럼 채팅방에서도 처음 보는 사람에게 말을 거는 것은 어려울 수 있습니다. 이런 경우에는 펜팔에게 이메일을 보내서 채팅방 주소와 만날 시간을 미리 정한 다음 그 친구와 채팅을 시작하는 것도 좋은 방법입니다.

채팅방에는 필수 영어가 따로 있다!

채팅은 펜팔과는 달리 영어로 생각할 겨를도 없이 하고 싶은 말을 바로 자판을 쳐서 전달해야 합니다. 그러기 위해서는 미리 충분히 채팅 필수 영어를 익혀야 하며 예의 바른 태도로 정중한 표현을 써서 친구에게 좋은 이미지를 남겨야 합니다.

만약 지금 바로 외국인 친구와 채팅을 할 정도의 영어 실력은 안 된다고 생각하는 사람이 있다면 채팅방 필수 영어 표현, 영어 약어 표현을 익힌 다음에 도전해보세요.

채팅방에 들어가면 우선 간단한 인사말을 건넵니다

Vank : Hi room~, what's up? Anybody wanna chat with me?

···→ 반크 : 안녕 친구들~, 나랑 채팅 할 사람 있니?

Hi room이라는 표현을, 문장 그대로 해석하자면 '안녕, 채팅방아' 정도 되겠죠? 즉 채팅방에 있는 모든 사람에게 '안녕'하고 인사를 하는 표현입니다. 또 wanna는 want to의 약어 표현입니다. 채팅을 할 때에는 자판을 빨리 쳐서 의사 전달을 해야 하기 때문에 약어 표현을 많이 쓴답니다.

Anne : Hi, can I chat with u?

···→ 앤 : 안녕, 나랑 채팅 할래?

여기서도 you를 u로 줄여서 표현한 것을 볼 수 있습니다.

Vank : Hi, Anne. Sure. :-)

···→ 반크 : 안녕, 앤. 물론이지. :-)

채팅 중간에, 이모티콘을 사용해서 감정을 표현합니다. 감정을 쉽게 전달할 수 있기 때문에 아주 편리하지요.

Anne : What's ur asl?

···→ 앤 : 네 나이, 성별, 사는 곳을 알려줄래?

ur는 your의 약어 표현이며 asl은 age/sex/location의 줄임말로 나이, 성별, 사는 곳을 뜻합니다. 이는 채팅방에서 가장 많이 쓰이는 약어 표현 중 하나입니다. What's ur asl?을 풀어 보면 How old are you? What is your sex? Where are you from?이라고 쓸 수 있습니다.

Vank : 16/f/south korea. How bout u?

···→ 반크 : 나는 16살 여자애고, 한국에 살아. 너는?

채팅을 할 때에는 바로바로 답신이 오가야 하기 때문에 문장을 다 만드는 게 아니라 간단하게 정보만을 씁니다. 16은 16살이라는 의미이고 f는 female이라는 의미입니다. 이미 채팅을 하는 사람들끼리는 다 아는 표현이므로 걱정하지 말고 사용하세요. about은 빨리 발음하면

a가 거의 발음되지 않기 때문에 채팅을 할 때는 a를 생략하고 그냥 bout로 쓸 수 있습니다.

Anne : I'm 16/f/usa.

···▶ 앤 : 나도 16살 여자애고, 미국에 살아.

채팅이 처음이라 걱정이라고요? 이렇게 말하면 친구들도 이해해줄 걸요?

Vank : Oh, IC. My English is not good. So I cant express exactly what I feel about.

···▶ 반크 : 아, 그렇구나. 나는 영어를 잘 못해서 내가 하고 싶은 말을 정확하게 표현할 수가 없어.

    IC는 I See를 소리 나는 대로 적은 것입니다.

Anne : It's ok. Ur Eng is pretty good. Don worry.

···▶ 앤 : 괜찮아. 네 영어 실력은 꽤 좋은걸. 걱정 마.

    Eng는 English의 약어 표현이고 don은 don't의 약어 표현입니다.

Vank : Thx. Do u chat often?

···▶ 반크 : 고마워. 너는 채팅을 자주 하니?

    Thx는 Thank you를 줄여서 표현한 것이죠.

Anne : Yup. I chat often.

···▶ 앤 : 응. 자주해.

    yup은 yes를 편하게 구어체로 표현한 것입니다.

Vank : What do u wanna chat bout? What's ur hobby?

⋯→ 반크 : 무슨 이야기할까? 네 취미는 뭐야?

Anne : My hobbies r watching movies and surfing net.

⋯→ 앤 : 내 취미는 영화 보기랑 인터넷 서핑이야.

r는 are의 약어 표현입니다. 이제 좀 감이 잡히나요?

이제 서로 공감대를 형성해보세요

Vank : Wow, I also luv to watch movies.

⋯→ 반크 : 와, 나도 영화 보는 거 좋아해.

luv는 love의 발음 철자로 격식을 따지지 않을 때에는 흔히 씁니다.

Anne : Oh, really? U like to watch movies? Have u ever seen any cool movie these days?

⋯→ 앤 : 아, 정말? 너 영화 보는 거 좋아해? 요즘 어떤 영화 봤니?

cool이라는 단어는 '멋진, 근사한'이라는 의미이며 미국 사람들이 아주 잘 쓰는 말로 요즘 에는 good보다도 더 자주 쓰입니다.

Vank : I watched the 'The lord of the ring'. This was fabulous!

⋯→ 반크 : 나는 '반지의 제왕'을 봤어. 이 영화 정말 좋더라!

fabulous는 '굉장한, 멋진'이라는 의미이며 구어체에서 많이 쓰입니다.

Anne : Yeah~ I like that movie, too.

···▶ 앤 : 맞아~ 나도 그 영화 좋아해.

Vank : Oh, u hav much in common with me. Can we be buddy?

···▶ 반크 : 와, 너랑 나랑 공통점이 많은 것 같다. 친구 할래?

> have에서 e는 발음이 되지 않기 때문에 채팅할 때는 자주 생략이 됩니다. buddy는 친구라는 의미로 구어체에서 쓰입니다. friend라고 해도 됩니다.

Anne : Of course! y not?

···▶ 앤 : 물론이지! 왜 안 되겠어?

> y는 why를 소리 나는 대로 알파벳으로 표현한 거라는 거, 알겠죠?

이제 마지막 굳히기! 이메일 주소를 슬쩍 물어보세요

Vank : Then, can I get ur mail add? I wanna be ur penpal.

···▶ 반크 : 그럼, 네 이메일 주소 알려줄래? 너랑 펜팔을 하고 싶어.

> address를 줄여서 add라고 씁니다.

Anne : Yup. My add is angel@prkorea.org.

···▶ 앤 : 그래. 내 이메일 주소는 angel@prkorea.org이야.

Vank : Thx. BTW, I am sleepy now. It's time to go to bed. Sorry. :-(

···▶ 반크 : 고마워. 그런데, 나 이제 졸리다. 가서 자야겠어. 미안해. :-(

> BTW는 by the way라는 관용어의 이니셜을 딴 표현입니다.

Anne : OIC, then go to bed. Don mind me. :-D

···▶ 앤 : 아, 알겠어. 그럼 가서 자렴. 내 걱정 말고. :-D

> OIC는 oh, I see의 약어 표현이라는 거 눈치 채셨죠?

끝 인사와 마무리도 중요해요!

Vank : It's so cool to chat with u today. Hope to see u again.

···▶ 반크 : 오늘 너랑 채팅해서 정말 좋았어. 또 보자.

Anne : Yup, I'll send u mail. CYA.

···▶ 앤 : 응, 내가 메일 보낼게. 다음에 보자.

> CYA는 see ya를 줄여서 표현한 것이고, see ya는 see you라는 말입니다. 미국 영화를 보다 보면 see you라는 말보다 see ya라고 많이 말하는 것을 알 수 있을 겁니다.

Vank : TK. BB.

···▶ 반크 : 잘 있어. 안녕.

> TK는 take care라는 의미로 잘 지내라는 뜻을 가진 작별 인사입니다. 그리고 BB는 bye bye의 약어 표현이죠.

외국인과 바로 통하는 채팅방 영어 약어 표현

우리나라에서 채팅을 할 때 '방가방가' 같은 표현을 쓰는 것처럼 영어 표현에도 이와 같은 맥락의 표현들이 있습니다. 바로 약어 표현인데요, 채팅방에서 끊임없이 쏟아져나오는 채팅 약어에 골머리가 아프고, 영어는 머릿속에서 빙빙 도는데 손이 느려서 답답한 사람들이 있다면 여기 소개된 표현을 익히세요. 이것만 알아도 채팅방에서 '왕따' 당할 일은 없을 겁니다.

채팅방 Best 약어 표현

약 어	원 문	해 석
※ A/S/L?	Age/sex/location?	나이, 성별, 사는 곳?
BB	Bye Bye~	안녕 안녕~
BF	Boy Friend	남자친구
RRR	Be right back	바로 돌아올게요
※ BTW	By the way	그런데
CU	See you	또 봐요
※ IC	I see	알았어요
LOL	Laughing out loud	크게 웃는다
OIC	Oh, I see	이제 알았어요
PLZ	Please	부탁이야
R	Are	이다, 있다
THX	Thanks, Thank you	고마워요
TK	Take care	잘 지내
U	You	너, 당신

※ 표시를 한 표현은 '채팅방 Best 약어 표현' 중에서도 가장 많이 쓰이는 표현입니다.

알파벳 순서대로 알아보는 약어 표현

약 어	원 문	해 석
A	Answer	답변은
AFAIK	As far as I know	내가 아는 한도 내에서는
AFK	Away from keyboard	잠시 자리를 비울게요
ASAP	As soon as possible	가능하면
B4N	Bye for now	잠시, 안녕
BAK	Back at the keyboard	다시 돌아왔어요
BBIAB	Be back in a bit	곧 돌아올게요
BBL	Be back later	나중에 다시 돌아올게요
BG	Big grin	커다란 웃음
BL	Belly laughing	아이고 배꼽이야
BTA	But then again	반면에
BWTHDIK	But what the heck do I know?	그렇지만, 도대체 제가 그걸 어떻게 아나요?
CUL	See you later	다음에 봐요
CYO	See you online	온라인에서 다시 봐요
DIKU	Do I know you?	내가 당신을 아나요?
EMFBI	Excuse me for butting in	참견해서 미안하지만요
FOMCL	Falling off my chair laughing	하도 웃겨서 의자에서 떨어졌다
G	Grin	(이를 드러내고) 방긋 웃다
GA	Go ahead	계속해봐요
GF	Girl Friend	여자친구
GIWIST	Gee, I wish I'd said that	실은 제가 얘기하고 싶었는데요
GL	Good luck	행운을 빌어요
GL2E	Good luck to everyone	모두에게 행운이 있기를 바랍니다
HAND	Have a nice day	좋은 하루 보내세요
HAGN	Have a good night	좋은 밤 되세요
HTH	Hope this helps	이게 도움이 되길 바랍니다

약 어	원 문	해 석
IAC	In any case	어떠한 경우에든
IANAL	I am not a lawyer (but)	제가 변호사는 아니지만요
IIRC	If I recall	제가 올바로 기억하고 있다면
ILU	I love you	당신을 사랑합니다
IMHO	In my humble opinion	내 개인적인 의견으로는
IMO	In my opinion	내 의견은
IOW	In other words	다시 말해서
IPN	I'm posting naked	솔직하게 글을 올리고 있어요
IRL	In real life (that is, when not chatting)	실제 생활에서는
IYSWIM	If you see what I mean	네가 내가 한 말을 이해한다면
JK	Just kidding	농담입니다
KWIM?	Know what I mean?	제가 한 말이 무슨 뜻인지 알아듣겠어요?
L8R	Later	또 봐요
LD	Later, dude	친구야, 또 보자
LLTA	Lots and lots of thunderous applause	큰 박수
LTNS	Long time no see	오랜만입니다
LULAB	Love you like a brother	형제처럼 너를 사랑해
MorF	Male or female	남자세요, 여자세요?
MUSM	Miss you so much	많이 그리워요
OLL	Online love	온라인에서의 사랑
OTOH	On the other hand	한편으로는
OTTOMH	Off the top of my head	언뜻 드는 내 생각으론
PMFJIB	Pardon me for jumping in but	끼어들어 미안하지만요
POOF	Goodbye~ (leaving the room)	횡~ (안녕, 방을 떠나며)
STW	Search the web	웹에서 찾아보세요
TAFN	That's all for now	현재로써는 그게 다입니다
TGIF	Thank God it's Friday	신나는 금요일입니다

약 어	원 문	해 석
TLK2UL8R	Talk to you later	나중에 얘기할게요
TMI	Too much information	너무 많은 양의 정보
TTFN	Ta-Ta for now	이만 바이 바이
TTT	Thought that, too	나도 그렇게 생각했어요
TTYL	Talk to you later	다음에 또 얘기해요
TU	Thank you	고마워요
UW	You're welcome	천만에요
VBG	Very big grin	매우 큰 웃음
WTG	Way to go!	힘내세요! (응원의 말)
WTGP?	Want to go private?	둘이서만 얘기해요
WU?	What's up?	별일 없어요?
WUF?	Where are you from?	어디 살아요?
WYSIWYG	What you see is what you get	화면에 보이는 대로 얻게 될 거예요

내 감정을 센스 있게 전달해주는 이모티콘

이모티콘은 자신의 감정 상태를 귀엽고 깜찍한 얼굴 표정으로 대신 나타내주지요. 우리끼리 채팅을 할 때도 이모티콘을 사용하면 분위기가 훨씬 부드러워지는 것을 느낄 수 있습니다. 이모티콘은 아주 간단하지만 외국인과 의사소통 하는 데는 정말 최고입니다. 그렇지만 우리끼리 즐겨쓰는 이모티콘은 외국인이 이해하지 못하니 주의해야 합니다. 다음 이모티콘을 잘 보고 외국인 친구와 채팅할 때 활용해보세요. 아마 훨씬 친밀감을 느낄 수 있을 겁니다.

채팅방 이모티콘

	이모티콘	의미 (영어)	의미 (한글)
B e s t 이 모 티 콘	:-)	Smile	웃다
	:-(	Sad	슬프다
	:-D	Big grin	이를 드러내고 히죽 웃다
	:-P	wry smile or sticking your tongue out	쓴웃음, 비웃음
나 지 금 무 지 기 뻐 요	:-)	Smile	웃다
	;-)	Smile with a wink	윙크하며 웃다
	:<})	User with mustache, smiling	콧수염 가진 사람이 웃다
	:-))	Really happy	정말 행복하다
	:-D	Big grin	이를 드러내고 히죽 웃다
	:-)〈〉〉〉〉〉	Basic smiley with a necktie	넥타이를 맨 사람이 웃다
	8:[	Normal smiling face of a gorilla	고릴라 같이 생긴 사람이 웃는 모습
슬 퍼 요 ~	:-(	Sad	슬프다
	:'-(	Crying	울다
	:~	Also crying	따라서 울다
깜 짝 이 야 & 화 났 어 요	:-||	Mad	화나다
	=:O	Frightened(hair standing on end)	놀라다
	=8O	Bug-eyed with fright	화나다
	:-o	Wow! or I'm surprised	와우
	>:-<	Mad	아주 화난
그 밖 의 감 정 과 상 태	:-*	A kiss	키스하다
	:-|	Grim	완강한
	:-P	Sticking out your tongue	완강함을 고수
	:-/	Perplexed	복잡하다
	:-}	Embarrassed smile	난처해하며 웃다
	;-^)	Tongue in cheek	혀를 뺨에 대다
	%*@:-(	Hung over	만취한 다음날의 피로

이모티콘	의미(영어)	의미(한글)
:-~~~	Drooling	군침을 흘리다
>:)	Perplexed look	복잡하게 보이다
(-_-)	Secret smile	비밀스런 미소
#.-o	Oh, nooooooo Mr. Bill!!!	오, 안돼!!!
0:-)	Angel	천사
]:-I[	Robot	로봇
(:V)	Duck	오리
3:-o	Cow	소
:-]	Vampire	흡혈귀
(_8-(I)	Homer Simpson	호머 심슨
C|:-=	Charlie Chaplin	찰리 채플린
*<:-)	Santa Claus	산타 할아버지
(:)-)	Scuba diver	스쿠버 다이빙
<:I	Dunce	바보
oooo(0) (0)oooo	Toes	발가락
8:-)	Glasses on forehead	이마에 안경
:-{}	User with heavy lipstick	립스틱을 두껍게 한 사람
:-)8	User is well dressed	잘 차려 입은 사람
#-)	User partied all night	밤새 파티한 사람

※ 첫 번째 열 왼쪽 세로 병합 셀: 사람·사물을 나타내는 이모티콘

해외 채팅 사이트 이용하기

약어, 이모티콘 등 어느 정도 채팅방의 문화가 익숙해졌다면 외국 친구들을 만날 수 있는 채팅방에는 어떤 것이 있는지 알아볼까요?

채팅 사이트

사이트 이름	웹 사이트 주소
페이스북 메신저 서비스	http://www.facebook.com
whatsapp	https://www.whatsapp.com
skype	http://www.skype.com

이렇게 하면 채팅으로 외국 친구 사귈 수 있어요!

채팅을 시작할 때는 온라인 영어 사전을 미리 준비하는 것이 좋습니다. 외국인 친구와 대화하는 중간에 모르는 단어가 나와서 당황하는 경우가 왕왕 있습니다. 이럴 때를 대비해서 온라인 영어 사전 창을 미리 열어놓으세요. 친구가 말한 단어를 찾아보고 뜻을 알면 금방 대화를 이어갈 수 있을 겁니다. 만약 사전을 활용해도 해석이 안 된다면 부끄러워하지 말고 친구에게 솔직히 물어보는 것도 한 가지 방법입니다

영어 타자를 미리 연습해두는 것도 필수죠. 해외 채팅방에서 영어 타자 속도가 느리면 외국 친구와 대화하기가 힘들어집니다. 또 자신의 말에 바로바로 대답을 하지 않으면 자신을 무시한다고 생각하는 외국인들도 있기 때문에 주의해야 합니다. 독수리 타법은 자랑이 아닙니다. 지속적으로 영어 타자 연습을 해주어야 합니다.

해외 채팅에 조금 익숙해졌다 싶으면 관심 있는 주제로 여러분이 채팅방을 새로 개설해보는 것도 좋습니다. 채팅방을 개설해서 외국 친구를 초청하는 거죠. 자신과 같은 취미를 가진 외국인 친구를 만날 수도

있고 또 많은 외국인 친구들 사이에서 리더가 되어 대화를 주도적으로 이끄는 특별한 경험을 할 수 있을 겁니다.

마지막으로, 채팅방 네티켓을 지키는 것은 기본입니다. 해외 채팅방을 돌아다니다 보면 서로 국제 네티켓을 지키지 않아 싸우는 경우가 종종 있습니다. 특히 국가에 대한 선입견, 인종 차별적인 발언 등은 상대방에게 모욕감을 줄 수 있다는 것을 명심해야 합니다. 해외 채팅방은 세계 모든 사람이 한자리에 모이는 장소인 만큼 국제화 시민으로서 예의 바르게 행동해야 하겠습니다.

PART 03

반크 핵심
프로젝트!
한국 바로 알리기

한 나라의 국가 경쟁력은 국가 이미지에서 시작되고 국가 이미지는 국가 홍보가 좌우합니다. 그간 정부 차원에서는 불특정 다수의 외국인을 대상으로 국가 홍보를 진행했습니다. 그렇지만 이제 그런 방식에서 탈피해서 한국의 국가 이미지를 '구체적인' 외국인에게 직접적으로 홍보할 수 있는 방식이 필요하다고 생각합니다.

인터넷 활용도가 높은 초, 중, 고생들에게 '해외 이메일 펜팔 친구 갖기 운동' 등을 펼치는 한편 해외 초, 중, 고 학생들과의 학급별 펜팔 프로그램을 영어 교과 수행 평가의 방법으로 도입하는 등 민간 차원의 국가 홍보가 필요합니다. 방탄소년단, 블랙핑크 등 K-POP 가수들의 전 세계 한류팬은 약 1억 명에 달합니다. 한국의 대중문화에 관심있는 해외의 청소년, 청년들을 대상으로 보다 적극적이고 친근하게 KOREA 브랜드 해외 홍보가 필요합니다.

글로벌 시대를 살면서 '가만히 있어도 우리의 진짜 모습을 다들 알아주겠지?'하는 수동적인 자세를 가져서는 안 됩니다. 적극적인 마인드로 5천 년의 역사에 빛나는 문화유산을 갖고 있는 한국의 모습뿐 아니라 세계 12위권에 드는 경제 통상 대국으로서의 한국, IT 강국으로서의 한국의 모습을 알려야 합니다. 한국의 현실과 장점을 보다 적극적으로 해외에 알리는 홍보 능력이 절대적으로 필요한 시점입니다.

반크는 진실한 마음으로 우정을 나누는 '구체적인' 외국인들을 상대로 맨투맨 한국 홍보를 실시했습니다. 그리고 이러한 방식을 통해서 수십 년간 왜곡된 한국 정보를 알고 있던 외국인들을 대상으로 긍정적인 이미지를 점진적으로 확산시키려고 지금도 분주한 발걸음을 옮기고 있습니다.

'한국 바로 알리기'는 반크에서 가장 심혈을 기울이는 활동이며 우리 나라의 미래를 바꾸는 활동입니다. 작은 힘도 모이면 큰 변화를 이끌어 낼 수 있습니다. 조금이라도 더 많은 사람들이 이 길에 동참할 때 한국 의 미래는 더욱 밝아질 것이며, 함께하는 발걸음이기에 걸음걸음도 더 가벼워질 것이라 생각합니다.

chapter 01

한국 바로 알리기 1탄
맨투맨 한국 홍보

외국 친구에게 한국을 홍보하는 것은 내 나라(대한민국)와 내 친구가 사는 나라(세계)가 만날 수 있도록 다리를 놓는 활동이라고 할 수 있습니다. 많은 새내기 사이버 외교관들이 처음 외국 친구와 맨투맨으로 교류를 시작하면서 '국제 외교', '국가 홍보'라는 말에 어렵고 무겁다는 생각을 많이 합니다. 아마 나와 교류하는 외국 친구가 나를 통해 한국 전체를 판단하게 되는 만큼 '외국 친구에게 한국을 멋지게 홍보해야 돼. 실수하면 안 돼.'와 같은 부담감을 느끼는 거겠죠.

하지만 국가간 외교도 넓게 보면 나라와 나라가 만나는 것이고 좁게 보면 사람과 사람이 만나는 것 아니겠어요? 따라서 한국이라는 나라를 홍보하기 이전에 사람과 사람이 만나는 것으로 생각하고 외국 친구와 편안한 마음으로 진실한 대화를 나누는 것이 중요합니다. 일단 꿈과 우정을 나누는 의미 있는 관계가 형성되면 자연스럽게 내가 사는 고장, 내가 사는 나라, 한국이 외국 친구에게 전 세계 다른 어떤 나라보다도 특별하게 전해지게 되는 것이니까요. 또한 한국에 대해 잘못 알려진 정보를 바로잡겠다는 의욕만 앞서서 반크 활동을 시작할 경우에는 그 마음가짐 그대로 오랫동안 활동하기 어려울 수 있습니다. 일단은 진실한 마음으로 외국인 친구를 사귀겠다는 마음을 먹고, 그 과정 속에서 자연스럽게 한국을 바로 알려야 오랫동안 지치지 않고 신나게 활동할 수 있다는 걸 명심하세요.

한국은 중국의 식민지가 아니에요!

외국 친구와 이메일 교류를 하다 보면 한국의 역사를 '식민의 역사'로 알고 있는 경우가 많습니다. 전체 역사를 통틀어 한국은 중국과 일본의 식민지였다고 알고 있는 겁니다. 외국인들에게 한국이 이렇게 '종속 국가'로 낙인찍힌 것은 일제 강점기 시절 일본에 의해 5천 년 한국의 역사가 피침의 역사, 은둔의 역사로 조작됐고, 이를 기반으로 수동적, 부정적, 폐쇄적인 이미지가 전 세계 교과서를 통해 점진적으로 확산됐기 때문입니다.

따라서 여러분은 전 세계 외국 친구들을 사귈 때마다 그들이 알고 있는 한국 역사의 부정적인 면을 긍정적인 면으로, 수동적인 면을 적극적인 면으로, 폐쇄적인 면을 개방적인 면으로 전환시켜주어야 합니다.

다음 이메일은 뉴질랜드 친구 아론과 반키 한 명이 주고받은 것인데, 아론은 한국을 중국의 식민지로 알고 있었습니다. 다음 내용을 보면 한국의 역사를 바르게 알려나가는 구체적인 방법들을 체득할 수 있을 겁니다.

잘못된 정보, 이렇게 바로잡아주세요

Aaron : When did the Mongols rule? And there was Chinese occupation, so therefore are Koreans part Mongolian and Chinese? And of course part Japanese? I hope you can help me here on the different looking Korean people? And did the Koreans mix with the invaders? As in marriage etc.

⋯▸ 아론 : 언제 몽골이 한국을 지배했니? 한국이 몽골이나 중국, 혹은 일본의 지배를 받았기 때문에 한국인이 그들과 섞이지는 않았니?

Vanky : When I received you last mail, I fell in difficulty. My English and knowledge of my country's history are poor. How can I explain our Korean history, especially Silla to you. Korea was invaded many times from other countries like China, Japan and etc. But we never lost our own country's identity, except the Japanese occupation period(1910~1945).

⋯▸ 반키 : 내 영어 실력과 우리나라에 대한 관련 지식이 너무 부족해서 너의 질문에 대해 자세히 설명하기가 어렵구나. 내가 어떻게 우리나라의 역사, 특히 신라에 대해 설명할 수 있을까. 한국은 중국과 일본 등과

같은 나라로부터 많은 침략을 받았어. 하지만 한국이 주권을 빼앗긴 것은 1910년부터 1945년까지 일제 강점기를 제외하곤 없었어.

Aaron : Yes, but what about China, did they not rule Korea?

⋯▸ 아론 : 맞아, 그러나 중국은 어때? 중국이 한국을 지배하지 않았니?

Vanky : We had our own emperor and govern ourselves through our Emperor, looking at our korean history. I think this site will give you information of Korean history, and help you to understand it more.

http://english.prkorea.com

⋯▸ 반키 : 한국의 역사를 보면 한국에는 황제가 있었고, 그가 나라를 다스렸어. 아래 사이트를 방문해봐. 네가 한국의 역사를 이해하는 데 도움이 되는 자료를 제공할거야.

http://english.prkorea.com

Aaron : Thanks. I will have a look at it some time.

⋯▸ 아론 : 고마워, 한번 방문해볼게.

Vanky : Historically, Korea maintained a close relationship with China and also Korea tribute to China but that doesn't mean that China colonized Korea.

···✈ 반키 : 역사적으로, 한국은 중국과 가까운 관계를 유지했어. 또 한국은 중국에 조공을 했지. 그러나 조공이 중국이 한국을 지배했다는 의미는 아니야.

Aaron : Yes, I see your point, thanks.
···✈ 아론 : 응, 네가 말하는 바를 알겠어, 고마워.

Vanky : For a long time China was superior to other countries in many fields and many counties in East Asia including Korea, And they take tributary diplomacy for their political stability and satisfy economic and cultural needs. But Korea boldly resisted and fought with China when China threatened on Korea's indepen - dence.
···✈ 반키 : 오랫동안 중국은 많은 분야에서 다른 나라에 비해 우세했어. 그리고 한국을 포함한 동아시아의 많은 국가들이 그들의 정치적 안정성과 경제적 안정, 그리고 문화적 필요에 따라 중국과 조공 외교를 했어. 그러나 중국이 한국의 독립에 위협을 가했을 때는 담대하게 저항하고 싸웠지.

Aaron : Oh, I see what you mean.
···✈ 아론 : 음, 네가 무슨 말을 하는지 알겠어.

Vanky : For example, Goguryeo(B.C. 37~A.D. 668) fought against the Chinese invaders of the Su and Dang. Silla ran the Dang forces out of Korea and even Goryeo(A.D. 918~1392) attempted to conquer the liaodong region of China and Josen(A.D.1392~1910) also planned a war against Ming when Ming violated Josen autonomy. I don't know whether my explanation was enough for you to understand the problem, but I hope so.

···▶ 반키 : 예를 들어, 고구려는 중국의 수나라와 당나라에 대항하여 싸웠어. 신라는 당나라와 싸웠고. 심지어는 중국의 요동 지역을 정복하려고 시도하기도 했어. 그리고 조선은 명이 조선의 자치권을 위협하자 명나라와의 전쟁을 계획했어. 네가 그 문제를 이해하기 쉽도록 내가 충분히 설명하고 있는지 모르겠다. 하지만 도움이 된다면 좋겠구나.

Aaron : Yes, you explained it so well, thank you Vanky.

···▶ 아론 : 반키, 정말 잘 설명해주었어. 고마워.

우리도 잘 모르는 자랑스러운 우리 역사 10

외국인 친구를 사귀고 또 홍보를 할 때는 이메일을 주고받으면서 인간적인 친밀감을 형성하는 것이 중요하고 그다음에는 그 친밀함을 기반으로 조목조목 논거를 들어 사실을 설명해주는 것이 중요합니다. 친구가 알고 있는 것이 왜 잘못된 것인지, 올바른 사실은 어떤 것인지를 알려주기 위해서는 여러분들이 우리나라 역사를 잘 알고 있어야 합니다. 다음은 우리나라 역사의 긍정적이고 적극적이고 개방적인 측면들에 대한 사실적 논거입니다. 이런 내용을 많이 알고 있어야 한국을 그런 나라로 자신 있게 소개할 수 있겠죠?

한국이 중국의 식민지에서 출발했다는 건 어불성설

Gojoseon (B.C.2333~B.C.108) — Gojoseon was the first country to be formed in Korea. Its patriarch was Dangun Wanggom, who established the kingdom in 2333 B.C. Gojoseon first developed with the Liaoning district as its center and gradually rose as a center of the East.

···▶ 고조선은 한국에서 형성된 최초의 국가입니다. 고조선의 족장은 단군왕검으로 그는 B.C.2333년 고조선을 건국했습니다. 처음에 고조선은 요녕 지방을 중심으로 일어나 서서히 동아시아의 중심으로 성장했습니다.

동아시아의 해상 무역을 이끈 신라

Silla Kingdom (B.C.57~A.D.935) — Silla was located in the southeastern part of the Korean peninsula. In its early days, Silla was the weakest of three kingdoms in existence, but later became powerful enough to unify them under its rule in 676. After unification, Silla traded vigorously with foreign countries. General

Jangbogo established Cheonghaejin on Wando Island and swept the pirates from the seas and led the overseas trade of East Asia Sea.

···▸ 신라는 한반도의 동남쪽에 위치했습니다. 건국 초기 신라는 가장 약한 왕국이었지만 후에 세 왕국을 통일(676년)하였습니다. 통일 후 나라가 안정된 신라는 해외 여러 나라들과 활발한 교역을 했습니다. 특히 장보고 장군은 완도에 청해진을 설치하고 해적을 소탕한 후 동아시아 해상 무역을 이끌었습니다.

아시아의 강력한 왕국, 고구려

Goguryeo Kingdom (B.C.37~A.D.668) — Goguryeo covered large parts of present - day Manchuria. The country was not only the most powerful and most aggressive kingdom of three kingdoms in existence (Baekje and Silla being the other two) but also the most powerful in Northeast Asia in the 5th century. King Gwanggaeto the Great (375~413), in particular, conquered one of the largest territory in the entire history of Korea.

···▸ 고구려는 현재의 만주 지역을 많은 부분 차지하고 있었고, 고구려, 백제, 신라 중 가장 강력하고 진취적인 왕국이었을 뿐만 아니라 5세기 북아시아의 강력한 왕국이었습니다. 특히 광개토 태왕(375년~413년)은 대한민국 역사상 가장 넓은 영토를 정복했던 태왕 중에 한 분입니다.

일본 문화에 큰 영향을 미친 백제

Baekje Kingdom (B.C.18~A.D.660) — Baekje was located in the southwestern part of the Korean peninsula and was one of the most advanced nations at that time. Baekje had the closest communication with neighboring Japan and exerted great influence on various fields of Japanese culture, sending many craftsmen, artisans, tailors, tile makers, and scholars to that country

⋯➡ 백제는 한반도 남서쪽에 위치한 진보적 국가들 중 하나였습니다. 백제는 이웃 나라 일본과 가장 친밀한 관계를 가졌는데 많은 기술자, 장인, 재봉사, 벽돌공, 학자들을 일본에 보내 일본 문화의 여러 분야에 영향을 미쳤습니다.

고구려 영토 대부분을 회복한 발해

Balhae Kingom (698~926) — After the fall of Goguryeo, a man from Goguryeo, Dae Joyeong, formed an army of the Goguryeo and Malgal(a Tungusic tribe) people, and settled eventually near Jilin in Manchuria, and there founded Balhae. Balhae declared itself the successor to Goguryeo and soon regained control of most of the former Goguryeo territory. The ruling class of Balhae consisted mostly of Goguryeo people.

⋯➡ 고구려가 멸망한 후에, 고구려인 대조영은 고구려인과 말갈족 사람

들로 군대를 조직하고 마침내 만주의 진린 근처에 정착하여 발해를 세 웠습니다. 발해는 스스로 고구려를 계승한다고 선언하고 곧 이전 고구 려 영토의 대부분을 회복했습니다. 대부분 발해의 지배 세력은 고구려 인이었습니다.

고구려를 계승한 고려

Goryeo Dynasty (918~1392) — It was Wang Geon who unified the Korean peninsula for the second time and founded the Goryeo Dynasty, named after Goguryeo. Jikji, the oldest metal printed book in the world, and the Goryeo celadon, the greatest cultural achievement of Goryeo, were produced during the Goryeo Dynasty.

···▶ 왕건은 한반도를 두 번째로 통일하고 고구려의 이름을 따서 고려를 개국했습니다. 세계에 현존하는 책 중 가장 오래된 금속 활자본인 직지 와 고려 시대 최고의 문화적 성취물인 고려자기는 이 시기에 생산되었 습니다.

세계 최대의 발명품 중 하나인 조선 시대 한글

Joseon Dynasty (1392~1910) — Joseon derives its name from the first kingdom of Korea. Joseon adopted Confucianism as its guiding principle, and this philosophy exerted much influence during the Joseon Dynasty. King Sejong the Great(1394~1450), the country's finest king, is most respected person in Korean history. He invented Hangeul, the Korean alphabet, in 1446. He also invented a rain gauge, striking water clocks, and a sundial.

⋯▸ 조선의 이름은 한국 최초 국가와 그 이름이 같습니다. 조선은 통치 이념으로 유교를 채택했고 이를 널리 알렸으며, 유교는 조선 왕조 때 사회에 많은 영향을 미쳤습니다. 세종대왕(1394년~1450년)은 대부분의 한국인들로부터 가장 존경을 받는 인물입니다. 그는 가장 좋은 왕이었으며 특별히 백성을 위해 한국의 글자인 한글을 발명하였고 측우기, 물시계, 해시계 등을 발명하였습니다.

일본의 침략에 맞서 저항한 한국인들

The Japanese Occupation Period (1910~1945) — In the early 20th century, Korea was occupied by Japan. The country was exploited for the benefit of the Japanese Empire. The occupiers attempted to eradicate Korean culture and even forbade Koreans from speaking their own language. But the Koreans resisted continuously, both at home and abroad, until the surrender of Japan, which ended World War II.

⋯▸ 20세기 초, 한국은 일본 제국주의의 야망으로 강제 점령이 되었습니다. 일본은 제국의 확장을 위해 한국을 수탈했고 한국의 문화를 말살했으며, 당시 한국인들은 심지어 한글을 사용할 수도 없었습니다. 한국인들은 세계 2차 대전이 끝나 일본이 항복할 때까지 꾸준히 국내외에서

독립운동을 하였습니다.

지금 동북아의 중심으로 나아가고 있는 한국!

The Republic of Korea (1945~Present) — After the painful Japanese Occupation Period, the Korean War (1950~1953) broke out, and the Korean Peninsula was divided into South and North Korea. Korea has undergone vast social, economic, and political changes. But the country has grown into a vibrant part of the international community and proven itself a good host through the 1988 Seoul Olympics, 2002 FIFA World Cup Korea/Japan and 2018 PyeongChang Olympics.

Now, Korea is one of the most connected countries in the world, carried by the rapid growth of its online and telecommunication sectors. With a reputation as one of the fastest growing economies, it is also setting international standards in related industries. Korea is preparing to become the Hub of Asia; the Gateway to Northeast Asia, and the Korean people are trying to build bridges, both physical and cyber links, to share friendships and dreams with people from all around the world.

⋯→ 고통스러운 일제 강점기 이후로 한국은 한국 전쟁(1950~1953)을 경험하였고 그 결과 한반도는 남과 북으로 나뉘게 되었습니다. 또한 한국은 사회적, 경제적, 정치적으로 큰 변화에 직면하게 되었습니다. 그러나

한국은 1988년 서울 올림픽, 2002년 한국 일본 월드컵, 2018 평창 올림픽을 성공적으로 개최하며 국제 사회에서 중요한 국가로 인정받으며 성장하였습니다.

지금 한국은 세계에서 가장 네트워크가 잘 구축된 나라 중 하나이고, 세계에서 가장 빠른 경제 성장을 기록하여 인터넷 정보 통신 국가로 발전하고 있습니다. 한국은 아시아의 중심, 동북아의 관문, 전 세계 모든 이들과 꿈과 우정을 나누는 나라가 되기 위해 온·오프라인 상에서 열심히 노력하고 있습니다.

세계가 인정하는 우리의 문화유산

Korean World Heritage ― Korea has many treasures and is rich in culture. The UNESCO World Heritage Center has placed several Korean treasures - Jongmyo Shrine, Changdeokgung Palace, Bulguksa Temple, Tripitaka Koreana, Hwaseong Fortress, Dolmen sites, Gyeongju Historic Areas - on its World Heritage List.

⋯▸ 한국은 풍부한 문화유산을 가지고 있습니다. 유네스코 세계 문화유산 위원회에서는 한국의 종묘, 창덕궁, 불국사, 팔만대장경, 화성, 고인돌, 공주 역사 지역을 세계 유산 목록에 올렸습니다.

아무리 알려도 부족한 자랑스러운 우리 모습

외국 교과서를 보면 한국의 과거 역사뿐 아니라 현재 한국의 모습까지도 잘못 소개하고 있는 경우가 많습니다. 현대 한국은 전쟁 이후 황폐한 나라, 초가집에 소가 밭을 가는 가난한 농촌 국가, 국민들이 직접 선출하는 것이 아니라 대의원들이 대신 대통령을 뽑는 독재 국가라는 내용이 주로 실려 있습니다.

한국을 버스도 없고, 청바지도 없는 가난한 나라로 알고 있는 외국인도 있습니다. 다음은 미국 학생과 반키 한 명이 나눈 이메일 내용입니다. 우리나라의 현재 모습을 잘못 알고 있는 외국인 친구에게 어떻게 우리의 진짜 모습을 바로 알릴 수 있을지 배워보도록 합시다.

잘못된 정보, 이렇게 바로잡아주세요

Laura Rich : In WorldHistory class, I was presentationing about Korea and I had a little trouble with my classmates. Peter questioned whether Koreans have a bus in their country, U know Pete, I told you last time he is the one who think Korea is a poor country with no airconditioner. Of course I said yes, but he kept askin "hey, what about jeans? do they, too, drink milk? are there computers?" he asked more than this. Like, my teacher Mrs. Ralston had to stop him for being so rude. Isn't he a jerk?

I mean, he should know that Korea is a wonderful place where my friend lives, lol. Oh..umm, by the way, did you get the pictures of island Jeju? I'm really looking forward to seeing it. My Korean friend went there this winter vacation and brought her picture. I heard that other than winter in Jeju is also beautiful.

⋯→ 로라 리치 : 세계사 시간에 내가 한국에 대해 발표를 했는데 반 친구와 약간 마찰이 있었어. 피터가 한국에 버스가 있냐고 묻는 거야. 피터 알지? 저번에 말해준 '한국에는 에어컨도 없다.'고 한 그 친구. 나는 당연히 버스가 있다고 했지. 그런데 걔가 계속 "청바지는 있어? 한국 사람들 우유는 마셔? 컴퓨터는 있어?"라고 계속 물어보는 거야. 우리 랠스턴 선생님이 그 애가 건방지게 구는 걸 멈춰야만 했어. 그 애는 한국이 내 친구가 사는 멋진 곳이라는 걸 알아야 돼. (하하하) 근데 제주도 사진은 구했어? 기대하고 있을게. 한국인 친구 한 명이 이번 겨울 방학에 제주도 사진을 한 장 가지고 왔는데 제주도는 겨울이 아닐 때에도 멋있다고 하더라.

Vanky : Wow, that is surprising! I didn't know that people in other countries think of Korea as a non-developed country. Of course we have jeans, buses and computers, as you know. You should show him pictures of Korea sometime. I bet he doesn't know about Korea very well. May be you should teach him about Korea. About the pictures of Jeju, I looked for it and I found pretty well - taken pictures. The pictures are at the bottom of this mail.

···→ 반키 : 와, 정말 놀랍네! 난 다른 나라 사람들이 한국을 발전하지 않은 나라로 생각한다는 것에 놀랐어. 너도 알다시피 한국엔 당연히 청바지, 버스, 컴퓨터가 있지. 그 애한테 한국 사진을 보여줘봐. 그 애는 아마 한국에 대해서 잘 모르는 거 같아. 네가 그에게 한국에 대해 알려줘야 할 거야. 제주도 사진은 내가 찾아봤는데 꽤 괜찮은 사진들을 찾았어. 이 편지 마지막 부분에 있어.

Laura Rich : He still says Korea might not have boats, cell phones, and so on. But I'm sure he has truly learned that Korea is a wonderful country.
···→ 로라 리치 : 그 애는 아직도 한국에는 배, 휴대폰 등이 없을 거라고 말해. 하지만 이젠 분명 한국이 멋진 나라라는 걸 알았을 거야.

이게 바로 대한민국

한국에 대해 잘 모르고 있거나 한국을 아주 낙후된 국가로 잘못 알고 있는 친구들에게 지금 한국의 모습이 어떠한지를 제대로 설명하는 것은 아주 중요합니다. 한국에 대해 왜곡된 시각을 갖고 있는 외국인에게 지금 한국의 모습이 어떠한지 과장된 애국주의로 포장해서 말하는 것이 아니라 객관적인 시각으로 전달할 줄 알아야겠습니다.

정보 통신의 대국 코리아

What's everyday life like in Korea?

Foreigner : I usually go to school in the morning. After that, I do some hobby or club activity like playing in a band. Then I return home to have dinner with my parents. What about you?

Korean : I go to school in the morning, too, and return in the evening. But after dinner, I go to a private institution called a hagwon where most extracurricular study is done. Oh, yeah: There are some things my family couldn't go a day without a cell phone and the Internet. My father watches TV through his cell phone on his way to and from work. My mom buys things online. I even use the Internet to get information during class. My brother's a computer programmer. He uses the Net all the time. My whole family is really crazy about taking full advantage of the latest gadgets!

Father – Symbol of diligent, hard - working Korea

My father works in a construction company. He usually wakes up early and returns home very late. When I was young he was so busy during the weekdays that I almost felt abandoned. Sometimes, I would tell him how I felt. But then I would get the same speech about how the sweat and blood of hardworking Koreans like him made Korea rise from the ashes of war and hunger 50 years ago to become the world's 10th largest economy, hosting global sports events like 1988 Seoul Olympics, 2002 FIFA World Cup Korea & Japan, and 2018 PyeongChang Olympics. Just like my father said, Korea's diligent, hard-working quality is known around the world.

These days however, more families are starting to enjoy their weekends together traveling and doing other activities thanks to the government's 5-day workweek program.

Mother − Symbol of education fervor

Korean mothers are very passionate about their children's education. My mother is no exception. Some mothers insist on moving to neighborhoods with good schools while others send their kids to hagwon or hire private tutors. This is all so their kids can get into prestigious universities. Some mothers go too far pushing their kids to get good grades and even cause some social problems as a result. Still, many world experts believe it is zealous Korean mothers who are behind Korea industrializing, democratizing and embracing the information age faster than any other country.

Mom told me human resources are the most important asset in a country without natural resources. Although I, too get tired of my mom's nagging me to study harder, I also know I want to be a skilled professional when I grow up.

Brother – Symbol of Korea's IT Industry

My brother is a computer programmer. He's glued to a computer day and night. It will be a very familiar sight once you visit Korea. That's because once you enter Korea you will constantly be surrounded by people listening to music and surfing the Net with ease on notebooks and smart phones with wireless Internet connections, anyplace, anywhere.

Only a decade ago, no one would've thought that was possible in this country. I think it's Koreans' interest in new things and eagerness to adapt to an ever - changing environment that contributed to making Korea the world's most wired nation. You should see how proud my brother is to be born in a country with a great communications infrastructure.

Me – My dream, my country's vision

Korea's education system includes six years of elementary school and three years each for middle and high school before college.

I'm in high school right now, and it's an important stage of my life because this is when I decide where I want to go and what to study. My dream's to become a diplomat one day. It'd be so exciting traveling around the world promoting my country. For now, I'm a VANK volunteer. VANK is an Internet site that provides accurate facts about Korea to overseas Koreans and foreigners who want to know more about the country through e-mails. We also arrange meetings between Korean and foreign schools and correct any mistakes found in the World Wide Web concerning Korea. I am one of the teenage diplomats there.

The Republic of Korea in the 21st century aims to become a center of Asia, a gateway to Northeast Asia and at the same time a friendly nation that shares a common dream and partnership with the world. To realize that dream my country will need my help as well as VANK's. We will continue with our exchanges with other countries and spread true facts about Korea around the world.

···▸ 현대 한국인들은 어떻게 생활하고 있니?

외국인 : 난 보통 아침에 학교에 갔다가 수업이 끝나면 클럽 활동을 하거나 좋아하는 악기 수업을 받아. 그리고 집에 와서 부모님과 함께 저녁을 먹는데. 너의 일상은 어떠니?

한국인 : 나도 아침에 학교에 갔다가 저녁에 돌아와서 저녁을 먹고 학원에 가곤 해.

참, 우리 가족의 일상에서 빼놓을 수 없는 것이 있어. 바로 핸드폰과 인터넷이야. 아빠는 출퇴근길에 지하철을 타실 때 핸드폰으로 TV를 보시고 엄마는 인터넷으로 필요한 물건을 구입하셔. 나도 물론 수업 시간에 자료를 얻기 위해 인터넷을 사용하지. 프로그래머인 우리 오빠는 두말할 필요도 없고. 이렇게 말하고 보니 우리가 핸드폰과 인터넷을 정말 다양하게 쓰고 있는 것 같다!

아버지 – 한국인의 부지런함과 근면함
우리 아빠는 건설 회사에서 일하시는데 보통 아침 일찍 출근해서 늦게 귀가하셔. 내가 어렸을 때, 평일에는 아빠 얼굴을 보기도 힘들 정도로 바빠서 서운한 적이 많았어. 그래서 가끔 바쁜 아빠에게 투정을 부리기도 했는데, 50년 전만 해도 세계에서 가장 가난했던 한국이 1988년 서울 올림픽, 2002년 월드컵, 2018년 평창 올림픽 같은 큰 국제 행사를 개최하고 세계 10대 경제 대국이 된 것은 아빠 같은 한국의 근로자들이 부지런하고 근면하게 일했기 때문이라고 아빠는 말씀하시지. 아빠 말씀처럼 세계적으로 한국인의 근면함과 부지런함은 잘 알려져 있어. 최근에는 한국의 근로자들도 주5일 근무가 확산되고 여가가 많아져서 주말에는 가족들과 함께 여행을 가기도 하고 휴식을 많이 취한단다.

어머니 – 한국인의 교육열

한국의 어머니들은 자녀 교육에 대해 관심이 많아. 물론 우리 엄마도 예외가 아니야. 어릴 때부터 좋은 교육 환경을 찾아 이사를 가기도 하고 좋은 대학에 입학하기 위해 학원을 다니거나 과외를 하기도 해. 가끔 이런 교육열이 지나쳐 사회적으로 문제가 되기도 하지만 세계 많은 전문가들은 우리나라가 세계에서 가장 빠른 기간 내에 산업화, 민주화, 정보화를 동시에 성취한 원인으로 자녀 교육에 열심인 한국 어머니들의 뜨거운 교육열을 들기도 해. 엄마는 한국처럼 자원이 부족한 나라에서는 실력을 갖춘 사람이야말로 가장 귀한 자산이라고 말씀하셔. 가끔 공부를 강조하는 엄마의 말씀이 듣기 싫을 때도 있지만 나는 내 꿈과 미래를 위해 열심히 공부해서 실력을 갖춘 세계적인 인재가 되고 싶어.

오빠 – 정보 통신 대국 대한민국

우리 오빠의 직업은 컴퓨터 프로그래머야. 오빠는 아침에 일어나 잠이 들 때까지 항상 컴퓨터를 해. 만약 네가 한국에 온다면 길거리나, 지하철 등 어디에서나 스마트폰과 노트북으로 음악을 듣고, 인터넷에 접속해 필요한 정보를 익숙하게 찾아내는 사람들을 흔히 볼 수 있을 거야.

10년 전만 해도 한국이 이런 모습으로 변화되리라고는 상상할 수 없었을 거야. 한국인들의 새로운 것에 대한 높은 관심 그리고 빠른 변화에 대한 높은 적응력 등이 오늘날 한국을 정보 통신 대국으로 성장하게 한 거 같아. 우리 오빠는 한국만큼 인터넷 네트워크가 잘 된 나라도 없을 거라며 자부심이 대단하단다.

나 – 나의 꿈, 대한민국의 비전

한국의 교육 과정은 초등학교 6년, 중·고등학교 각 3년, 그 다음은 대학교 등으로 이어져. 나는 앞으로의 진로를 결정하고 대학에서 무엇을 공부할지 결정해야 하는 중요한 고등학교 과정에 있어. 내 꿈은 외교관이야. 세계를 누비며 우리나라를 알리는 일은 생각만 해도 너무 흥미로울 거 같다. 나는 현재 내 꿈을 위해 사이버 외교 사절단 반크라는 민간 단체에서 활동하고 있는데 반크는 인터넷상에서 한국을 알고 싶어하는 외국인, 한인 동포들과 이메일 교류를 통해 한국에 대해 알려주고 있어. 또 우리는 해외 학급과 국내 학급이 단체 교류를 할 수 있도록 주선하기도 하고 세계에 잘못 알려진 한국의 정보를 바르게 고치는 활동도 하고 있어. 21세기 대한민국은 아시아의 중심, 동북아의 관문, 전 세계 모든 이와 꿈과 우정을 나누는 친근한 국가를 목표로 하고 있어. 이 꿈을 이루기 위해서는 나와 반크의 노력이 꼭 필요할 거야. 때문에 우리는 계속해서 세계와 교류하며 한국을 바르게 알려나갈 거야.

What are some of Korea's famous cultural relics?

Foreigner : Sometimes, friends ask me about Korea, but I'm not sure where to start. What do you suggest?

Korean : Oh, I see. I'd list some of the world - famous cultural relics that belong to Korea. Try using these as examples to teach your friends about Korea.

Dolmen – Dolmens, relics of the prehistoric megalithic culture, are being unearthed worldwide. Among the well - known megalithic relics are Stone Henge in England and Moai stone statues on Chile's Easter Island. Although dolmens are scattered around the world, few places have the large numbers clustered in relatively small areas that Korea does. Relics found in these regions are invaluable for studies on the culture and society of prehistoric Korea. In particular, the Gochang, Hwasun and Ganghwa dolmen sites highly praised for their archaeological worth were added to the United Nations Educational Scientific and Cultural Organization(UNESCO) World Heritage list in 2000.

Jikjisimcheyojeol – Baegun hwasang chorok buljo jikjisimcheyojeol (Vol. II) the second volume of "Anthology of Great Buddhist Priests Zen Teachings"
Jikjisimcheyojeol, often abbreviated as Jikji, is the world's oldest text printed with metal type, predating by some 70 years Germany's Gutenberg Bible published in 1455. Jikji is a collection of Buddhist treatises and teachings compiled by the ancient monk Baegun at Heungdeok - sa Temple in Cheongju, North Chungcheong Province, in July 1377. Originally two volumes, only its latter volume is still extant. It is in the possession of the National Library of France in

Paris. Jikji was inscribed in the Memory of the World Register in September 2001, in an effort to preserve its documentary heritage as a common heritage of humanity.

Geobukseon(Turtle Ship) – Geobukseon is a battleship engineered by a scientist at the order of Admiral Yi Sun-sin of the Joseon Dynasty, Korea's most-revered hero. "Turtle" is "geobuk" in Korean, and the similarity in appearance between these two hard-shelled creatures explains the name. The upper deck was covered with a rounded wooden roof that itself was studded with pointed iron spikes to repel enemies trying to board. During the war, Admiral Yi Sun-sin won every one of at least 23 naval battles he fought, boasting an unprecedented record of victories. Admiral Yi has often been compared with Lord Nelson, the British hero who triumphed over the French-Spanish fleet at the Battle of Trafalgar. Both admirals fought for the destiny of their countries and saved their countrymen from foreign invasion by securing key naval victories. Recognized as a breakthrough in military technology, Geobukseon replicas are on exhibit in a number of national museums, including the War Memorial of Korea, the War Memorial Museum in the U.S., the National Maritime Museum in England and historical museums in China, Germany and other countries.

Hangeul – King Sejong decreed the creation of the Korean alphabet Hangeul to ease the life of commoners in 15th century Joseon. In 1446, the first Korean alphabet system consisting of 14 consonants and 10 vowels was completed and proclaimed "Hunminjeongeum," literally "the correct sounds for the instruction of the people." Along with the creation of Korean letters, King Sejong published a manual explaining their derivation and how to use them properly. It has become a UNESCO World Documentary Heritage, and the UNESCO King Sejong Literacy Prize established in 1989 annually pays tribute to those who have made outstanding achievements in promoting literacy

Hanbok – As the Scottish have kilts, Peruvians ponchos and Indians saris, Koreans have Hanbok, their traditional garment. Originating in the ancient Korean kingdoms, its design and variety has been fairly steady from medieval to modern times, differing only based on the season or gender of the wearer.

While Koreans today generally only wear authentic Hanbok on special occasions such as weddings and traditional holidays, modern variations like Saenghwal Hanbok that have been tailored to fit modern lifestyles are sometimes seen in everyday life. Korean designers continue to introduce Hanbok - themed clothes to the Western world via world-famous fashion events such as France's Pret-a-Porte.

Ondol(Korean underfloor heating system)

Ondol is a uniquely Korean heating system that can be traced back to the ancient kingdom of Goguryeo. Unlike Western heaters that generally warm the air, Ondol heats the floor of a room. Invented by ancient Koreans, the original system worked by heating a large stone under a living space: Smoke from a fire just outside the dwelling was forced under the stone and exited on the other side. The system survives today in modern houses and apartments where water heated in gas or electric boilers is circulated through pipes encased in cement floors.

Korea Insam(Ginseng)

Among the various kinds of ginseng grown around the world, the Korean variety, Goryeo ginseng named after the ancient Korean kingdom is unsurpassed in aroma and flavor. Goryeo ginseng grows best in the soil and climate found on the peninsula. The Korean people have traditionally treated ginseng as medicine as well as a health food supplement. In fact, a study on ginseng's efficacy conducted by the Canadian Medical Association Journal found that subjects taking ginseng extract suffered fewer cold symptoms. Of all the varieties of ginseng classified GRAS(generally recognized as safe) by the U.S. Food and Drug Administration, only Goryeo has been listed in the European Union's pharmacopoeia.

Kimchi - Just as Germans relish sausages, Indians curry, Italians pizza, the Korean people love Kimchi. A staple that accompanies Koreans on journeys across the world, Kimchi is a pungent, fermented dish made from a range of vegetables cabbage, cucumbers, seasoned with salt, garlic, green onions, ginger, red chili pepper and other herbs and spices. It may be savored as it is or used as an ingredient in a wide variety of dishes. On July 5, 2001, Kimchi was approved as an international standard by the Codex Alimentarius Commission(CAC), an international organization in charge of setting up internationally available food standards with the goal of promoting the trade of food items. Furthermore, an American monthly magazine Health, selected Kimchi as one of the world's five healthiest foods in its March online edition. According to the magazine, Kimchi is rich in Vitamins A, B and C and bacteria lactobacilli, healthful bacteria that aid digestion.

⋯▸ 세계에도 잘 알려진 한국의 문화유산은 무엇이 있니?

외국인 : 최근에 내 친구들도 한국에 대해서 알고 싶어하는 것 같아. 그런데 어떤 것부터 알려줘야 할지 잘 모르겠어. 어떤 것을 알려주면 좋을까?

한국인 : 아, 그렇구나. 그럼 내가 일반적으로 세계인들이 친근하게 한국을 알 수 있는 문화유산을 말해줄게. 이것들을 활용해서 친구들에게 한번 말해보렴.

고인돌 – 고인돌은 선사 시대의 거석 문화를 보여주는 유산으로, 전 세계에서 발견되고 있어. 세계적으로 알려진 영국의 스톤 헨지, 칠레의 이스터 섬에 있는 모아이 석상도 잘 알려진 거석 문화 유산 중 하나인데 한국의 고인돌들은 다른 지역과 달리 좁은 공간 안에 수백 개가 밀집되어 있는 것이 특징이야. 이곳에서 발견된 유물들은 한국의 선사 시대의 사회, 문화를 알 수 있는 자료로 쓰이고 있어. 특히, 화순, 고창, 강화도 지역의 고인돌 유적은 보존 가치를 인정받아서 2000년에 유네스코가 지정하는 세계 유산 목록에 등록되었지.

직지심체요절 – 직지심체요절 또는 줄여서 직지라고도 불리는데, 불교의 교리를 담은 책으로 현존하는 금속 활자로 제작된 것 중 가장 오래된 책이야. 금속 활자로 만든 최초의 책으로 알려져 있는 독일의 구텐베르크의 '42행 성경'(1455년) 보다 70여 년 앞서서 만들어진 것이지. 이 책에는 1377년 7월에 청주 흥덕사에서 저자인 백운 화상 스님의 제자가 금속 활자로 인쇄하였다고 쓰여 있어. 상·하권 중에 하권만 전해지고 있고, 현재 프랑스 국립 도서관에 소장되어 있으며 2001년 9월 유네스코 세계 기록 유산으로 지정되었어.

거북선 - 거북선은 한국인이 가장 존경하는 조선 시대 이순신 장군의 지휘 아래 한 과학자가 만든 군함이야. 배의 위를 둥글게 나무로 덮고 그 위에 송곳을 꽂아 적이 배로 침투하지 못하게 하였는데 그 모양이 거북이를 닮아서 거북선이라고 한단다. 전쟁 동안 이순신 장군은 23전 이상의 해전에서 모두 승리하는 유례없는 기록을 세웠어. 이순신 장군은 종종 트라팔가르 해전에서 프랑스, 스페인군에 맞서 승리한 영국의 영웅 넬슨 제독과 비교되는데, 두 장군은 모두 조국의 운명을 위해 싸웠고 외국의 침입으로부터 국민을 구했지. 거북선은 군함으로써의 가치를 인정받아 한국의 전쟁 기념관은 물론 미국의 전쟁 기념관, 영국 해사 박물관, 중국, 독일 등의 역사 기념관 등 여러 나라의 국립 박물관에 그 모형이 전시되어 있어.

한글 - 15세기 조선 시대에 세종대왕이 백성들을 위하여 한국의 고유 글자 한글을 창조했어. 1446년 처음 한글은 자음 14자, 모음 10자로 이루어졌으며, 훈민정음 '백성을 가르치는 바른 소리'라는 이름으로 반포되었어. 한글 창제와 함께 세종대왕은 한글의 창제 원리를 설명하고 적절한 한글 사용법을 기록한 책도 발간했지. 이 책은 유네스코의 세계 기록 유산에 등재되어 있으며, 유네스코는 해마다 세계 문맹 퇴치에 애

쓴 공로자들에게 1989년 제정된 세종대왕상을 수여하고 있어.

한복 - 스코틀랜드의 킬트, 페루의 판초, 인도의 사리처럼 한복은 한국을 대표하는 전통 의상이야. 고대 한국의 왕국에서부터 그 형태가 전해 내려왔으며, 중세와 현대를 거쳐서 계절, 입는 사람의 성에 따라 그 모양에 차이가 생기며 그 형태와 종류가 정해졌어.
현대 한국인들은 결혼식, 명절 등 특별한 날에는 고유 한복을 즐겨 입고, 일상생활에서는 현대 생활에 맞춰 현대적으로 변형한 생활 한복 같은 것을 입기도 해. 한국의 디자이너들은 한복을 주제로 한 의상을 프랑스의 프레타포르테 같은 세계적인 패션쇼를 통해 지속적으로 소개하고 있어.

온돌 - 온돌은 고대 한국의 왕국인 고구려에서 전해내려온 한국의 독자적인 난방 방식이야. 흔히 공기를 따뜻하게 데우는 서양의 난방 기구와 다르게 온돌은 방의 바닥을 따뜻하게 하는 거야. 고대 한국인들이 개발한 방법은 방바닥 밑에 넓은 돌을 놓고 그 돌을 따뜻하게 해서 난방하는 방법이었는데 불로 인해 발생한 연기는 방바닥의 돌 밑을 통해 반대 방향으로 빼냈어. 오늘날 현대식 주택과 아파트에서는 가스나 전기 보일러로 데워진 물을 시멘트 바닥의 파이프에 순환시키는 형태로 응용하고 있어.

인삼 - 현재 세계 시장에서 상품으로 유통되는 인삼 중 한국에서 생산되는 것은 한국의 고대 국가인 고려의 이름을 딴 고려 인삼이야. 고려 인삼은 아시아 지역 중에서도 한국에서 잘 자라고 그 향과 맛이 좋은데

옛날부터 한국인들은 건강을 유지시켜주는 약으로 먹어왔다. 실제로 캐나다 의학 협회보가 실시한 인삼 효능 연구 결과, 인삼 추출액을 복용한 그룹이 감기 회복에 훨씬 호전을 보인 것으로 나타났어. EU 국가에서는 고려 인삼만을 강장제로 인정하여 약전에 수록하고 있으며, 미국 FDA는 인삼을 일반적으로 안전한 식품으로 분류하고 있어.

김치 – 독일 사람이 소시지를 즐겨먹고, 인도 사람이 카레, 이탈리아 사람들이 피자를 먹듯이 한국 사람들은 김치를 먹어. 김치는 전 세계 한국 사람이 사는 곳에는 반드시 있는데 배추 및 오이 등의 야채를 소금, 마늘, 파, 생강, 고추 등으로 양념하여 발효해 먹지. 김치는 그대로 먹기도 하지만, 김치를 재료로 다양한 요리를 만들어 먹을 수도 있어. 김치는 2001년 7월 5일 식품 분야의 국제 표준인 국제 식품 규격 위원회 (Codex or CAC)에서 국제 식품 규격으로 승인받았어. 미국의 건강 전문 월간 잡지 '헬스(Health Magazine)'는 온라인 호에 김치를 세계 5대 건강 음식 중 하나로 선정하고, 김치는 비타민 A, B, C 등 핵심 비타민과 소화를 돕고 건강에 좋은 유산균이 풍부하다고 소개했어.

Can you recommend places to visit in Korea?

Foreigner : The more I hear, the more I want to visit Korea. Have you traveled a lot within your country? Tell me if you have places to recommend.

Korean : In Korea, tourist destinations tend to depend on the season. That's because Korea has four very distinct seasons. In spring most people opt for places where they can see as many spring flowers as possible. Rape Flower on Jejudo Island and Camellias on Geomundo usually top the list. In summer, people prefer the East Sea where the water is cool and fresh. In fall, people visit famous mountains to see the beautiful, colorful maple leaves. The mountains Seoraksan and Naejangsan are especially popular during that time of the year. Oh! I also recommend Mt. Geumgang in North Korea. In winter, it snows heavily, so many people head to ski resorts for skiing or snowboarding.

Introduction of four seasons and corresponding tourist sites-Korea has four distinct seasons which vary a lot in temperature. In summer, temperatures can rise as high as 30 degrees Celsius. But in winter, some places like Gangwondo will see temperatures hitting minus 10 degrees Celsius.

Spring — Weather in Korea is usually mild and dry in spring. Despite occasional frost in early spring and yellow dust storms appearing around April and May, most people eagerly await spring and the end to cold weather. By late March, the southern regions of Korea will be colored with forsythia, azalea and cherry blossoms. That's a sure sign that spring has really come at last. This is when local provinces began holding various flower festivals. You can never talk about flower festivals in Korea without mentioning the one held on Jejudo. Jeju Island's the biggest island in Korea and the furthest south. Thanks to its relatively warm weather compared to the peninsula in general, it's easy to find flowers completely covering the area at this time of year. Cherry blossom festivals in Jinhae and other places along the south coast are also fun to visit. In May, many mountains are completely covered in waves of dark pink royal azalea blossoms. Hallasan, Sobaeksan, Jirisan and Taebaeksan are some of the mountains that have such splendor.

Summer − August is the hottest time of the year in Korea, with average temperatures ranging from 23~27 degrees Celsius. But before the scorching heat we first have to go through a month-long rainy season that starts around mid-June. The rainfall during this time makes up about 50~60 percent of annual precipitation. Most people-students and workers alike-usually take a break and enjoy their vacation around mid-July or August.

Beaches are the best place to go during summer. The east coast with wide, sandy beaches and clear waters is the most popular with many Korean beachgoers. The east coast stretches along several regions, including Mangsang, Naksan, Seokcho, Gyeongpo and Hwajin. Other famous beach resorts include the Yellow Sea with its really big tides and Jejudo Island, simply for its natural beauty. The south coast also has its share of famous beaches such as Gyeongpodae and Haeundae that always attract a large crowd every summer.

Fall – Fall temperatures range from 11~19 degrees Celsius. Although there's a big difference between day and night temperatures, most Koreans like this season the most because of its clear blue skies and cool, crisp air. Farm households are the busiest around this time, but the more the merrier, for there's nothing like a rich harvest. Mention fall to a Korean, and the first thing that comes to mind is blue skies above mountains draped in brightly colored maple leaves. By mid-October, the mountains Seoraksan, Jirisan, Odaesan, Chiaksan and Naejangsan are usually crowded with tourists there to see the beautiful maple leaves. Since fruit and other produce are most abundant this time of year, visitors get a feast for the eyes and belly. In short, there's simply no season like fall in Korea.

Winter - Korea has a relatively short spring and fall with a long summer and winter. Winter in Korea is usually cold and dry. January is the coldest month of all, with temperatures sometimes recording minus 10 degrees Celsius. Mountainous regions have to deal with heavy snowfall as well as the low temperatures. But many want to see as much snow as possible, so they can enjoy winter sports like skiing, sledding and snowboarding. Of course, Gangwon - do Province, which usually gets the heaviest snowfall, receives lots of tourists this time of year. With lots of snow and ice festivals, it even draws foreign tourists: Southeast Asians and others who rarely see snow love to visit Korea for a chance to try winter activities.

···▶ 한국의 사계절에 가볼 만한 곳을 소개해줄래?

외국인 : 아, 한국에 대해서 알아갈수록 직접 가보고 싶은 마음이 커지는 것 같아. 너는 어떤 곳에 가보았니? 좋은 곳이 있다면 알려줘.
한국인 : 한국 사람들은 계절마다 찾는 관광지가 다른 편이야. 한국은 사계절이 뚜렷하게 나타나기 때문인 것 같아. 봄에는 새로 피어나는 꽃들을 보러 가는 사람이 많아. 제주도의 유채꽃, 거문도의 동백꽃은 유명해. 여름에는 바닷물이 맑고 시원한 동해의 해변으로 가는 사람이 많아. 가을에는 단풍을 구경하러 설악산, 내장산 같은 이름난 산에 많이

가고. 참! 북한에 있는 금강산의 단풍도 유명해. 겨울에는 눈이 오기 때문에 스키, 보드를 타러 스키 리조트에 많이 가지.

한국의 사계절과 계절별 관광지 소개 – 국은 비교적 사계절이 뚜렷하고 계절에 따른 기후 변화가 심한 편이야. 한여름에는 30℃를 웃도는가 하면 한겨울 강원도 같은 추운 지역은 -10℃ 이하를 기록하기도 해.

봄 – 한국의 봄은 비교적 온난하고 건조한 편이야. 가끔 이른 봄에는 꽃샘추위가 찾아와서 사람들을 긴장시키는가 하면 4~5월에는 불청객 황사 현상이 나타나기도 하지만 추운 겨울을 지낸 사람들은 따뜻한 봄을 많이 기다린단다. 3월말 경에는 남쪽부터 개나리, 진달래, 벚꽃 등 다양한 봄꽃들이 피면서 본격적인 봄의 시작을 알리지. 각 지방에서는 이 때에 맞추어 다양한 꽃 축제를 개최하는데 꽃 축제하면 빼놓을 수 없는 곳이 바로 제주도야. 제주도는 한국의 제일 큰 섬으로 남쪽에 위치해 있어서 연중 기온이 본토보다 따뜻하여 봄이면 꽃으로 뒤덮이지. 또 진해를 비롯한 남해안 지역의 벚꽃 축제도 유명하고 5월말 절정을 이루는 한라산, 소백산, 지리산, 태백산 등의 진홍색 철쭉의 물결은 산과 어우러져 멋진 장관을 연출한단다.

여름 – 한국의 여름은 연평균 23~27℃를 기록하는 8월이 제일 더워. 이 더위가 찾아오기 전에는 6월 중순부터 약 한 달 정도 집중적으로 비가 내리는 장마 기간이 있는데 연 강수량의 50~60%의 비가 이때 내려. 대부분의 학생들과 직장인들은 한 여름인 7, 8월에 방학과 휴가를 갖고 더위를 잠시 쉬어가. 여름철 한국인들이 가장 많이 찾는 휴양지는 단연 바다야. 특히 넓은 백사장과 맑은 물로 유명한 망상, 낙산, 속초, 경포, 화진 등의 동해안 해수욕장은 해마다 많은 관광객들이 찾고 있으며 조수 간만의 차가 큰 서해와 아름다운 자연 경관의 제주도 그리고 경포대, 해운대 같은 남해안의 바다에도 여름 바다를 즐기려는 사람들로 붐비지.

가을 – 한국의 가을은 평균 기온 11~19℃로 일교차가 조금 큰 편이지만 시원하고 맑은 공기는 사람들이 활동하기에 아주 좋아. 또 이때에는 일년 농산물을 수확하기 때문에 농촌에서는 일손이 바쁘지만 수확의 기쁨으로 사람들의 마음은 어느 때보다 풍요로운 계절이야. 무엇보다 한국의 가을은 맑고 높은 하늘과 전 국토를 오색으로 물들이는 단풍이 대표적이야. 10월 중순 단풍이 절정을 이루면 설악산, 지리산, 오대산, 치악산, 내장산 같은 유명한 산에는 단풍을 구경하기 위한 관광객들로 무척 붐벼. 연중 가을은 과일 및 다른 농산물들이 가장 풍부하기 때문에 관광객들은 눈과 입이 모두 즐거운 여행을 할 수 있어. 한마디로 한국의 가을은 여행하기 위한 최고의 계절이지.

겨울 – 한국은 봄과 가을이 짧고 여름과 겨울이 긴 편으로 겨울은 춥고 건조해. 연중 가장 추운 1월에는 기온이 크게 떨어져서 -10℃ 이하를 기록하기도 하고 산간 지역은 많은 눈으로 어려움을 겪기도 하지만 하얀 설원과 스키, 썰매, 보드 같은 겨울 스포츠를 즐길 수 있기 때문에 겨울을 기다리는 사람들이 아주 많아.

특히 눈이 많은 강원도 지역은 이 시기에 많은 관광객들이 찾아오는데 눈 축제, 얼음 축제와 같은 다양한 겨울 행사를 열어 동남아 지역 및 겨울 스포츠와 설경을 즐기기 원하는 해외 관광객들을 모으고 있어.

Could you recommend some good Korean food?

Foreigner : I'd really like to try some good Korean food, but I don't know what's what. Any suggestions?

Korean : Korean food can either be from a certain region or something loved by Koreans everywhere. The regional dishes are made from things found mainly in those areas. The foods loved by almost all Koreans can be found everywhere and include Kimchi, Kimbap and Bulgogi. Kimchi's the most famous food from Korea. It's exported not just to Japan, China and other Asian nations but also to the U.S. and Europe.

Dolsot Bibimbap − Bibimbap originated in Jeonju in Jeolla Province, but now its taste and flavor capture every tourist. Bibimbap is one of the popular Korean foods. Thus, it is served on planes as an in-flight meal. Bibimbap is a mixed variety of vegetables, rice and seasoned beef. Dolsot Bibimbap is slightly different from normal Bibimbap because of the way it is served. Usually, Dolsot Bibimbap is served in a Dolsot pot which is a hot rice pot that contains steamed ingredients such as rice, chestnuts, beans, and so on.

— Preparation Time : 1 hour and 30 minutes

— Cooking Time : 1 hour

— Serving size : 3

Ingredients

1. rice : 2 cups uncooked regular rice, 1 cup uncooked glutinous rice, 1 cup red beans, 1 cup of beans, 6 Ginkgo nuts, 2 chestnuts, 5 cups water

2. boiled red pepper paste : 2 tablespoon red pepper paste, 1 1/2 tablespoon soy sauce, 1 tablespoon minced garlic, 2 tablespoon chopped leek, 1 tablespoon sugar, 2 tablespoon sesame oil, 1 tablespoon ground sesame

3. Seasoning for beef : 1 tablespoon soy sauce, 1 tablespoon chopped leek, 1 teaspoon minced garlic, 1 teaspoon sesame oil, ground pepper 100g minced beef, 150g bean sprouts, 100g bellflower roots, 1/2 carrot, 3 shiitake mushrooms, 2 leaves of lettuce, 3 eggs, sesame oil, salt

Preparation

1. Soak beans and red beans for 24 hours before cooking.

2. Wash the regular and glutinous rice. Soak for 30 minutes.

3. Peel and cut chestnuts in half.

4. Heat a frying pan over low heat and fry ginkgo nuts slightly. Then, scrub them to take off the shell.

5. Parboil bean sprouts. Drain and cool.

6. Knead the bellflower roots in salt. Rinse and drain well.

7. Wash carrot, shiitake mushroom and lettuce. Cut into thin slices

Recipe

1. 30 minutes before cooking, drain the soaked regular and glutinous rice.

2. Place the regular and glutinous rice, chestnuts, red beans, beans and ginkgo nuts in a rice pot with water.

3. Heat on high uncovered. When it is about to boil, reduce heat to low.

4. When it is almost done(rice is translucent), heat on high again for 30 seconds and simmer for 2 minutes.

5. Turn off, cover and let stand for 5 minutes. Uncover and stir slightly.

6. Heat a frying pan. Season minced beef with seasoning for beef.

Cook beef over medium heat.

7. Season cooled bean sprouts with sesame oil, salt and minced garlic.

8. Place bellflower roots in a heated and greased pan, and then roast them with sesame oil, minced garlic and salt.

9. Roast the carrot with salt and sesame oil.

10. Roast Shiitake mushrooms with salt and sesame oil.

11. Prepare a sunny - side up egg.

12. Place red pepper paste with prepared spices in a pot. Heat until boiling.

13. Place the rice in a big bowl, and then add the vegetables and the beef. Finish by placing the egg on top of the rice and vegetables. Serve with boiled red pepper paste.

···▶ 맛있는 한국 음식을 소개해주겠니?

외국인 : 한국 음식을 먹어보고 싶은데, 어떤 음식이 있는지 잘 모르겠어. 맛있는 음식을 소개해줄래?

한국인 : 한국 음식 중에는 지역을 대표하는 음식들이 있고, 전체 한국인이 좋아하는 음식이 있어. 지역을 대표하는 음식들은 대부분 해당 지역의 특산물로 만들어진 것들이야. 대부분의 한국인들이 좋아하는 음식은 김치, 김밥, 불고기 같은 음식이야. 특히, 김치는 미국, 일본, 중국, 아시아, 유럽 등지에도 수출하고 있는 한국의 대표 음식이란다.

돌솥 비빔밥 – 비빔밥은 전라도 지방의 전주에서 유래한 음식이지만 지금은 그 맛과 향이 여행객들을 사로잡는 음식이 되었어. 비빔밥은 한국의 인기 있는 요리 중 하나로 기내식으로도 등장하고 있지. 비빔밥은 다양한 종류의 나물과 밥, 양념한 소고기를 넣고 비빈 것인데 돌솥 비빔밥은 대접하는 방식에 있어 보통 비빔밥과 약간 달라. 대개, 돌솥 비빔밥은 돌솥이라는 냄비에 담겨나오는데, 이 돌솥은 밥, 밤, 콩, 팥 등과 같은 곡물을 넣고 지은 밥을 담는 그릇 역할을 해.

　— 준비하는 데 걸리는 시간 : 1시간 30분
　— 만드는 데 걸리는 시간 : 1시간
　— 용량 : 3인분

재료
1. 밥 : 생쌀 2컵, 찹쌀 1컵, 팥 1컵, 콩 1컵, 은행 6알, 밤 2개, 물 5컵
2. 볶은 고추장 : 고추장 2큰 술, 간장 1과 1/2큰 술, 다진 마늘 1큰 술, 다진 파 2큰 술, 설탕 1큰 술, 참기름 2큰 술, 깨소금 1큰 술
3. 쇠고기 양념: 간장 1큰 술, 다진 파 1큰 술, 다진 마늘 1작은 술, 참기름 1작은 술, 후추, 다진 쇠고기 100g, 콩나물 150g, 도라지 100g, 당근 반개, 표고버섯 3장, 상추 2잎, 달걀 3 개, 참기름, 소금

준비
1. 콩과 팥을 요리 24시간 전에 담가놓는다.

2. 쌀과 찹쌀을 씻어 요리 전 30분간 담가놓는다.

3. 밤은 껍질을 벗겨 반으로 자른다.

4. 프라이팬을 약한 불로 달구고 은행을 살짝 볶는다. 그러고 나서 문질러 껍질을 벗긴다.

5. 콩나물은 살짝 데쳐 건져내어 식힌다.

6. 도라지는 소금에 주무른다. 그 다음 씻어 물기를 꼭 짠다.

7. 당근과 표고버섯, 상추는 씻어 곱게 채썬다.

조리법

1. 요리 30분 전에 불린 쌀과 찹쌀을 건진다.

2. 냄비에 쌀, 찹쌀, 밤, 팥, 콩, 은행을 넣고 물을 붓는다.

3. 뚜껑을 덮지 말고 센 불에 가열한다. 밥물이 넘으려할 때, 불을 약하게 한다.

4. 거의 익으면(밥알이 반투명해지면) 불을 30초간 다시 세게 했다가 은근한 불에서 2분간 끓인다.

5. 불을 끄고 나서 뚜껑을 덮은 뒤 5분간 그대로 둔다. 뚜껑을 열고 주걱으로 가볍게 뒤적인다.

6. 프라이팬을 달구어 양념에 버무린 쇠고기를 팬에서 중불로 익힌다.

7. 식힌 콩나물에 참기름, 소금, 다진 마늘로 양념한다.

8. 팬에 기름을 넣고 달구어 도라지를 참기름, 다진 마늘, 소금을 넣고 볶는다.

9. 당근을 소금, 참기름을 넣고 볶는다.

10. 표고버섯을 소금과 참기름을 넣고 볶는다.

11. 프라이팬에 계란을 (반숙) 익힌다.

12. 준비된 양념과 고추장을 팬에 넣고 끓을 때까지 익힌다.

13. 큰 대접에 밥을 담고 야채, 소고기를 올리고 밥과 야채 위에 계란을 올려 마무리한다. 볶은 고추장과 함께 대접한다.

(돌솥 비빔밥 이외에도 다양한 한국 음식 조리법에 대해서 알고 싶은 분은 반크 영문 사이트에 소개되어 있습니다. 위의 요리 방법과 설명은 반크 송은영 회원님이 작성했습니다.) http://chingu.prkorea.com/food/dictionary_1.jsp

Doenjang − Doenjang is made from yellow beans. It is a Korean sauce. We can use it when we cook soup or stew and even when grilling meat. But the most unique thing is, in summer time, Korean people mix Boribab(steamed barley) with Doenjang stew. We call it, "Doenjang jjigae."(Hey, my mouth is watering!) Not only does it have an unforgettable taste, but also it is definitely a health food, as many people know that Korean food is good for health. Of course, there is also Chinese Doobanjang and Japanese Miso. Although they look like Korean Doenjang, they are not fermented. Due to fermentation, Doenjang has many advantages. One of them is acting as an anti-cancer agent. That is why many tourists buy Doenjang instead of other sauces when they visit Seoul.

···› 된장찌개 − 누런 콩으로 만드는 된장은 한국의 양념 가운데 하나로 우리는 국이나 찌개를 끓일 때, 심지어는 고기를 구울 때에도 된장을 써. 하지만 가장 독특하게 먹는 방식이 있다면 그건 된장찌개를 보리밥에 비벼먹을 때일 거야. (벌써 군침이 도는걸!) 이처럼 된장은 맛있는 음식일 뿐만 아니라, 대부분의 한국 음식이 그렇듯 건강식품이야. 물론 중국의 두반장, 일본의 미소는 된장과 비슷하지만 발효 과정이 생략됐지. 발효를 통해 된장은 항암 효과와 같은 장점을 갖게 되고, 이로 인해 한국에 온 많은 관광객들은 다른 소스 대신에 된장을 사가고 있어.

Bossam Kimchi − Kimchi is surely Korea's number one dish. It is proven that Kimchi is good for our health. Moreover, people cannot forget its memorable taste. There are hundreds of kinds of Kimchi out there, depending on region and family. Among them, Bossam Kimchi is famous among everyone. "Bossam" refers to wrapping something in a cloth. Bossam Kimchi then, is "wrapped with cabbage leaves" and contains various sorts of ingredients from chestnuts to sliced beef or whatever you like.

···› 보쌈김치 − 김치는 두말할 나위 없는 한국의 대표 음식이야. 김치는 몸에도 좋은 것으로 밝혀졌으며 맛 또한 반해버릴 정도야. 김치는 각 지역마다, 각 가정에 따라 종류가 천차만별이야. 그중, 보쌈김치는 유명한 김치로써 보쌈이란 '무언가를 보자기로 싼다.'는 뜻을 내포하고 있

어. 그러니 보쌈김치도 배춧잎으로 무언가를 싼다는 것을 짐작할 수 있겠지? 보쌈김치의 속은 밤부터 편육에 이르기까지 자기가 좋아하는 재료라면 뭐든 다양하게 쓸 수 있어.

Bulgogi - Not only most tourists, but also many Koreans love Bulgogi. It is sweet and juicy and takes just a short time to make this delicious food. That is why Bulgogi is ranked as number one among Korean food. When people eat Bulgogi, they often wrap it in lettuce, sesame leaves or other leaves. It brings about a more genuine taste and much more nutrition compared to having Bulgogi alone. For these reasons, when we are served Bulgogi, we may no longer be hungry, full of nutrition and delighted.

⋯▸ 불고기 - 한국을 방문하는 상당수의 관광객뿐만 아니라 많은 한국인들이 불고기를 좋아해. 불고기는 달콤하면서도 육즙이 많고 조리 시간도 그리 길지 않기 때문에 한국 음식 중에 첫 번째로 선호되는 음식이야. 사람들이 불고기를 먹을 때, 상추나 깻잎 등의 채소에 싸서먹는데, 이렇게 함으로써 불고기 고유의 맛을 배가 시키고 또 영양 면에서도 골고루 섭취할 수 있게 돼. 위와 같은 이유 때문에 우리가 불고기를 대접받을 때면 영양 면에서나 기쁨 면이 모두 충족될 수 있는 것이지.

Tteokguk - On Seollal(New Year's Day in Korea), eating Tteokguk is a unique Korean tradition. Having a bowl of Tteokguk implies that "You are getting 1 year older!" So, there are some jokes about this food. For example, there is a common saying that if you hope to be younger, avoid eating Tteokguk on Seollal. However, people are struck by the delicious taste of Tteokguk every New Year's Day. In addition, these days, some food companies produce ready-prepared Tteokguk. Thus, many customers can buy and enjoy Tteokguk, easily.

···▶ 떡국 – 설날이라 불리는 한국의 새해 첫날에 떡국을 먹는 것은 고유 풍습이야. 떡국 한 그릇을 먹는다는 것은 "이제 한 살 더 먹게 되었어!" 라는 의미가 담겨 있어. 그래서 떡국을 둘러싼 우스갯소리도 있는데 예를 들면, 나이먹지 않고 살길 원한다면 설날에 떡국을 먹지 말라는 말을 들 수 있지. 하지만 사람들은 매년 설날마다 맛있는 떡국을 먹고 있으며 게다가 요즘에는 즉석 떡국 제품도 나와 쉽게 사먹을 수 있어.

What kind of religions does Korea have?

Foreigner : My Korean friend said he lives in Jeollabuk-do, Jeonju-si but I can't find it on a map of Korea. Can you tell me an easy way to find it? Oh, and what does " - do" mean?

Korean : OK. First of all " - do" is Korean for a type of regional government. It's like "state" in the U.S., "country" in the UK and "province" in Canada. South Korea and North Korea each have nine "do"s. "Jeollabuk-do" means "North Jeolla Province," and "Jeonju-si" means "the City of Jeonju."

Seoul and Gyeonggi Province

Geographically, Seoul is situated in the heart of the peninsula and has been the capital of Korea for over 600 years since the founding of the Joseon Dynasty(1392~1910). At present, the city holds more than 10 million people and is the center of politics, business, culture and transportation. Seoul boasts the palaces Gyeongbokgung, Changdeokgung and Deoksugung and many other cultural and historic relics. Gyeonggi-do surrounds Seoul and has been rapidly advancing in tandem with it. Hwaseong Fortress in Suwon, just south of the capital, is listed on the World Cultural Heritage.

Gangwon Province(South) – Gangwon-do is a mountainous area famous for Seorak-san. More than 80 percent of its land is covered with mountains. A source of beauty, the mountains also cut the province of from the rapid development sweeping the Seoul and Gyeonggi area. However, Gangwon now benefits as a leisure and tourism center, making good use of well-preserved mountains and a pristine coastline. In addition to the throngs of Seoulites who like to get away from the stress of the city, the province attracts many Southeast Asians who want to experience the thrill of skiing or simply the sight and touch of snow.

Chungcheong Province — Centered around Gongju and Buyeo, brilliant ancient Baekje(B.C. 18~A.D. 660) culture flourished in Chungcheong-do. Representative cultural relics include the tomb of King Munyeyong and a gilt bronze incense burner deemed the most beautiful unearthed in Northeast Asia. The Independence Hall of Korea in Cheonan showcases the independence movements during Japanese occupation of Korea(1910~1945). With the construction of the West Coast Highway and increasing trade with China, Chungcheong Province strives to rise again as the west coast's center for transport and trade.

Gyeongsang Province — Gyeongsang-do is the home of the ancient Silla(B.C.57~A.D. 935) and Gaya(B.C. 100-1~A.D. 562) kingdoms. Gyeongju, the capital of Silla, in North Gyeongsang Province is even called the "Museum Without Walls" because cultural relics abound across the city. Bulguk-sa Temple and Seokguram Grotto represent the height of Silla's desire to create a Buddhist heaven on earth. In South Gyeongsang Province, historic remains of Gaya where Iron Era culture flowered are scattered around the region.

Pohang, Ulsan, Busan, Changwon, and Masan are the province's modern metropolises. They lead the nation's heavy industries such as steel, shipbuilding, automobiles, petroleum and chemicals. In addition, Daegu and Gumi are famous for textiles and electronics, respectively.

Jeolla Province − A dolmen is a Bronze Age tomb. Korea has more dolmens than any other country, and those found in Gochang and Hwasun are clustered in such high density that UNESCO designated the areas World Cultural Heritage. Jeolla-do is also famous for delicious dishes like bibimbap(mixed rice with vegetables). Traditional pansori(musical story-telling) originated here. Once the nation's largest agricultural region, it maintains tradition while helping them evolve in tune with its modernizing local industries.

Jeju Province − Jeju-do is the foremost island in Korea in terms of size and unique climate. The island province consists of Jeju and its adjacent islands. Geographically, its relative isolation from the mainland resulted in a unique dialect and lifestyle of its own. The natural beauty of Halla-san Mountain and the surrounding sea make Jeju an ideal resort island. With the 21st century's arrival,

Jeju City is transforming itself into an International Free City characterized by the free flow of human and financial capital. The Republic of Korea is determined to become the Northeast Asian hub the world goes through. By helping to fulfill this vision, Jeju will attract people from across the globe who will visit and come to realize the island's charm.

Dokdo Island – Dokdo Island is in the eastern reaches of Korea territory. Though small, Dokdo Island is the most meaningful island in Korea.

Pyongyang and Pyeongan Province – Pyongyang is a city steeped in history. It retains cultural relics from ancient Gojoseon(2333~ 108 B.C.), the first nation established on the Korean Peninsula, and more relics from the Goguryeo Kingdom(B.C. 37~A.D. 668) than any other Korean city. Goguryeo was once the most powerful nation in Northeast Asia.

Pyongyangseong Fortress(National Treasure No. 1 of North Korea), Anhakgungseong Fortress(National Treasure No. 2 of North Korea) and several mural paintings still testify to the kingdom's grandeur. Modern Pyongyang is the capital of North Korea and its political, economic and logistical center as well. Naturally, Pyeongan

Province, which contains Pyongyang, is the most developed industrial region.

Hwanghae Province - Hwanghae-do has been an economically and culturally developed region from early days. Handicrafts such as Goryeo porcelain enabled Gaeseong, capital of the Goryeo Dynasty(918~1392) to develop thriving external trade and serve as a commercial center in both the Goryeo and Joseon eras. Currently, South-North economic cooperation has been actively progressing here through the joint operation of the Gaeseong Industrial Complex.

Gangwon Province(North) − Gangwon-do is a divided province in a divided nation. The North Korean half is as mountainous as the South Korean. It hugs the rich fishing areas of the East Sea. Shipbuilding is its major industry. World-famous Geumgang-san (1,638m), or Diamond Mountain, opened to South Koreans in November 1998, the first North Korean tourist site made accessible to South Koreans for 50 years.

Yanggang Province − Yanggang-do is North Korea's most abun-dant province in terms of forestry. Baekdu-san, the highest mountain on the Korean Peninsula, is its crown jewel, and atop the mountian is the beautiful crater lake Cheonji. The mountain teems with rare plant and animal life. The province's Pungsan region(Gimhyeonggwon County) is the origin of the Pungsan Dog, praised for its bravery.

Jagang Province – Behind Yanggang-do is the mountainous province Jagang-do. Landlocked and rich in zinc, gold, copper, tungsten and other mineral deposits, it is deservedly called Korea's buried treasure. It also possesses abundant forestry and water resources. Goguryeo archeological digs are scattered around many of the province's rural areas like Unpyeong-ri, Simgwi-ri and Songam-ri.

Hamgyeong Province – Hamgyeong-do is the peninsula's most mineral-rich province. It borders China and Russia. Cheongjin, in North Hamgyeong Province, is an advanced industrial complex with a harbor through which trade with Japan and Russia flows. Hamgyeong-do also boasts many ancient tombs and fortress walls along with well-preserved historic relics such as the old Cheonghaetoseong Fortress from the Balhae Kingdom(698~926).

⋯→ 한국의 지역은 어떻게 구분되는지 궁금하구나?

외국인 : 내 한국 친구는 전라북도 전주시에 산다고 하던데, 한국 지도를 봐도 못 찾겠어. 쉽게 찾는 방법을 알려줄래? 참, '도'라는 것은 뭐니?
한국인 : 아, 먼저 '도'에 대해서 말해줄게. '도'는 한국의 행정 구역을 구분하는 말이야. 미국의 'state', 영국의 'country', 캐나다의 'province'와 비슷해. 남한과 북한은 각각 9개의 도가 있어. 전라북도는 북쪽의 전라 지역을 의미하고, 전주시는 도시 전주를 의미한단다.

서울과 경기도 – 서울은 지리적으로 우리나라의 중앙에 위치하여 조선 왕조(1392~1910) 시대부터 지금까지 600년이 넘는 기간 동안 우리의 수도 역할을 하고 있어. 현재 서울은 1천만 명 이상의 사람들이 생활하는 정치, 경제, 문화, 교통의 중심지이자 경복궁, 창덕궁, 덕수궁 같은 궁궐과 유물, 유적들을 많이 간직하고 있는 전통 있는 도시야. 서울을 둘러싸고 있는 경기도 지방은 서울과 함께 빠르게 발전하고 있는데, 수원 화성과 같은 세계적 문화재들을 간직하고 있어.

강원도(남한) – 강원도는 도 면적 80% 이상이 산악 지대로 대한민국 대표 명산 설악산이 있는 지역이야. 과거에는 이러한 산악 지역의 자연 조건 때문에 서울 및 경기 지역의 빠른 발전에 따라가지 못하는 요인이 되었지만 현재에는 여가와 관광의 중심지로써 잘 보존된 강원도의 산과 바다가 장점이 되고 있어. 이제 강원도는 도시의 복잡함으로부터 벗어나고 싶어하는 서울 시민들과 스키와 설원을 즐기고 싶어하는 많은 동남아시아 관광객들을 유혹하고 있어.

충청도 – 충청도는 공주, 부여를 중심으로 찬란했던 백제(B.C. 18~660) 문화의 꽃을 피운 지역이야. 공주의 무령왕릉과 동북아시아에서 출토된 향로 중 가장 아름답다는 백제금동대향로는 백제의 대표적인 문화재야. 또 천안의 독립 기념관은 일제 강점기(1910~1945) 우리 민족의 독립 운동사를 볼 수 있는 곳이야. 이제 충청도 지역은 서해안 고속도로 건설 및 중국과의 교역 증가로 인해 서해안 시대의 물류 중심지로 거듭나기 위해 노력하고 있어.

경상도 – 경상도에는 찬란한 신라(B.C. 57~935)와 신비의 가야(B.C. 100-1~A.D. 562)의 역사가 숨어 있어. 특히 신라의 천년 고도 경주는 도시 전체가 박물관이라고 불릴 만큼 불국사, 석굴암 같은 이름난 유물, 유적이 많고 경상남도에는 화려한 철기 문화를 꽃 피웠던 가야의 유적이 있어. 현대에는 포항, 울산, 부산, 창원, 마산 등을 중심으로 제철, 조선, 자동차, 석유 화학 같은 중공업과 대구, 구미를 중심으로 섬유, 전자 산업 등이 크게 발달했다.

전라도 – 고인돌은 청동기 시대의 대표적인 무덤으로 세계적으로 우리나라에 가장 많이 분포해 있어. 특히 전라도 고창, 화순은 좁은 지역에 많은 고인돌이 모여 있어 유네스코에서도 세계 유산으로 지정한 바 있지. 한편 전라도 지방은 전주비빔밥을 비롯하여 음식이 맛있기로 유명하며 전통 음악 판소리의 본고장이기도 해. 현대화, 산업화의 바람은 과거 농업 중심의 전라도 지역에도 빠르게 불고 있지만 전라도는 한국의 전통문화를 잘 유지하며 발전시키고 있어.

제주도 – 제주도는 우리나라 제일의 섬 제주도와 그 주변의 섬들로 이루어져 있어. 특히 제주도는 예부터 지리적으로 본토와 떨어져 있어 저만의 독특한 언어와 생활 모습을 지니게 되었는데, 4면의 바다와 한라산을 비롯한 아름다운 자연은 자연스레 제주도를 유명한 관광지로 만들었어. 21세기 제주도는 동북아의 중심 대한민국(1945~Present) 비전에 발맞추어 사람, 자본의 왕래가 자유로운 국제 자유 도시로 새롭게 태어나고 있는데 이를 계기로 더 많은 세계인들이 방문하여 제주의 아름다움을 즐길 수 있을 거야.

독도 – 독도는 한국 영토의 동쪽 끝에 있는 섬이야. 비록 작지만 독도는 한국에서 가장 소중하고 의미 있는 섬이야.

평양과 평안도 – 평양은 오랜 역사를 가진 도시로 우리나라 최초 국가인 고조선(B.C. 2333~108) 시대의 유적과 무엇보다 당대 동북아 최고의 국가였던 고구려(B.C. 37~668)의 유적이 가장 많이 남아 있는 지역이야. 대표적인 고구려 유적으로는 북한의 국보 1호인 평양성과 국보 2호인 안학궁성 그리고 여러 점의 고구려 벽화 등이 있어. 현재 평양은 북한의 수도로써 정치, 경제, 교통의 중심지이며 이러한 영향으로 평양이 속한 평안도는 공업이 가장 발달한 지역이야.

황해도 – 황해도는 우리나라에서 일찍부터 경제, 문화가 발전된 지역에 속했어. 특히 약 500년 동안 고려(918~1392)의 수도였던 개성은 고려 자기 생산을 비롯한 일련의 수공업과 그와 관련된 대외 무역이 가장 발달하였고 조선 시대에도 수공업과 상업이 크게 발달한 지역이었어. 현재는 남북한이 함께 개성 공업 지구를 운영하는 등 남북한 경제 협력이 가장 활발히 이루어지고 있는 지역이야.

강원도(북한) – 강원도는 나라가 분단되면서 지역도 나뉘어진 상태로 북한의 강원도는 남한의 강원도와 마찬가지로 산악 지대가 많고, 동해 바다와 접하고 있어 수자원이 풍부하며 선박 공업이 발달되어 있어. 특히 이곳에는 세계적으로도 이름난 금강산(1,638m)이 있는데 금강산은 1998년 11월 한국 분단 50여 년 만에 남한의 주민들에게 개방된 최초의 북한 관광지야.

양강도 – 양강도는 북한에서 임산 자원이 가장 풍부한 지역으로 한반도에서 제일 높은 백두산이 있어. 백두산 정상에는 화산 분출로 생긴 아름다운 백두산 천지가 있으며 산 전역에 걸쳐 희귀 동식물이 서식하고 있어. 또 양강도의 풍산(현 김형권군) 지역은 예부터 용맹하기로 이름난 우리 고유 품종 풍산개의 원산지야.

자강도 - 자강도는 양강도 다음가는 내륙 고산 지대야. 아연, 금, 동, 중석 같은 유용한 광물들이 많아 우리나라 지하자원의 보고라 불리기도 하고 산림 및 수자원 등 자연 자원이 풍부한 지역이지. 또 자강도의 운평리, 심귀리, 송암리 지역에서는 고구려 무덤 군이 발굴되고 있어.

함경도 - 함경도는 한반도 최대의 광산물을 생산하는 지역으로 중국, 러시아와 국경을 맞대고 있으며 함경북도 청진을 중심으로 공업 지구 및 항만이 발달하여 일본, 러시아 등과 교역하고 있는 지역이야. 또 함경도는 발해(698~926)의 옛 성지인 청해토성지를 비롯하여 고분, 성벽 등 발해 시대의 유적을 많이 볼 수 있는 지역이야.

한국 문화의 결정체, 한글을 홍보하세요

많은 외국인들이 한글을 중국과 일본의 문자라 생각하고 있으며 심지어 미국 유명 방송국과 해외 유명 관광 안내서는 한국의 언어를 영어라 소개해서 물의를 일으킨 바 있습니다. 이런 편견과 선입견을 깨뜨리기 위해서는 어떻게 해야 할까요? 한글의 우수성과 아름다움을 세계에 알려야 합니다. 이게 바로 여러분의 몫이죠.

해외 친구들과 이메일 교류를 하면서 여러분이 한글 단어와 문장을 설명해주면 외국 친구들이 흥미를 가지고 한글을 배울 수 있습니다. 단, 발음을 가르쳐줄 때는 로마자 규칙에 따라 설명을 해주어야 합니다. 예를 들어 외국 친구에게 '사랑'이라는 단어를 설명할 때는 "Dear Mike, Do you Know? How do you say love in Korean? love say SARANG in Korea"라고 말하면 됩니다. 이런 식으로 하나씩 설명을 해주면 외국 인들도 한국의 언어를 배운다는 신기함에 더욱 즐거워합니다.

자, 이번에는 한글을 배우고 싶어하는 미국 친구에게 선배 반키가 어떻 게 한글을 알려나가는지 그 비법을 배워봅시다.

한글, 외국인 친구에게 이렇게 가르쳐주세요

Lauren moroz : Hi! My name is lauren moroz! I was born in the United States of America! And I am still currently living here. I might not be your first pick but I will always e-mail you back! I am 11 years old but on April 10, 2003 I will be 12. We could be like big sister, little sister. I am about 4'10 and have brown hair and brown eyes! I enjoy gymnastics, swimming, singing, ballet, and hanging out with my friends. I would really like to learn your language! Say it was 1:00 P.M. here what time would it be there? Hope you except me as a penpal! bye-bye!

- Sincerely, Lauren Moroz

···▶ 로렌 마로스 : 안녕! 내 이름은 로렌 마로스야. 나는 미국에서 태어 났어. 그리고 아직 여기 살고 있고. 너에게 처음으로 편지를 보내는 사 람이 내가 아닐 수도 있지만 나는 네가 편지를 쓰면 항상 답장을 할 거 야. 나는 11세이지만 2003년 4월 10일에는 12세가 될 거야. 우린 서로

자매가 될 수도 있을 거 같아. 내 키는 145cm이고 갈색 머리와 눈을 가지고 있어. 나는 체조, 수영, 노래, 발레와 친구 사귀기를 좋아해. 나는 네가 쓰는 언어를 정말로 배우고 싶어! 여기가 오후 1시라면 거기는 몇 시인 거니? 너와 펜팔 친구가 되면 좋겠어. 안녕!

Vanky : Thank you for your mail. I was very happy when I read your mail. I was born in Jeju, Korea. I'm still living in Jeju. Jeju is one of Korean islands. You are first friend that send me a mail. ^o^ I think we would be good friends. In fact, I'm 14 years. But on April 14, 2003 I will be 15. I'm in 3rd grade of A-ra middle school. I have black hair and maroon eyes. Korean language is called "Hangeul" in Korea. I'll teach you a simple Korean expression.

1. American say "Hello!" or "Hi!", Korean say "An-nyeong-ha-se-yo!".
   But we say to friend, "An-nyeong!"
2. American say "Thanks" or "Thank you!",
   Korean say "Go-map-seup-ni-da."
3. American say "Bye!", Korean say "An-nyeong!"

I think Korea time = New York time + 14 hours. How interesting! I can't speak English well. But I'll study hard. ^o^ Please send me a reply. Bye.

- Your friend, Hae - na

···▸ 반키 : 메일 줘서 고마워. 나는 네 메일을 읽고 정말 행복했어. 너는 내게 메일을 보내준 첫번째 친구야. ^o^ 나는 우리가 좋은 친구가 될 거라고 생각해. 사실 나는 14살이야. 하지만 2003년 4월 15일에는 15살 이 되지. 나는 아라 중학교 3학년이야. 검은 머리와 짙은 갈색 눈을 가 졌어. 한국의 언어를 한국에서는 '한글'이라고 불러. 간단한 한국말을 가르쳐줄게.

1. 미국 사람들은 "Hello!" 혹은 "Hi!"라고 인사하지? 한국 사람들은 그럴 때 "안녕하세요!"라고 말해. 대신 친구한테 말할 때는 그냥 "안 녕!"이라고 해.
2. 미국 사람들이 "Thanks", 혹은 "Thank you!"라고 말할 때 한국 사 람들은 "고맙습니다."라고 말해.
3. 미국 사람들이 "Bye!"라고 말할 때 한국 사람들은 "안녕!"이라고 말하지.

내가 생각하기엔 한국 시간 = 뉴욕 시간 + 14시간 인 것 같아. 정말 흥미 로워. 지금 내가 영어를 잘하지는 못하지만 열심히 공부할 거야. ^o^ 답장 보내줘. 안녕.

Lauren Moroz : Hey, thanks for your e-mail. I showed it to my friends. They were very surprised by the time difference because when I read it I just about to go to school and you were probably getting ready for bed!!! grades in school are way different! 1~ 5th grade is elementary school 6~8th Grade is middle school 9 ~12th grade is high school I'm in 6th grade I really enjoy middle school!!! America is so great I love it here there is so much freedom and there are many laws!! When I get older I want to see the world and the first country I want to visit is Korea and it would be so cool.

- Sincerely, Lauren Moroz, Your new PenPal

··· 로렌 마로스 : 메일보내줘서 고마워. 나는 내 친구들에게 메일을 보여줬어. 내 친구들은 시차를 보고 매우 놀랐어. 왜냐하면 내가 메일을 읽은 시각이 학교에 갈 시간이었는데, 그 시간에 넌 잠자리에 들 준비를 하고 있었을 테니까!!! 학교의 학년도 달랐어! 1~5학년은 초등학교, 6~8학년는 중학교, 9~12학년은 고등학교인데, 나는 6학년이야. 나는 학교 생활이 정말로 즐거워!!! 미국은 자유도 많고 법도 많은 엄청난 곳이지!! 나는 이곳을 좋아해. 나는 커서 세계를 보고 싶어. 그리고 처음으로 내가 방문하고 싶은 나라는 한국이야. 멋있을 거 같아.

로마자 표기법으로 한글을 널리 알려요!

우리나라는 한글을 외국인이 바르게 발음할 수 있도록 로마자 표기 규칙을 정했습니다. 외국인들에게 한국 이름, 주소, 지명, 단어 등을 알려줄 때에는 한글을 로마자 표기법에 따라 바르게 가르쳐주어야 합니다.

모음 로마자 표기

ㅏ	ㅓ	ㅗ	ㅜ	ㅡ	ㅣ	ㅐ	ㅔ	ㅚ	ㅟ
a	eo	o	u	eu	i	ae	e	oe	wi

ㅑ	ㅕ	ㅛ	ㅠ	ㅒ	ㅖ	ㅘ	ㅙ	ㅝ	ㅞ	ㅢ
ya	yeo	yo	yu	yae	ye	wa	wae	wo	we	ui

* ㅢ는 ㅣ로 소리 나더라도 ui로 적습니다. ex.) 광희문 : Gwanghuimum
* 장모음 표기는 따로 하지 않습니다. (장모음 : 소리가 길게 나는 모음)

자음 로마자표기

ㄱ	ㄲ	ㅋ	ㄷ	ㄸ	ㅌ	ㅂ	ㅃ	ㅍ	
g, k	kk	k	d, t	tt	t	b, p	pp	p	wi

ㅈ	ㅉ	ㅊ	ㅅ	ㅆ	ㅎ	ㄴ	ㅁ	ㅇ	ㄹ
j	jj	ch	s	ss	h	n	m	ng	r, l

* 모음으로 시작하는 어두의 ㅇ은 발음이 되지 않으므로 표기하지 않습니다
ex.) 아기 : Agi (모음 ㅏ 앞의 ㅇ은 발음되지 않으므로 그냥 모음 ㅏ만 a로 표시합니다.)

함께 읽어봅시다

1. ㄱ, ㄷ, ㅂ은 모음 앞에서는 g, d, b 로, 자음 앞이나 어말에서는 k, t, p 로 표기합니다.

곡식	Goksik	모음 ㅗ앞에 ㄱ은 g 모음 ㅗ는 o 어말 ㄱ은 k 자음 ㅅ은 s 모음 ㅣ는 i 어말 ㄱ은 k

2. ㄹ은 모음 앞에서는 r로, 자음 앞이나 어말에서는 l로 적습니다. 단 ㄹㄹ은 ll로 표기합니다.

구리	Guri	모음 ㅜ앞에 ㄱ은 g 모음 ㅜ는 u 모음 ㅣ앞에 ㄹ은 r 모음 ㅣ는 i
울릉	Ulleung	어두 ㅇ은 발음되지 않으므로 표기하지 않고 모음 ㅜ는 u ㄹㄹ은 ll 모음 ㅡ는 eu 자음 ㅇ은 ng

로마자 표기할 때 이런 건 주의할 것!

1. 발음이 나는 대로 표기합니다. ([ ] 안은 실제 발음)

백마[뱅마]	Baengma	백마는 뱅마로 발음이 나니까 baekma로 표기하지 않고 baengma로 표기합니다.
해돋이[해도지]	Haedoji	해돋이는 해도지로 발음되니까 haedotji로 표기하지 않고 haedoji로 표기합니다.
좋고[조코]	joko	좋고는 조코로 발음 나니까 johgo로 표기 하지 않고 joko로 표기합니다.

* 된소리 되기는 표기에 반영하지 않습니다. ex.) 울산Ulsan

2. 발음상 혼동의 우려가 있을 때에는 음절 사이에 붙임표(-)를 쓸 수 있습니다.

중앙	Jung - ang	중앙은 jungang으로 표기하지만 준강으로 혼동되어 읽힐 수도 있습니다. 그러니 음절 사이에 붙임표(-)를 표시해 정확하게 중앙으로 읽을 수 있도록 합니다.

3. 사람의 이름, 지명 등의 고유 명사는 첫 글자를 대문자로 적습니다.

부산	Busan	세종	Sejong

4. 인명은 성과 이름의 순서로 띄어씁니다. 이름은 붙여쓰는 것을 원칙
으로 하되 음절 사이에 붙임표를 쓰는 것을 허용합니다. ([ ] 안의 표
기를 허용)

이사랑	sa - rang	성 '이'는 i, 또는 관습적 표기[yi/lee]를 허용하고 사랑은 음절 사이에 붙임표를 붙여 sa-rang으로 표기하거나 그냥 sarang이라고 표기합니다.

*이름은 발음 나는 대로 표기하지 않고 글자 그대로 표기합니다.
 또한 관습적 표기로 굳어진 표기법도 허용하고 있습니다.

5. 도, 시, 군, 구, 읍, 면, 리, 동의 행정 구역 단위와 ~가街는 각각 do, si,
gun, gu, eup, myeon, ri, dong, ga로 적고, 그 앞에는 붙임표를 넣습니
다. 붙임표 앞뒤에서 일어나는 음운 변화는 표기에 반영하지 않습니다.

충청북도 도봉구 종로 2가	Chungcheongbuk-do Dobong-gu Jongno 2(i)-ga

6. 자연 지물, 문화재, 인공 축조물 이름에 경우에는 붙임표 없이 붙여
써야 합니다.

남산 독도 경복궁	Namsan Dokdo Gyeongbokgung

외국 친구에게 항공 우편을 보내기 위해서는 로마자 표기법에 따라 주소를 변경해 기입할 줄 알아야 합니다. 다음 주소를 로마자 표기로 바꾸면 다음과 같아요.

(서울시 성북구 보문동 4가 30번지 2층 2nd floor, 30Beonji, Bomundong 4-ga, Seongbuk-gu, Seoul, Republic of KOREA)

이렇게 하면 맨투맨 홍보 잘할 수 있어요!

맨투맨 홍보에서 가장 중요한 것은 일단 상대방과 진실한 친구가 되어야 한다는 겁니다. 서로 진실한 친구가 되면 '친구의 나라 한국'을 사랑하게 됩니다.

그리고 너무 처음부터 욕심을 부려서 한국의 5천 년 역사나 문화 등 거창한 주제를 얘기하면 친구가 재미없다고 생각할 수 있습니다. 그보다는 일상생활의 잔잔한 경험들을 한국과 연관시켜 말하는 것으로 시작해보세요.

중요한 것은 그 친구의 나라도 잘 알아야 한다는 겁니다. 외국인 친구가 한국에 관심을 갖길 원한다면 여러분이 먼저 외국 친구가 사는 나라에 대해 질문을 해보세요.

그리고 또 한 가지 주의할 점이 있다면 책에 나와 있는 한국 소개 내용을 그대로 전하지 말아야 합니다. 너무 딱딱하고 단조롭게 느껴질 수 있거든요. 일상 회화체로 재미있게 표현할 수 있는 방법을 찾아보세요.

한국을 잘 알리고 싶다고 해서 과장해서 말하는 것도 금물입니다. 외국 친구에게 보다 멋있게 한국을 알리기 위해서 없는 사실을 지어내거나 과장하는 경우가 있습니다. 그렇지만 거짓말은 시간이 지나면 밝혀집니다. 여러분 각자가 느끼고 있는 한국의 모습을 그대로 전달하려고 노력하세요.

마지막으로 여러분이 한국의 전체 이미지를 대표한다는 사실을 잊지 마세요. 외국 친구를 대하는 여러분의 일거수일투족이 세계 속에 한국의 위상을 높일 수 있는 큰 기회가 될 수 있다는 사실을 명심하기 바랍니다.

Dear Sir or Madam of VANK, I just wanted to write you a short note to say thank you very much for VANK and your website. It was through your website that I was able to meet a special friend and her wonderful family. My name is Todd Farnham from Seattle, Washington USA.

I had been planning a trip to Korea for a long time, but I knew next to nothing about Korea, it's culture and history. The mother of one of my students recommended your website to me. I also didn't have any friends there. She is Korean, and she wanted to help prepare me for my trip. I visited your website and found a very nice young lady, one of your volunteer students, Nam Seungmi. She and her family offered to be my guide while visiting her country.

Upon my arrival in Korea, the Nam family greeted me at the train station in Yangdong. They were so kind and generous! They treated me like I was one of their own family! Such people are rare, indeed. They took me on a fabulous tour all over South Korea. They taught me so much about their country. I learned some history and culture - Even a little of the Korean language! We visited many famous places, and even spent the night at Andong's Hahoe Folk Village. I will never forget this experience as long as I live, Nor will I ever forget the Nam family!

With this note, I want to say thank you with all of my heart to Nam Seungmi and her family. I also want to say thank you to VANK for giving me the opportunity to make such special friends. I will be recommending your website to everyone I know who wishes to visit Korea.

- Most sincerely, Todd Farnham

···▶ 안녕하세요? 반크님. 저는 반크와 반크 홈페이지에 진심으로 감사하다는 말을 전하고 싶습니다. 저는 반크를 통해서 특별한 친구와 그 친구의 가정을 만날 수 있었습니다. 저는 미국 워싱턴 시애틀에 살고 있는 토드 파남이라고 합니다.

저는 한국 여행을 오랫동안 계획했습니다. 그렇지만 저는 한국, 그리고 한국의 문화와 역사에 대해 아무것도 몰랐습니다. 또 한국에는 친구 한 명 없었습니다. 그러던 중에 학생들 중 한 어머니가 반크 홈페이지를 추천해줬습니다. 그녀는 한국인이고 저를 돕고 싶어했습니다. 저는 반크 사이트를 방문했고 반크에서 사이버 외교관으로 활동하고 있는 너무 멋진 학생, 남승미 님을 만날 수 있었습니다. 그녀와 그녀의 가정은 제가 한국을 방문하는 동안 저의 멋진 안내자가 되어주었습니다.

제가 한국에 도착하자마자 남승미 님의 가족들은 저를 위해 기차역까지 마중을 나와주었습니다. 그들은 너무 친절했고 따뜻했습니다. 그들은 저를 마치 한 식구처럼 대해주었습니다. 그렇게 따뜻한 사람은 세상에서 정말 보기 힘듭니다. 정말입니다. 그들은 저를 한국의 멋진 여행지로 안내해주었고 한국에 대해 많은 것을 가르쳐주었습니다. 저는 그들을 통해 한국의 역사와 문화, 그리고 언어에 대해 배웠습니다. 우리는 많은 유명한 장소를 방문했고, 안동 하회 마을까지 함께 방문했습니다. 저는 이런 소중한 경험을 사는 동안 결코 잊을 수 없을 것입니다. 그리고 결코 남승미 님의 가정에서 받은 따스함을 잊을 수 없을 것입니다.

이 편지를 통해 저는 남승미 님과 그녀의 가정에 진심 어린 감사의 말을 전하고 싶습니다. 또한 이런 특별한 친구와 만날 수 있는 기회를 제공해준 반크에 진심으로 감사의 말을 전하고 싶습니다. 저는 반크의 홈페이지를 제가 알고 있는 모든 이들에게, 한국을 방문할 모든 이들에게 추천할 것입니다.

– 당신의 친구 토드

chapter 02

한국 바로 알리기 2탄
이젠 단체로 한국을 홍보한다!

전 세계 학교에서 한국어를 제2 외국어로 채택하고 있는 나라는 얼마나 될까요? 안타깝게도 외국 학교에서 한국어를 제2 외국어로 채택하는 경우는 우리가 생각하는 것만큼 많지 않습니다. 미국에서 한국어를 가르치는 고교는 30여 개에 불과하고 SATⅡ 한국어 시험에 응시하는 사람은 90% 이상이 한국계 학생입니다. 반크는 외국 학생들이 단체 펜팔을 통해 한국어를 접할 수 있도록 접근하고 있습니다. 이는 외국 학생들에게 한국어에 대한 관심을 불러일으키고 더 나가서는 한국어가 제2 외국어로 채택될 수 있는 기반을 만드는 활동입니다. 이를 위해 반크의 청소년 사이버 외교관들은 각각 해외 초, 중, 고 학교 홈페이지에 들어가 '우리는 대한민국의 역사와 문화를 세계에 알리는 자원봉사활동을 하고 있는 한국의 학생들인데, 이 학교 학생들과 단체 이메일 펜팔을 교류하고 싶다. 그렇게 할 수 있도록 해달라.'는 국제 교류 메시지를 보내 해외 학교와 자매결연을 체결합니다. 그리고 스스로 단체 메일 교류를 진행하는 리더가 되어 적극적으로 펜팔 교류를 추진하고 있습니다.

외국 학생들이 단체로 펜팔 교류를 하다 보면 자연스럽게 한국과 한국어에 관심을 갖게 될 것이고 궁극에는 한글에 대한 관심을 높여 제2외국어로 한국어를 채택할 수 있는 계기가 마련될 것입니다.

단체 교류를 할 상대 외국 학교 물색하기

외국의 한 학급 학생들과 서로 정보와 문화를 교류하기 위해서는 우선 적절한 교류 상대를 선택해야 합니다. 아래에 있는 학급 교류 중개 사이트를 보고 우리 반 학생들과 잘 어울릴 것 같은 상대 학급을 찾아봅시다. 학급 교류 중개 사이트에 우리 반 프로필을 올릴 때에는 프로필 작성자의 신분(예 : 영어 선생님, 특별 활동의 리더 등), 교류 방법(예 : 이메일, 우편), 수업 시간(예 : 화요일 2~3교시 매주 메일 발송 가능), 교류에 참여하는 학생 수와 나이 등을 넣어서 구체적으로 성실하게 작성해주세요.

학급 교류 중개 사이트

사이트 이름	웹 사이트 주소	비 고
epals	http://www.epals.com	
iearn	http://www.iearn.org	

단체 교류를 제안하는 교류 서한 보내기

교류 서한이란 학급간 단체 해외 펜팔 교류를 추진하자는 내용의 문서입니다. 반크에서 실제 사용하고 있는 교류 서한을 통해 외국의 학교와 교류를 체결하는 방법을 배워봅시다.

외국 학교를 발견하게 된 경로를 설명해주세요

To whoever it may concern.

We found your school website through the internet surfing.

┅▶ 관계자께. 인터넷 서핑을 하다가 당신의 학교 웹 사이트를 알게 되었습니다.

자신과 자신의 단체에 대해 소개하세요

I'm Sun-hee Lee from Republic of Korea and I'm in charge of e-pals classroom exchange in VANK. The information on your school makes Korean students to think of coming meaningful friendship with your students.

We, VANK as international exchange voluntary organization in Korea, are going on with e-pals Classroom Exchange for sharing the ideas about other's cultures, languages, everyday life and so on.

┅▶ 저는 한국에 살고 있는 이선희라고 하고 반크에서 국제 교류를 담당하고 있습니다. 당신의 학교에 관한 내용을 보고 당신 학생들과 한국 학

생들이 교류를 한다면 좋은 친구가 될 수 있을 거라는 생각을 했습니다. 저희 반크는 한국의 국제 교류 자원 봉사 단체로서, 현재 다른 나라와 문화, 언어, 일상적인 생활 등을 교류하기 위해 이메일 학급 교류를 진행하고 있습니다.

교류 서한을 보내는 목적을 밝히고 교류 방법을 제안하세요

Our students have good computer skill and they all have their own personal computers, so we are always ready for starting e-pals Classroom Exchange with your students. There are many students who want to meet your students via e-mail or post mail. Why don't you build a meaningful bridge between you and us on the internet?

If your students are interested in something about Korea, please email me. We can make wonderful relationship, and we can also get great experience of getting access to new culture.

⋯▶ 우리 학생들은 컴퓨터 사용 실력도 뛰어나고 각자 개인별 컴퓨터도 가지고 있습니다. 그래서 우리는 항상 당신의 학생들과 이메일 학급 교류를 할 준비가 되어 있습니다. 저희 반크의 많은 학생들은 당신의 학생들과 이메일, 혹은 우편으로 만나기를 원합니다. 저희 한국 학생들과 당신의 학생들을 연결시키는 다리를 인터넷에 놓아보지 않겠습니까?

만일 당신 학생들이 한국에 관심을 보인다면 연락주시기 바랍니다. 우리는 정말 좋은 관계를 맺을 수 있을 것이며 새로운 문화를 접하는 훌륭한 경험을 할 수 있을 겁니다.

추천 기관이나 추천인을 언급해서 단체의 공신력을 증명하세요

For reference, our students have exchanged with 50 overseas classrooms around the world since 1999. And VANK is the largest e-pals Classroom Exchange network in Korea. Over 10,000 Korean students are building skills, enhancing learning, and understanding of other countries-cultures with VANK.

⋯▶ 참고적으로, 반크는 1999년 이후에 세계 50개의 학급과 교류를 진행했으며 현재 한국에서 가장 큰 이메일 학급 교류 네트워크를 구축, 1만 명이 넘는 한국의 학생들이 반크를 통해 실력을 쌓고 학습 의욕을 높이며, 다른 나라의 문화를 이해하고 있습니다.

마지막으로 교류 서한을 정중히 끝내세요

Thanks a lot for reading, and I am looking forward to your reply. Yours very truly, VANK(Voluntary Agency Network of Korea)

⋯▶ 읽어주셔서 감사드리며, 답변 기다리고 있겠습니다.

단체 펜팔 교류 이렇게 해요

교류 서한을 보내 외국 학교와 교류를 체결했으면 이제 본격적인 교류를 진행합니다. 일단 서로 교류하기로 결정을 했으면 교류 계획을 상의하여 일정과 방법 등을 미리 정하는 것이 좋습니다. 교류가 얼마 동안 지속될 것인지, 한 주에 몇 번이나 이메일 교류가 가능할 것인지를 계획할 수 있습니다. 또 주마다 토픽을 정해서 그 주제에 맞는 내용으로 이메일 교류를 할 수도 있습니다. 이를테면 첫째 주에는 자기소개, 둘째 주에는 취미나 가족, 셋째 주에는 각자의 학교에 대해서 이메일을 교류한다고 정하는 식이지요. 각 학교를 대표하는 담당 선생님이나 리더는 서로 사전에 계획에 대해 충분히 논의한 다음 그 계획에 따라 교류를 추진하고 실행하면 됩니다. 다음 샘플을 참고하세요.

교류 계획 수립이 중요해요

I tell you my idea about e-pals plan.

1. You send me the list of your students(name, e-mail address).

2. I match your students with my students.

3. I send you the "matching list".

   (This is "partner List" between your students and my students.)

4. Your students send e-mail to my students individually.

   (If your students want to first receive e-mail from my students, we can send e-mail first.)

5. My students can reply to your students individually.

How about this plan? If you have any good plan, tell me please.

Anyway, I hope that this e-mail exchange will be meaningful and valuable for both your students and my students. Then, I'm looking forward to your students List. Thank you! ;-)

···▶ 펜팔 교류에 대한 생각을 말씀드릴게요.

1. 당신이 나에게 당신 학생들의 리스트(이름, 이메일 주소)를 보내준다.

2. 내가 당신 학생들과 나의 학생들을 1:1로 매치시킨다.

3. 내가 당신에게 그 '매칭 리스트'를 보내준다.

4. 당신 학생들이 나의 학생들에게 개별적으로 이메일을 보낸다

(만약 당신 학생들이 우리 학생들로부터 먼저 첫 메일을 받길 원한다면, 우리가 먼저 이메일을 보내줄 수도 있다).

5. 내 학생들이 당신 학생들에게 개별적으로 답장을 한다.

이런 식으로 하면 어떨까요? 만약 다른 좋은 계획이 있으면 저에게 말씀해주세요. 어쨌든, 이번 이메일 교류가 당신 학생들과 우리 학생들 모두에게 의미 있고 가치 있는 경험이 되기를 희망합니다. 그럼, 학생들의 리스트를 기다리고 있겠습니다. 감사합니다! ;-)

이렇게 하면 단체 교류 잘할 수 있어요!

단체 교류를 할 때는 몇 가지 유의할 사항이 있습니다. 예를 들면 상

대 학교에서 제안이 들어왔을 때 교류를 시행할 수 있으면 빨리 승낙 메일을 보내고 할 수 없는 상태라면 즉시 거절 메일을 보내는 것이 좋습니다. 승낙 메일이 늦어질 경우에는 다른 학교와 교류를 시작할 수도 있기 때문에 가급적 답변을 짧고 명료하게 해서 빠른 시일에 보내는 것이 좋습니다. 또한 학급 교류가 이미 진행되고 있어서 제안한 학교와 교류하기 힘들 때에는 즉시 거절 메일을 보내는 것이 매너 있는 태도입니다. 그리고 교류가 시작되면 상대 학급과 주고받은 메일 기록(받은 메일 / 보낸 메일)은 다음 학기에 학급 교류를 추진할 때 소중한 자료가 될 수 있으므로 바로바로 백업을 해서 보관하는 것이 중요합니다.

상대 학교의 담당자와 수시로 학생들의 상황 및 분위기를 주고받는 것도 중요합니다. 특히 학생들의 메일 발송 일자, 메일 주소의 변경, 토픽, 행사 및 명절로 인한 교류 지체 같은 정보는 수시로 연락을 취해 사전에 알아두어야 합니다. 그리고 대부분의 외국 학교는 한국에 대해 잘 모르고 있기 때문에 교류를 하면서 한국의 우편엽서, 사진, CD, 관광 가이드 책, 태극기, 지도 등과 같은 자료를 보내면 틀림없이 좋은 반응을 얻을 수 있을 겁니다.

우편 교류도 병행하는 것이 좋습니다. 한국 정보를 2차원의 모니터를 통해서가 아니라, 4차원의 실물로 보여줄 수 있으니까요. 또한 무엇보다 외국 친구에게 국제 우편을 받아보는 설렘과 기쁨을 안겨줄 수 있다는 게 좋은 점입니다. 또 학급 교류는 개인의 사정에 따라 교류를 중단할 수 있는 개인 펜팔과는 다르다는 것을 명심해야 합니다. 따라서 학생들에게 공동체 의식, 팀플레이 정신을 심어주는 것이 필요합니다.

마지막으로, 학급 교류가 끝났다 할지라도 상대 학교 사람들과 지속적인 인연을 이어나가는 게 좋습니다. 학생들에게도 일시적인 교류에서 그치지 말고 평생 친구가 될 수 있도록 지도해주세요.

다음은 반크 국제 교류 추진 리더가 반크 사이트에 올린 글입니다. 학급 교류를 하면서 뿌듯함을 느끼고 있다는 느낌이 팍팍 들지요?

아래 사진은 미국 워싱턴에 있는 레이크우드 중학교 데브라 선생님이 보내주신 비디오테이프 화면이에요. 비디오테이프에는 미국 학생들이 한국의 파트너들에게 보내는 동영상 메시지가 들어 있었습니다. 그런데 저기 교실 뒤 게시판에 걸려 있는 태극기 모양이 좀 이상하지요? 미국 학생들이 그린 거랍니다. 모양이 좀 이상하기는 해도 저는 미국 학급 게시판에 태극기가 걸려 있다는 게 마냥 신기하네요. 다음번에는 태극기를 하나 사서 보내줘야 겠어요.

우리나라 지도도 보이네요. 반크에서 보내준 우리나라 엽서도 걸려 있고, 간단한 영문 표기 한글 인사와 우리나라 요리 자료도 보이네요. 그쪽 학교에서 나름대로 정보를 수집한 한국 관련 신문 기사 스크랩도 있고요. 와~ 굉장하죠? 우리 미국 레이크우드 중학교를 시작으로 전세계 모든 초중고 학교 교실 게시판을 대한민국 자료와 사진으로 장식해볼까요? ^-^*

– 반크 이선희 국제 교류 추진 리더

chapter 03

친선 서한으로 외국 출판사를
우리 편으로 만들어요

미국에 사는 친구가 며칠 전 이메일을 보내왔습니다. 미국에서 전 과목 교과서를 만드는 출판사 글렌코가 왜곡된 한국 역사가 수록된 교과서를 지속적으로 발간하고 있으며 현재 미국 일선 학교에서 학생들이 그 내용을 그대로 배우고 있다는 내용이었습니다.

특히 친구는 교과서 첫 부분에 한국을 '고래 사이의 새우'로 표현한 것에 너무 화가 난 나머지 미국 선생님에게 이렇게 말했다고 합니다. '이건 있을 수 없는 일이라고, 어떻게 한국 역사를 이렇게 표현할 수 있느냐.'고 말입니다. 그랬더니 선생님은 '역사는 정답이 없기 때문에 여러 관점이 존재하고 우리 미국 교과서는 너희 나라와는 다른 관점에서 한국을 적은 것이기 때문에 이것이 틀렸다고 할 수 없다. 너는 네가 주장하는 역사가 사실이라는 걸 증명할 수 있느냐?'라고 대답했답니다.

7천만의 눈으로 바라본 한국 역사와 77억의 눈으로 바라본 한국 역사 사이에 이렇게 큰 차이가 생기게 된 원인은 어디에 있으며, 그 책임은 또 누구에게 있는 걸까요? 일본의 역사 교과서에 실린 왜곡된 내용이 전 세계로 복제되는 것을 방치하고, 그 내용에 외국인들의 눈이 멀도록 손놓고 있던 것은 한국인입니다. 이는 '우리 모두의 책임'이라고 생각합니다. 그러하기에 이제부터라도 정확한 한국 이해 자료를 전 세계 교과서 출판사에 제공하여 외국인과 우리 사이의 시각차를 점차 줄여가도록 노력해야 합니다. 전 세계 교과서를 저술하는 학자들을 대상으로 우리가 주장하는 바가 왜 옳은지 설득해나가야 합니다.

친선 서한으로 외국 출판사와 친해지기

해외 인터넷 검색 엔진에서 'textbook publishing'이라고 입력하면 수많은 교과서 출판사를 발견할 수 있습니다. 반크는 친선 서한을 통해 한국에 대해 무지한 외국 출판사를 대상으로 친밀한 관계 형성을 도모하고 한국에 대한 올바른 정보를 전달하고 있습니다. 여러분도 반크가 사용하는 친선 서한 작성법을 배우면 한국에 대해 잘 알지 못하는 외국 출판사에 올바른 한국 정보를 전달할 수 있습니다.

친선 서한을 보내는 기관과 담당자를 소개합니다

Dear _____ . (Textbook publishing company person in charge)

I'm Jeong-Ae Lee from Republic of Korea and I'm in charge of Korea image promotion in VANK. VANK is a non-governmental organization and also a voluntary organization. VANK consists of elementary, middle and high school students who provide correct information about Korea to international textbook publishing companies and publishers.

⋯▸ 안녕하세요? _____ 교과서 출판사 담당자님.

저는 반크에서 한국 이미지 개선을 담당하고 있는 이정애라고 합니다. 반크는 비정부 기구로서, 외국 교과서 출판사를 대상으로 한국에 대한 바른 정보를 전하고자 초, 중, 고 학생들로 구성된 자원 봉사 단체입니다.

친선 서한을 보내게 된 배경을 설명합니다

Korea has 5,000 years history, well-matched cultural heritage and has accomplished high-speed economic growth, but these facts have not been introduced well yet in textbooks and publications all over the world. Especially, Korea's developed image was introduced to the world through mass communications, hosting the 1988 Seoul Olympic Games, 2002 FIFA Korea/Japan World Cup and 2018 PyeongChang Olympic Games very successfully but Korean information introduced in international textbooks is still insufficient or incorrect.

First of all most Korean information in international textbooks has been delivered to the world through Japan or China not directly from Korea. Good examples are describing the 'East Sea' as the 'Sea of Japan', world 12th economic board of trade Korea as a farming country that is underdeveloped, 5,000 years of Korean history as 2,000 years history and describing Korea as the vassal state of China and Japan.

These inaccuracies regarding Korea in international textbooks were reflected from the contents in Japanese textbooks without any verification, which were delivered to the world by Japanese scholars after the Japanese occupation period from 1910 to 1945.

※ What Japanese textbooks say
   – http://prkorea.com/history/history3.html

※ Fact and fallacies Korea in international textbooks
   – http://prkorea.com/history/history4.html

※ Truth in scholarship
   – http://usa.prkorea.com/why-korea/

⋯▶ 제가 사는 나라 한국은 5천 년의 역사와 그에 걸맞은 문화유산을 가지고 있고, 고속 경제 성장을 이룬 나라지만 전 세계 교과서와 출판물에는 아직 이런 한국의 모습이 잘 알려져 있지 않습니다. 특히 1988년 서울 올림픽, 2002년 FIFA 한일 월드컵, 2018년 평창 올림픽을 성공적으로 개최하면서 전 세계 매스컴을 통해 한국의 발전된 모습이 소개되었지만, 외국 교과서에 소개된 이해 자료는 여전히 미흡한 수준입니다.

무엇보다도 외국 교과서에 소개된 한국 이해 자료는 한국에서 직접 전해진 것보다는 일본이나 중국을 통해 왜곡되어 전해진 것이 많습니다. 대표적인 사례가 동해를 일본해로, 세계 12대 경제 통상 대국으로 성장한 한국을 후진국형 농경 국가로, 한국의 5천 년 역사를 2천 년으로, 한국을 중국과 일본의 속국이라고 서술한 것입니다.

외국 교과서에 실린 이런 잘못된 내용은 일본 교과서에 실린 한국 소개를 그대로 반영한 것으로 1910년부터 1945년까지 일본이 한국을 강제 점령한 이후 일본 학자들에 의해 전 세계에 전해진 것입니다. 다음 웹 페이지에서 일본의 역사 왜곡, 외국 교과서에서의 한국 왜곡, 외국 학자의 지지 서한 등을 확인할 수 있습니다.

※ 일본의 역사 왜곡

  – http://prkorea.com/history/history3.html

※ 외국 교과서의 한국 왜곡

  – http://prkorea.com/history/history4.html

※ 외국 학자의 반크 지지 서한

  – http://usa.prkorea.com/why-korea/

친선을 도모하고자 하는 이유에 대해 설명합니다

We know that you endeavor in many ways to understand other cultures and countries meeting the 21st century(globalization, information-oriented are going on in 21st century). Especially, I think that society and geography textbooks published by your company contribute greatly to many students understanding of other countries cultures.

⋯▸ 저희는 귀 출판사가 세계화, 정보화가 진행되는 21세기를 맞이하여 타문화와 국가를 이해하기 위해 여러 가지 노력을 하고 있다고 알고 있습니다. 특히 귀 출판 기관에서 발행하는 사회 및 지리 교과서는 귀 나라의 많은 학생들이 타국과 타문화를 보다 정확히 이해할 수 있도록 많은 기여를 하고 있다고 생각합니다.

앞으로 어떻게 친선을 도모할 것인지 구체적인 방안을 제시합니다

If you plan to review inaccurate contents about Korea or if you plan to add new contents about Korea in your textbook, please contact to VANK.

We have detailed educational and comprehensive data regarding Korean history and culture, as well as digital pictures, which are all collected by VANK members. And we can provide you with this information willingly by post or internet without any cost.

⋯▸ 한국에 대해 부정확하게 기록한 내용을 검토하고 싶다거나 교과서에 한국과 관련된 새로운 내용을 추가할 계획이 있으시다면 반크로 연락해주세요.

저희 반크 회원들이 자발적으로 수집한 한국의 역사, 문화에 대한 자세한 학습 자료 및 이해 자료, 디지털 사진 자료를 가지고 있고 이러한 한국 이해 자료를 아무런 대가 없이 귀사에 우편 및 인터넷으로 보내드릴 수 있습니다.

친선을 통해 궁극적으로 얻고자 하는 것은 무엇인지 바람을 적으세요

VANK's desires are that students all over the world can experience correct Korean history and culture by our voluntary effort, taking this opportunity and then sharing dreams and friendship with the rest of the world.

⋯ 저희 반크의 바람은 이러한 우리들의 자발적인 노력으로 전 세계 외국 학생들이 한국의 바른 역사와 문화를 접하는 것이고, 이를 계기로 전 세계 모든 이와 꿈과 우정을 나누는 것입니다.

마지막으로 친선 서한을 정중히 끝냅니다

Thanks a lot for reading, and I am looking forward to your reply.
Sincerely yours, VANK(Voluntary Agency Network of Korea)
http://www.prkorea.org

⋯ 읽어주셔서 감사드리며, 당신의 답변을 기다리겠습니다.

외국 학자들을 논리적으로 설득해요

외국 학자들은 여러 관점을 고루 교육해야 할 의무가 있으므로 그들의 무지에는 '지식'으로, 거부에는 '설득'으로 우리 시각의 '한국 역사'를 알려나가야 합니다. 꾸준히 외국 학자들과 접촉하다 보면, 언젠가는 여러분의 노력과 호기심에 지지를 보이며 한국사 관련 자료를 요청하는 날이 올 것입니다.

다음은 외국 학자에게 친선 서한을 보낸 다음 반크가 받은 답장입니다. 이를 보고 외국인 학자와 더욱 친밀한 관계를 맺을 수 있는 방법과 우리의 관점을 논리적으로 설득할 수 있는 방법을 터득해보세요.

친선 서한을 통해 외국 학자에게 받은 답변

Dear VANK

Thank you for writing. Yes, I am very interested in the image of Korea as shown to the world. I am especially concerned with the great amount of Japan-centric propoganda that has been disseminated over the past century about Korea. I have argued at great lengths with such Japanists. It is a shame that western scholars teach such fallacies to future scholars, as though they were facts. I appreciate your contacting me. If I can be of any help in your research, please let me know.

– Best wishes, Thomas Duvernay

⋯▶ 친애하는 VANK

저에게 편지를 보내줘서 감사합니다. 저는 한국의 이미지가 세계에 어떤 식으로 비치는지에 관심이 많습니다. 특히 일본이 자국 중심적인 선전의 일환으로 왜곡된 한국 정보를 유포하는 것을 보고 매우 염려스러

윘습니다. 나는 그러한 일본학자들과 상당히 많은 논쟁을 해왔습니다. 서양 학자가 미래의 학자들에게 그런 잘못을 가르치는 것은 매우 부끄러운 일입니다. 저에게 연락을 주셔서 감사합니다. 만약 저의 연구가 반크에 어떤 도움을 줄 수 있는 방안이 있다면 저에게 알려주세요.

– 토머스 두버나이

외국 학자에게 반크의 운동을 설명하고 협력을 부탁하는 내용

Dear Thomas Duvernay

Thanks for replying me. Your reply made a deep impression on me, and 35,000 VANK members. Especially, your below sentence gave me a hope which we can gain the final victory "It is a shame that Western scholars teach such fallacies to future scholars, as though they were facts." Because we thought there is no Western scholars who listen carefully to our voice in the world.

Most of Western scholars we contacted think that It is natural to listen to Japan-centric propaganda. That's why we call our campaign as "Goliath vs David". Let me introduce about myself before I ask you a favor of you. My name is Gi-Tae Park, I am a first organizer in VANK. Now VANK members became over 12,000 and most of VANK members are elementary, middle and high school voluntary student members. When I first started VANK, I was not interested in promoting, enhancing image of Korea to the outside world textbook. I just wanted to make overseas pen pal to have meaningful friendship. Exchanging email letter with my Western pen pal friends, I knew that the world history textbook that my friends were studying completely different about real Korea.

Sad to say, my Western pen pal friends regards Korean information written the world history textbook as facts. Therefore my Western pen pal friends had misunderstood about Korea, and Korean. First I couldn't understand how these things happened to the world history textbooks. After I've researched for 5 years, I finally knew Most Korean information in international textbooks were based to beautify the history of Japan(it devalues Korean history) on a Japan - centrist view on history.

These inaccuracies regarding Korea in international textbooks were reflected from the contents in Japanese textbooks without any verification, which were delivered to the world by Japanese scholars after the Japanese occupation period from 1910 to 1945. There's something I'd like to ask of you. We really want you to write support letter our campaign like below.

- http://usa.prkorea.com/site-reviews/

1. Why It is a shame that Western scholars teach such fallacies to future scholars, as though they were facts.

2. Why It is a shame that Textbook publishing scholars wrote such fallacies to world students, as though they were facts.

3. and your opinion about our VANK campaign.

If you write support letter for VANK, we will upload it in our VANK homepage so that world people can read.

Of all things, your support letter will give us a hope and they can have strength, courage, and perseverance. Would it be possible to you? And could you tell me about your self?

– Best wishes, Gi-Tae Park, Chairman in VANK

(Voluntary Agency Network of Korea)

···→ 친애하는 토머스 두버나이 님

저에게 답장을 주셔서 감사합니다. 당신의 답장은 저와 반크의 모든 사이버 외교관들에게 깊은 감동을 주었습니다. 특히 '서양학자들이 그런 잘못된 정보를 미래의 학자들에게 가르친다는 것은 부끄러운 일'이라는 당신의 말은 최후에는 우리가 승리할 거라는 희망을 주었습니다.

우리는 우리의 목소리에 귀 기울이는 서양 학자들이 없다고 생각했었습니다. 우리가 접촉한 많은 서양 학자들은 일본의 자국 중심적인 선전이 당연하다고 여기고 있었기 때문입니다. 이것이 우리가 우리의 이번 캠페인을 다윗과 골리앗의 싸움이라고 생각하는 이유입니다. 우선 당신에게 도움을 청하기 전에 저를 소개하도록 하겠습니다. 제 이름은 박기태이고 반크를 처음 시작한 사람입니다. 그리고 반크는 지금 35,000명이 넘는 사람들이 참여하고 있습니다. 대부분의 반크 멤버는 초, 중, 고등학생들입니다. 처음 반크를 시작했을 때 저는 외국 교과서에 한국 이미지를 개선시키겠다거나 한국을 홍보하겠다는 마음은 아니었습니다. 그저 외국의 친구들과 진실한 우정을 나누는 해외 펜팔을 원할 뿐이었습니다. 그러나 서양 친구들과 펜팔을 하다가 내 서양 친구들이 공부하는 교과서가 올바른 한국 정보를 담고 있지 않다는 것을 알았습니다.

그런데 정말 슬픈 것은 나의 외국 친구가 교과서에 실린 왜곡된 한국을 사실로 간주하고 있다는 것이었고, 그 결과 나의 친구들은 한국과 한국인에 대해 잘못 알고 있었습니다. 처음에 저는 외국 교과서에 어떻게 이런 일이 발생하고 있는지 이해할 수가 없었습니다. 5년 동안의 연구를 통해 저는 마침내 대부분의 외국 교과서 내용이 한국을 비하하고 일본을 상대적으로 미화하려는 일본 측의 의도가 투영된 것이라는 알았습니다. 외국 교과서상의 이런 왜곡된 정보는 한국이 1910년부터 1945년까지 일본에 강제 점령되었을 때 일본 학자들에 의해 어떤 확인 과정도 없이 전 세계에 전달되었습니다. 저는 당신에게 부탁할 것이 있습니다. 우리는 진심으로 당신이 아래처럼 지지 서한을 우리를 위해 작성해 주었으면 합니다.

(http://usa.prkorea.com/site-reviews)

첫째, 외국 학자가 미래의 학자들에게 잘못된 내용을 가르치는 것이 왜 부끄러운 일인가

둘째, 교과서를 저술하는 학자가 그런 잘못된 내용을 저술하는 것이 왜 부끄러운 일인가

셋째, 반크의 운동에 관한 당신의 의견

만약 당신이 우리를 위해 지지 서한을 작성해준다면, 우리는 그것을 전 세계 모든 사람들이 볼 수 있도록 반크 홈페이지에 올리겠습니다.

무엇보다도, 당신의 지지 서한은 반크 사이버 외교관들에게 희망이 되어 줄 것입니다. 저희의 부탁을 들어줄 수 있겠습니까? 당신의 답변을 기다립니다.

– 반크, 박기태로부터

지지 서한을 작성해주기로 한 외국 학자의 편지

Dear Gi-tae, I will happily give support to VANK. It may be some days before I have a chance to write a letter for you, but I'll do so.

First, let me introduce my self. My name is Thomas Duvernay (please, call me Thomas). I am a professor at the Kyongju campus of Dong Guk University. I have been teaching there for more than a dozen years. I first lived here in Korea about nineteen years ago.

My main area of interest is late Chosun Dynasty, especially the first US military action in Korea, in 1871. I have researched this area for several years. My web site on it is at : http://www.shinmiyangyo.org.

Let me get something written, and I'll get back with you.

– Best wishes, Thomas

···→ 기태에게

저는 기쁜 마음으로 반크에 지지 서한을 보낼 수 있습니다. 비록 지지
서한을 보내는 데에는 며칠 시간이 걸리겠지만 기꺼이 할 수 있습니다.
우선 제 자신에 대해 소개하지요. 제 이름은 토머스 두버나이입니다.
그냥 토머스라고 불러주세요. 저는 동국대학교 경주캠퍼스의 교수로
있습니다. 저는 12년 이상 대학생들에게 가르치는 일을 하고 있고 한국
에 산 지 19년이 되었습니다.

저의 주된 관심은 조선 왕조, 특히 1871년도의 미국의 행동입니다. 저
는 이 분야에 대해 수년간 연구했습니다. 저의 웹 사이트 주소는 http://
www.shinmiyangyo.org이고 제가 지지 서한을 작성한 후 당신에게
다시 연락을 드리겠습니다.

– 토머스

※ 토머스의 지지 서한은 다음 웹 페이지에서 확인할 수 있습니다.

http://usa.prkorea.com/why-korea/

도움을 준 외국 학자에게 감사를 표현한 반크의 서신

Dear Thomas

Thank you for your support letter, and heart. Your support letter
moved us deeply. Thank you. "Hopefully, through the efforts
of VANK and world scholars, Korea's true history will fully be
known." We don't want all scholars in the world, we just want
a special scholar like you Thomas because I think that the most

meaningful things in our campaign is the process we get to know scholar like you. We will quicky upload your support letter to our homepage. If we finish web design, I will show you about those pages. and could you let me know about your postal address? We want to send you "Korean postcard set" which we made by ourselves.

– Best wishes, VANK

···▸ 토마스 님

당신의 지지 서한과 우리를 향한 마음에 감사합니다. 당신의 지지 서한은 우리 마음을 깊이 감동시켰습니다. 감사합니다. 특히 반크의 노력과 세계 학자들의 노력으로 한국의 바른 역사가 널리 알려질 것이라는 당신의 말…. 우리는 세계의 모든 학자들을 원하지는 않습니다. 우리는 단지 당신 같은 특별한 학자를 원할 뿐입니다. 우리는 신속히 우리 반크 홈페이지에 당신이 보내준 지지 서한을 올리겠습니다. 디자인이 다 되면 당신에게 보여줄게요.

그리고 당신의 집 우편 주소를 가르쳐주시겠어요? 당신에게 우리가 만든 한국 홍보 엽서를 보내주고 싶습니다.

– 반크

 Truth in Scholarship

When a country dominates another, he first thing lost is the truth. Such was the case of Korea, when it was occupied by Japan(from 1910~1945). One organization I have recently come to know is VANK. They are dedicated to, as they say on their web site, "enhancing the image of Korea in cyberspace". Hopefully, through the efforts of VANK and interested world scholars, Korea's true history will fully be known. I'm sure, with continued effort, we can realize all our dreams about the improvement of Korea's image and also geographic names.

– Thomas Duvernay

⋯▶ 학문의 진실

한 나라가 다른 나라의 지배를 받게 될 때 가장 첫 번째로 잃는 것은 진실이다. 1910년부터 1945년까지 일본이 한국을 점령했을 때 한국의 모습이 바로 그와 같은 경우이다. 내가 최근에 알게 된 기관 반크. 그들은 한국의 국가 이미지를 높이는 기관이다. 반크의 노력과 관심 있는 세계 학자들의 노력을 통해 진실된 한국의 역사는 전 세계에 완전히 알려질 것이다. 반크의 계속된 노력으로 우리는 한국의 이미지를 개선시키고 동해라는 이름을 되찾는 꿈을 실현할 수 있을 것이다.

– 토마스 두버나이

chapter 04

왜곡된 역사와의 싸움,
동해 지키기

　반크는 동해 표기의 정당성을 외국에 알리고 직접 동해가 단독으로 표기된 영문 세계 지도를 자비로 제작해 전 세계 외국인들에게 적극적으로 보내는 운동을 주도하고 있습니다.

　하지만 이러한 운동에 반발하는 일본 네티즌들은 협박성 이메일을 보내오고, 동해를 병기하기로 결정한 외국 출판사에까지 조직적인 반박문을 보내고 있습니다. 반박문의 요지를 살펴보면 '전 세계에 공급되는 세계 지도 중 97%가 일본해로 표기되어 있고, 나머지 3%만이 동해로 표기되어 있기 때문에 한국인의 주장은 억지'라는 것입니다.

　실제 일본의 주장대로 세계 지도는 대부분 일본해로 표기되어 있습니다. 각 나라별 교과서, 관공서 국가 정보는 말할 것도 없고 UN과 같은 공신력 있는 국제기관에서까지 동해를 일본해라고 표기하고 있습니다. 더욱 비참한 현실은 이들 기관의 오프라인 일본해 자료들이 파급력과 정보 전파력이 폭발적인 인터넷 매체를 통해 어떠한 검증 과정 없이 급속도로 복제되고 확산되는 것입니다.

우리가 동해를 찾기 위해 노력해야만 하는 이유는 단순한 민족주의, 열의만 가득한 애국심 때문이 아니고, 한반도와 일본 열도 사이에 있는 바다의 이름 표기를 바꾸는 문제만도 아닙니다. 그것은 일본 제국주의의 잔재를 바로잡고 불합리함을 줄이려는 한국인의 정당한 노력입니다.

일본은 우리에게 말합니다. 전 세계 지도 중 97%가 일본해로 표기되어 있으니 그만 포기하라고. 그렇지만 이제 우리는 일본에게 이렇게 말할 수 있어야 합니다. 우리는 전 세계 지도 중 3%만이 동해로 표기되어 있으니 시작한다고 말입니다. 당신들의 왜곡된 역사는 가야할 길이 없지만, 우리들의 진실된 역사는 가야할 길이 있다고 말입니다.

항의 서한 작성하여 동해를 지켜요!

해외 인터넷 검색 엔진에서 'sea of Japan'을 입력하면 수백만 개의 검색 결과가 나옵니다. 이대로 방치하면 전 세계 모든 해외 사이트에서 동해는 사라지고 일본해만 남을 것입니다.

이 문제를 해결하기 위해서는 항의 서한을 작성해서 동해를 일본해로 표기한 외국 기관을 대상으로 동해 표기의 정당성과 일본해 표기의 부당성을 알려나가야 합니다.

아래는 반크에서 사용하는 항의 서한입니다. 반크에서 실제로 사용하고 있는 항의 서한을 보고 외국 기관들을 상대로 동해를 되살리는 방법을 배워봅시다.

항의 서한을 보내는 기관과 담당자를 소개합니다

To whoever it may concern : I am Park GITAE from Republic of Korea and I'm in charge of Korea image promotion in VANK.

⋯▸ 안녕하세요? 저는 반크에서 한국 이미지 개선을 담당하고 있는 박기태라고 합니다.

항의 서한을 작성하게 된 이유를 설명합니다

Recently I visited your website and was quite surprised to find your maps of Korea and Japan still describe Korea's East Sea as Sea of Japan, which is incorrect. Such an error in a well known website as yours comes as a surprise since we regard you as one of the world's best.

⋯▸ 최근 당신의 웹 사이트를 방문했을 때 그 웹 페이지에 있는 한국과 일본의 지도에 동해 대신 일본해라고 표기되어 있는 것을 발견하고 한국인의 한 사람이자 세계인의 한 사람으로서 매우 놀라웠습니다.
세계에서 가장 큰 기관 중 하나로 생각해왔던 당신의 웹 사이트에서 이런 실수를 하고 있다는 건 상당히 놀라운 일이었습니다.

무엇에 대한 항의인지 구체적으로 기술하세요

Using a proper name for the body of water between the Korean peninsula and the Japanese archipelago is not simply a question of changing the name of a geographical feature. It is rather a part of national effort by the Korean people to erase the legacy of Japanese Imperialism and to redress the unfairness that has resulted from it. It is an absolutely mistaken thing to hear one side of story and follow. If we let this kind of things alone, it brings about a serious problem to disturb order of International society.

⋯ 한반도와 일본 열도 사이에 있는 바다를 올바른 이름으로 부르는 것은 단지 지리학적인 문제가 아닙니다. 그것은 일본 제국주의의 잔재를 바로잡고 그 잔재를 통한 불합리를 줄이려는 한국인의 노력인 것입니다. 어느 한 쪽의 일방적인 주장을 받아들이는 것은 분명히 잘못된 것이며, 이러한 일들이 이대로 방치된다면 국제 사회이 질서를 유지하는 데에 심각한 어려움을 초래하게 될 것입니다.

주장만 하지 말고 주장을 뒷받침하는 근거를 제시하세요

For your reference, the world's largest commercial mapmaker, National Geographic, Graphic Maps, and the travel guidebook, Lonely Planet Publication promised us that they would now use the name East Sea. In addition, National Geographic, worldatlas. com, and Lonely Planet are already using the name East Sea in their website after we pointed out the error.

※ http://whyeastsea.prkorea.com

⋯ 참고로 세계 최대의 지도 제작사인 내셔널 지오그래픽, 그래픽 맵스, 론니 플래닛 출판사에서는 동해 표기를 반크에 약속했고, 이미 웹사이트상에서 동해 표기를 하고 있습니다.

항의 내용에 대한 구체적인 대안도 제시하세요

As a member of VANK, I urge you to use East Sea to describe the body of water in question or both Korean and Japanese designation simultaneously (e.g. East Sea/Sea of Japan) in all your documents and atlases. Once Korea and Japan agree on a common designation, which is in accord with the general rule of international cartography, we can then follow the agreed - on designation. We would be grateful for your explanation.

– Yours very truly, VANK,

http://www.prkorea.org / mail to : school@prkorea.org

⋯ 반크 회원의 한 사람으로서 저는 당신의 기관에서도 모든 출판물과 세계 지도에 동해를 단독으로, 혹은 동해와 일본해를 동시에 사용해줄 것을 요청합니다. 한국과 일본이 국제 지도 작성법의 일반적인 법칙 합의에 따라 결정을 내리면 우리는 그때 양측이 동의한 명칭을 사용할 것입니다. 이에 대한 당신의 답변을 들을 수 있기를 바랍니다.

– 반크로부터

정확한 근거 자료 및 참고 자료를 덧붙입니다

※ The Historical precedent for the 'East Sea' (동해 표기의 역사적 정당성)

　– http://whyeastsea.prkorea.com/the-historical-precedent/

※ How to name the sea area between the Korean Peninsula and the Japanese Archipelago (한반도와 일본 사이의 바다 이름을 어떻게 지어야 하는가?)

　– http://whyeastsea.prkorea.com/how-to-name-the-sea/

앞으로 해외 교과서, 해외 인터넷 사이트, 방송국 등에서 일본해라고 표기한 세계 지도나 문구를 발견하면 앞서 배운 항의 서한 작성법을 기본으로 각 기관의 성격에 맞게 응용해서 보내면 됩니다. 이를 참고해서 여러분들도 일본해 표기를 발견하면 지체 말고 항의 서한을 보내보세요.

우리가 가는 길이 바로 역사

　항의 서한을 받고 미국 BJU 출판사는 '일본과 한국이 관련 문제에 대해 합의된 결과를 도출하기 전까지 일본해와 동해를 병기하겠다.'는 답장을 보내왔습니다.

　그리고 그래픽 맵스는 반크의 캠페인에 관심을 보이며 그래픽 맵스의 사이트와 많은 다른 교육 사이트들이 반크의 주장을 받아들여 동해를 함께 사용하고 있음을 증명하는 답신을 보내기도 했습니다.

　또한 인터넷 포털 사이트 About.com은 동해 표기의 정당성을 인정하고 동해를 병기하겠다고 메일을 보냈고, 내셔널 지오그래픽은 항의 서한을 받고 일본해가 반드시 동해로 바뀌어야 한다는 것을 알았다고 답신을 보냈습니다. 라이코스와 론리 플레닛도 다음 업데이트를 하면서 동해를 표기하겠다고 약속했습니다.

지금까지 많은 기관으로부터 동해를 표기하겠다는 답신을 받고 또 그렇게 실행한 출판사나 웹 사이트들도 많았지만 아직 일본해 표기를 하고 있는 기관도 많습니다. 지금부터가 시작입니다. 그들은 가야할 길이 없지만 우리에게는 가야할 길이 많습니다. 그리고 길이 있다는 것은 우리에게 고단함이 아니라 힘이 됩니다. 우리가 가는 길이 모두 새로운 역사가 될 것이기 때문입니다.

 저는 서울에 사는 한 고등학생입니다. 저는 나라 일에는 별로 관심도 없고 월드컵 때만 반짝하는 애국심을 갖고 있었습니다. 애국심…. 오늘 Daum 사이트에 들어갔습니다. 그런데 실수로 뉴스를 눌렀는데 거기 반크라는 단체에서 노력한 결과, 동해 표기를 획득했다는 기사가 나와 있더군요. 근데 그냥 눈물이 났어요. 내가 놀러다니는 동안에 누군가는 우리나라를 세계에 알리려고 노력하고 있었다는 사실에 참 마음이 먹먹했습니다.

죄송합니다. 그리고 고마워요. 물론 동해가 우리나라 거라고 온 세상에 알린 것도 아니고 단지 힘 있는 지도책 하나에 나와 있는 바다 이름을 바꾼 것뿐이지만 조금씩 이뤄가다 보면 언젠가 모든 세계가 동해를 우리 바다라고 인정하는 날이 오겠죠. 고맙습니다. 애써주셔서. 이제부터 저도 동참할게요.

chapter 05

'동해' 안에 '독도' 있다

독도에 대한 일본의 노골적 침략 행위는 한국뿐 아니라 전 세계를 대상으로 진행되고 있습니다. 한국이 독도를 실효적으로 지배하고 있다는 '영토상의 주권'에 안주하고 있는 사이, 일본은 세계인의 인식을 '다케시마'로 바꿔가고 있었던 것입니다. 일본은 이미 수십 년간 독도에 대한 국제적인 인식을 자신들에게 유리하도록 바꾸려고 치밀한 물밑 작업을 해왔습니다.

대표적인 사례로 미국 중앙 정보국(CIA)의 국가 정보 보고서와 홈페이지에는 독도를 분쟁 지역으로 규정하고 명칭도 '리앙쿠르 록스'라고 표기하고 있습니다. '리앙쿠르 록스'는 19세기에 독도를 발견했다는 프랑스 선박 이름에서 따온 것인데, '독도'라는 표현을 희석시키려고 일본이 퍼뜨리는 지명입니다. 세계적 학술 출판사인 내셔널 지오그래픽도 독도와 다케시마를 병기한 세계 지도를 전 세계에 배포하기 시작했고, 프랑스 아르테 방송국은 오히려 한국이 억지를 부리고 있다는 내용의 프로그램을 유럽 전역에 방송했습니다. 심지어 세계적으로 유명한 지도 보급사 월드맵은 독도가 일본 시마네현 소속이라고 규정했습니다.

이런 시점에서 우리가 가장 먼저 해야 할 일은 해외 웹 사이트들을 지속적으로 모니터링하며 다케시마 표기를 감시하고 왜곡된 정보를 시정하는 일입니다. 또한 해외 동포들에게 현지 교과서와 관광객을 위한 출판·인쇄물, 세계 지도 등을 유심히 감찰한 후, 독도 표기 오류를 찾아내어 활발하게 제보하도록 해야 합니다. 외국인과 직접 맨투맨으로 펜팔을 하거나, 인터넷을 이용한 채팅도 독도에 대한 잘못된 인식을 바로잡을 수 있는 유용한 수단입니다.

나아가 독도를 표기한 영문 세계 지도를 직접 제작해 전 세계 초, 중, 고교 및 교육 기관에 배포하는 일도 중요합니다. 자라나는 외국 학생들이 '일본의 다케시마'보다 '한국의 독도'를 먼저 배울 수 있도록 발 빠르게 움직여야 합니다. 또한 일본이 다케시마를 홍보하기 전에 우리가 먼저 세계 유수의 영향력 있는 방송사, 언론사, 출판사, 항공사, 여행사, 정부 기관 등을 대상으로 적극적인 협력 관계를 구축하여 올바른 한국 정보를 지속적으로 전달할 수 있는 창구를 만들어야 합니다.

1982년 일본의 교과서 왜곡 문제가 불거졌을 때 전 국민의 열망으로 독립 기념관을 건립했듯이, 독도 문제가 국민적인 관심사가 된 지금, 77억 세계인들의 머릿속에 독도에 대한 올바른 인식을 심어줄 무형의 독립 기념관을 지어야 할 때입니다.

독도, 내 외국 친구에게 가장 먼저 알려나간다

2005년 3월 16일 일본 시마네현 의회가 '다케시마의 날' 조례안을 가결시킨 독도 문제가 전국적으로 다시 불거졌습니다.

국민적 분노와 흥분이 전국을 휩쓸지라도 반크의 사이버 외교관은 침착하고 냉정하게 무엇이 진정으로 독도를 지키는 일인가를 생각해봐야 합니다. 일본은 이미 50년 동안 '동해' 대신 '일본해'를, '독도' 대신 '다케시마'를 전 세계인의 머릿속에 심어왔습니다. 즉 우리가 보이는 것에 만족할 때, 그들은 이미 보이지 않는 영토까지 침략해왔던 것입니다. 이제 우리는 전 세계에 우리의 입장을 대변해줄 수 있는 지한파, 친한파 친구들을 만들고, 그들을 기반으로 전 세계를 차분히 설득해나갈 수 있어야 합니다.

아래는 반크 사이버 외교관 조윤현 님이 사귀고 있는 미국인 친구 로라에게 독도를 홍보한 사례입니다.

Yesterday, I saw a news that Japanese plan to advertise Dokdo(Dok - island) to be theirs which is obviously untrue! I was upset to hear it! If you want, I can send you some documents that prove Dokdo to be ours.

⋯➤ 어제 일본인들이 독도가 자신의 것이라고 홍보하려는 계획을 세웠다는 뉴스를 보았어. 얼토당토 않은 말이지! 난 정말 기가 막혔단다. 네가 원한다면 내가 독도가 우리 것이라는 문서도 보내줄 수 있어.

I haven't heard of Dokdo but would love to. I think that I might be interested! Well…. I'm very curious to learn about Korea so if it's all right with you I have an idea : You tell me some things about Korea. I wouldn't know and I'll tell you about some things about America.

⋯→ 나는 아직 독도에 대해서 들어본 적은 없지만 꼭 알고 싶어. 정말 흥미로울 것 같아. 음⋯. 한국에 대해서 정말 궁금해서 말인데, 괜찮다면 네가 한국에 대해서 가르쳐줘. 그러면 나는 미국에 대해서 말해줄게.

독도가 표기된 세계 지도를 보내자

반크는 독도와 동해가 표기된 영문 세계 지도를 온라인상에서 배포하는 운동을 시작했습니다. 직접 전 세계 외국인들과 교육 기관에 독도가 표기된 영문 세계 지도를 알릴 수 있는 온라인 지도입니다. 자라나는 외국 학생들이 일본이 홍보하는 다케시마 보다 한국의 독도를 먼저 인식할 수 있도록 하기 위한 것입니다.

한국인들도 간혹 독도와 동해가 제대로 표기된 영문 세계 지도가 없어 답답했던 적이 있을 것입니다. 이 지도가 있으면 독도가 다케시마로, 동해가 일본해로 표기된 지도를 어쩔 수 없이 사용하는 일은 없어질 것입니다.

※ 반크 독도 동해 단독 표기 영문 세계 지도 다운받기(클릭 후 "포스터" 메뉴에서 한국해양영토 지도 메뉴를 클릭하세요.)

– http://vank.prkorea.com/

21세기 안용복 프로젝트!
독도는 지키고 다케시마는 제거한다!

1696년 숙종 22년, 울릉도에 고기를 잡으러 간 안용복은 한국의 바다를 침범한 일본 어선을 발견하였고 곧 바로 일본 사람들을 대상으로 한국의 바다에서 고기를 잡은 불법 행위를 강하게 문책했습니다. 더 나아가 안용복은 이런 일이 다시는 발생하지 않도록 일본 정부에 한국의 바다를 침입한 사실을 분명하게 항의하였고 공식적인 사과 서한까지 받아냈습니다. 안용복의 항의를 통해 일본 정부는 공식적으로 모든 일본인의 한국 영해 출입 금지를 공표했습니다.

2005년, 일본의 노골적인 독도 침략 행위는 이제 한국뿐 아니라 전 세계를 대상으로 진행되고 있습니다. 일본 정부는 외국의 교과서 출판사, 국가 기관, 세계 지도 보급사, 관광 가이드북, 방송, 언론사를 대상으로 집중적인 로비를 하고 있습니다. 대표적인 예로 CIA 세계 연감의 한국 편을 보면 독도 문제를 남북한 군사 분계선의 분쟁과 함께 국제 분쟁에 포함시켜 놓은 것을 알 수 있습니다.

문제는 상당수 해외 유명 사이트들이 CIA 세계 연감을 기준으로 독도와 다케시마를 함께 표기면서 분쟁 지역이라고 표기하고 있다는 것입니다. 이에 따라 사이버 외교 사절단 반크는 일본의 다케시마 홍보를 저지하고, 다케시마라 표기한 전 세계 유명 기관을 대상으로 한국의 독도를 되찾고자 '21세기 안용복 프로젝트'를 시작합니다.

이 프로젝트는 안용복의 지혜와 담대함을 본받아, 다케시마로 표기한 해외 모든 기관, 출판사, 웹 사이트를 대상으로 항의 서한을 발송하여 독도를 지키고 다케시마를 제거하는 프로젝트입니다. 여러분도 해외 인터넷 검색 엔진에서 'Takeshima' + 'Tokdo'를 입력한 후 한국의 독도를 다케시마와 함께 표기한 왜곡된 사이트를 발견하면 아래와 같이 항의 서한을 보내세요. (항의 서한 견본은 CIA를 대상으로 하였습니다.)

우선 자기를 소개합니다

Dear CIA, Central Intelligence Agency(person in charge)

I appreciate you for your valuable, and best website.

I am a student and a member of VANK living in Republic of Korea. VANK is a non-governmental organization and also a voluntary organization. VANK consists of elementary, middle and high school students who provide correct information about Korea to international textbook publishing companies and publishers.

···▸ 안녕하세요? CIA 담당자님

먼저 훌륭하고 가치 있는 최고의 웹 사이트를 운영하는 당신에게 존경을 표합니다.

저는 반크 회원으로 한국에 살고 있는 학생입니다. 반크는 비정부 기구로서 외국 교과서와 출판사를 대상으로 한국에 대한 바른 정보를 전하고자 초, 중, 고교 학생들로 구성된 자원 봉사 단체입니다.

서한을 보내는 이유를 밝힙니다

I just want to let you know about your website which has a serious potential problem which may cause serious diplomatic crisis.

We, Korean, were quite surprised to find your website describe Korean island 'Tokdo' as 'Liancourt Rocks(Takeshima/Tokdo) disputed with Japan' which is incorrect.

Please refer the following in your website.

https://www.cia.gov/the-world-factbook/countries/korea-south/

⋯► 저는 이번에 귀사가 운영하는 웹 사이트에 한국의 이미지를 심각하게 왜곡시키고 양국간 외교 문제로까지 발전될 수 있는 문제가 있음을 알려드리고자 합니다.

우리 한국인은 당신의 웹 사이트에서 한국의 섬 독도를 일본과의 분쟁지역(Takeshima/Tokdo)이라 소개한 내용을 보고 정말 놀랐습니다.

당신네 사이트의 다음 부분을 참고해주세요

https://www.cia.gov/the-world-factbook/countries/korea-south/

Transnational Issues Korea, South

Liancourt Rocks(Takeshima/Tokdo) disputed with Japan

해당 사이트에서 독도와 다케시마를 함께 표시한 내용을 기입합니다.

주장에 대한 근거를 댑니다

Korean island 'Tokdo' is a clearly Korean territory.

Historically, Korea has been taking full control over Tokdo for

1500 years except the Japanese Occupation Period(1910~1945), and now thousand of tourist every year are going to visit the Tokdo for sightseeing. Then you may wonder why Japan claimed that Tokdo belonged to Japan?

Unfortunately, when a country dominates another, the main thing lost is the territory. Such was the case of Korea, when Korea was occupied by Japan(1910~1945).

However, After the Second World War, Korea, being liberated from Japan, recovered its territory, including Tokdo. In spite of that history, Japan claimed that Tokdo belonged to Japan distorting historical facts. It's because of Japan's hidden policy of imperialistic expansion.

···→ 한국의 섬 독도는 분명한 한국의 영토입니다.

역사적으로 한국은 일제 강점기를 제외하고 1,500년 동안 독도를 실효적으로 지배하고 있었을 뿐만 아니라, 현재 매년 수천 명의 한국의 관광객들이 독도를 직접 방문하고 있기 때문입니다. 그러면 당신은 왜 일본이 독도를 일본 땅이라고 주장하는지 궁금할 것입니다.

불행하게도, 한 나라가 다른 나라에 의해 침략당했을 때 영토를 첫 번째로 잃어버립니다. 그러한 경우가 바로 한국입니다, 한국은 일제 강점기 때 한국의 모든 영토를 강탈당했습니다.

그러나 2차 세계 대전이 끝나고 한국은 일본으로부터 독립했고 독도를 포함하여 모든 영토를 회복했습니다. 그와 같은 역사에도 불구하고, 일본은 역사적 사실을 왜곡하며 독도가 일본 땅이라고 주장하고 있는 것입니다. 이는 일본의 숨은 영토 확장 정책에서 기인한 것입니다.

마무리하는 글을 씁니다

The problem is that those fabrications have been well documented, many Western accept the distorted history of Tokdo as fact including your website.

We cannot sit back and watch Japan justify its history of aggression and colonization and pursue hegemonic power, because the issue concerns the future of the Korean Peninsula and Northeast Asia.

If international society pays no attention and connives about Japan's hidden policy of imperialistic expansion, It would pose a great obstacle to amicable relations between all the family of Asia and Japan in the 21st century.

⋯▶ 문제는 이와 같은 왜곡이 문서화가 잘 되어 있어서 당신의 사이트를 포함하여 많은 서양인들이 독도의 왜곡된 역사를 사실로 받아들이고 있다는 것입니다.

우리는 과거 일본의 군국주의와 침략주의적인 역사관이 오늘날에도 적용되고 있음을 참을 수 없습니다. 왜냐하면 이 문제는 한반도와 동북아시아의 미래와 관련되기 때문입니다. 만약 국제 사회가 일본의 이런 영토 팽창주의를 방관하거나 묵인한다면 21세기 아시아의 번영과 평화에 심각한 위험 요인이 될 것입니다.

요구 사항을 밝히고 편지를 마칩니다

So, as a member of VANK, I urge you to delete 'Takeshima' in all your documents and website.

We would be grateful for your explanation.

– Yours very truly, VANK

⋯▸ 그래서 반크 회원의 한 사람으로서 저는 당신의 기관에서 사용하는 모든 출판물과 웹 사이트에서 '다케시마'를 삭제할 것을 요구합니다.

여기에 대한 당신의 입장을 들을 수 있기를 바랍니다.

– 사이버 외교 사절단 반크

PS. On historical perspective and in international law, why there is no valid dispute over the ownership of Dokdo.

http://maywespeak.com/4-columns-portfolio/

⋯▸ PS. 독도에 대한 역사적인 관점과 국제법상의 사실은 다음 웹 페이지를 참고하세요.

http://maywespeak.com/4-columns-portfolio/

※ 독도의 정확한 로마자 표기는 Tokdo가 아니라 Dokdo이지만 해외 주요 사이트에서 Tokdo로 인식하고 있어 서한에는 Tokdo로 표기합니다.

외국 기관과 협력을 체결하여 독도를 알릴 수 있는 발판을 마련한다

사이버 외교 사절단 반크가 미국 랜드 맥날리 출판사가 1969년도부터 최근까지 발간한 세계 지도를 조사한 결과 '독도*TOKTO*/다케시마 *TAKESHIMA*'가 함께 표기돼 있었습니다. 1998년도에 출판된 독일 디레케 벨타트라스가 출판한 교과서에도 독도를 표기하고 괄호 안에 '다케 *TAKE*'라고 명시하고 있었습니다. 심지어 유럽 전 지역을 대상으로 7개국어로 방송되는 프랑스 유명 방송국 아르테 TV는 독도는 일본 땅인데 오히려 한국이 억지를 부리고 있다는 내용을 방송했습니다.

이외에도 미국, 영국, 호주 등 전 세계 주요 국가를 대상으로 발간되는 한국 관광 유명 가이드북 최신판 한국 지도에는 독도가 누락되어 있습니다. 이는 한국에 대한 국가 정보가 영향력 있는 해외 현지 기관 등을 통해 지속적으로 전달되지 못했기 때문입니다.

따라서 일본이 전 세계 교과서, 외신, 관광 출판물, 웹 사이트에 독도를 다케시마로 알려나가기 전에 한국이 먼저 외국의 영향력 있는 기관들을 대상으로 적극적인 협력 관계를 구축하여 전 세계에 독도를 바르게 알려나가야 합니다. 영향력이 큰 외국의 기관을 대상으로 협력 서한을 보내 독도를 전 세계에 전달할 수 있는 교두보를 구축해봅시다!

우선 인사를 하고 외국 기관(단체)을 발견하게 된 경로를 설명합니다

To whoever it may concern:

We have found your organization in a general magazine ⟨PRKOREA Times⟩ showing you as one of the most reliable Travel Company in your country.

···▸ 안녕하세요? 우리는 ⟨PRKOREA TIMES⟩란 잡지에서 당신의 기관을 가장 믿을 수 있는 관광 단체라 소개한 내용을 보았습니다.

단체와 보내는 사람에 대해 소개합니다

Let me introduce myself to you. I'm a member of VANK living in Republic of Korea.

We are cyber-travel-guiding overseas foreigners so that they can better understand Korean culture, language or situation, etc through E-mail or postal-mail, and at the same time we are providing oversea travel company with Korea Travel Guidebook by post or internet without any cost.

This pocket guidebook provides a wide range of practical information about travel in Korea. It offers great tips on accomodations, shopping, transportation, food, and Korea map.

All VANK's members ranging from elementary school first-graders to housewives are participating in voluntary activities for introducing Korean to foreign nations, and enhancing the image of Korea down the road through pen-pal, e-pal.

···▸ 우선 저에 대해 소개하겠습니다. 저는 대한민국에서 살고 있고 반크

라는 단체의 일원입니다.

우리는 전 세계 외국인들이 한국의 문화, 언어, 상황을 보다 잘 이해하기 위해 인터넷 펜팔을 통해 사이버 관광 가이드 역할을 수행하고 있고, 또 해외 관광 회사를 대상으로 한국 관광 책자를 무료로 공급하는 일도 하고 있습니다.

이 한국 관광 책자는 숙박, 쇼핑, 교통, 음식, 그리고 한국 지도 등 한국 여행에 있어서 실용적인 정보를 제공하고 있습니다.

모든 반크의 구성원들은 초등학생부터 주부까지 자발적으로 한국을 세계에 알리는 일에 참여하고 있고, 펜팔을 통해 한국의 이미지를 개선시키는 활동을 하고 있습니다.

협력 서한을 보낸 목적을 정확히 밝힙니다

VANK is perfect for foreigners who are interested in Korean culture such as language, literature, history, geography or something like that-or just want to get information on sightseeing tours, and attractions in Korea.

If there is anyone interested in Korea in your organization, please recommend us to them. We can be cyber-travel-guide for them so that they can better understand Korea, and at the same time building real international friendships.

So I would be very appreciated if you would consider visiting and linking VANK's homepage(www.prkorea.org) with your website for promoting cooperation.

⋯▸ 저희 반크는 한글, 문학 작품, 역사, 지리 등 한국에 대해 관심이 있는 사람들이나 한국의 관광지와 여행 정보를 얻고자 하는 사람들에게 도움을 줄 수 있습니다.

만약 당신의 기관에서 한국에 대해 관심이 있는 사람이 있다면 저희 반크를 추천해주세요.

우리는 그들의 사이버 관광 가이드가 되어 이메일로 한국의 모든 것을 알려드릴 것이고 진실한 친구 또한 되어드릴 것을 약속드립니다.

당신이 저희 반크의 홈페이지를 방문한 후 귀 귀관과 협력을 위해 홈페이지를 링크 시켜준다면 매우 감사하겠습니다.

단체의 공신력을 증명할 수 있는 추천 기관을 언급합니다

For your reference, www.tour2korea.com, one of the most reliable travel sites in Korea has introduced our organization's activities.

⋯▸ 참고로 한국에서 가장 믿을 수 있는 관광 사이트중 하나인 한국관광공사 웹 사이트에서도 저희 반크의 활동이 소개되어 있습니다.

협력 서한을 정중히 끝냅니다

We appreciate of you in advance for your kind consideration and cooperation.

Yours very truly, VANK

⋯▸ 앞으로 많은 관심을 갖고 서로 협조해나갈 수 있었으면 합니다.

당신의 사이버 외교 사절단 반크

독도를 일본 영토로 표기했던 유럽 최대 온라인 세계 지도 보급사인 멀티맵은 반크 사이버 외교관들의 노력으로 독도를 한국 영토로 시정 하였습니다. 아래는 멀티맵 세계 지도 보급 책임자가 반크 앞으로 보낸 감사 서한입니다.

 Dear VANK

Thank you for your enquiry and apologies for the delay in replying. Please note that this mapping error has now been corrected. We fully appreciate the history behind the islands of Ulleungdo and Dokdo, and would like to reassure you that this was a mistake and was not politically motivated. Please accept our most sincere apologies for any offence caused by this. Kind regards.

⋯▶ 반크의 문의에 대해 답변이 늦어짐에 대해 사과드립니다. 울릉도와 독도를 일본영토로 표기한 세계 지도는 한국의 영토로 시정이 되었습니다. 우리는 반크를 통해 울릉도와 독도에 대해 역사를 알게 된 것에 대해 진심으로 감사하고 있습니다. 그리고 우리는 당신에게 확인해드립니다. 우리가 울릉도와 독도를 일본 영토로 표기한 것은 잘못입니다. 그리고 이것은 정치적인 동기는 아니었습니다. 우리의 잘못으로 발생한 모든 오해에 대해 진심으로 사과하니 받아주십시오.

chapter 06
고구려 부흥 프로젝트

앞서 말했던 것처럼 중국은 '동북공정'이라는 프로젝트를 통해 고구려를 중국의 역사로 만들려고 하고 있습니다. 이 사실을 알게 된 후 한국과 중국을 제외한 각 나라는 고구려를 어느 나라의 역사로 기록하고 있을까 궁금해졌습니다. 우선 해외 유명 대학교, 대형 포털 사이트, 역사 사이트에 들어가 검색 창에 'korea history'를 입력했습니다. 그러자 결코 믿을 수 없는 결과가 출력되었습니다.

우선 세계적인 다큐멘터리 지리학 전문 잡지사로 전 세계 5천만여 명의 독자를 확보하고 있다는 내셔널 지오그래픽 사이트 한국 역사 소개 부분에 '한국은 668년 최초의 국가가 형성된 후 1592년에 침략 국가 일본에 의해, 그리고 그로부터 30년 후 만주 사람들에 의해 철저하게 황폐화되고 파괴됐다.'라고 적고 있습니다. 이는 B.C. 2333년의 고조선은 물론이고 고구려를 한국 역사로 인정하지 않는다는 뜻이었습니다. 내셔널 지오그래픽뿐만 아니라 미국 야후 등 전 세계적으로 파급력이 큰 사이트 등에서 고구려는 한국 역사에서 생략되어 있었습니다.

지금이라도 늦지 않았다고 생각합니다. 이제 그토록 자랑하고 싶은 세계 최고 수준의 인터넷 환경과 사용자 수를 기반으로 대한민국을, 그리고 우리의 자랑스러운 고구려를 세계 구석구석에 널리널리 알려나가야겠습니다. 그러면 외국인들도 있는 그대로의 우리나라를 잘 알 수 있을 겁니다. 이제부터라도 말보다는 실천으로, 무기력한 각성보다는 구체적인 성취로 나아가야 합니다.

우리 역사 속에서 고구려를 부활시키자

일본인이나 중국인들이 쓴 한국사 책 영역본을 보면 한국사의 시작을 통일 신라 이후로 기술한 것들이 많습니다. 그러한 책들을 참고로 항의 서한을 전달해서 고구려를 회복시켜야 합니다. 그들의 주장이 객관적 사실에 기인하는 것이 아니라 주관적인 견해에 불과하다는 것을 알려야 합니다. 아래에 내셔널 지오그래픽에 보낸 항의 서한이 있으니 고구려를 되찾기 위해서는 어떻게 항의 서한을 써야 하는지 배워봅시다.

일단 자신을 소개합니다

Dear Nationalgeographic.com(person in charge)

I appreciate you for your publishing valuable, great books and best website. I am a student and a member of VANK living in Republic of Korea. VANK is a non-governmental organization and also a voluntary organization. VANK consists of elementary, middle and high school students who provide correct information about Korea to international textbook publishing companies and publishers.

···▶ 안녕하세요? 내셔널 지오그래픽 담당자님. 먼저 훌륭하고 가치 있는 출판물을 발행하고 최고의 웹 사이트를 운영하는 당신에게 존경을 표합니다. 저는 반크 회원으로 한국에 살고 있는 학생입니다. 반크는 비정부 기구로서 외국 교과서 출판사 등에 한국에 대한 바른 정보를 전하고자 하는 초, 중, 고 학생들로 구성된 자원 봉사 단체입니다.

무엇에 대해 항의하는지 구체적으로 밝힙니다

I just want to let you know about your website which has a serious potential problem which may cause serious diplomatic crisis. We, Korean, were quite surprised to find your website describe Korea's initial history as "After its initial formation in A.D. 668" which is incorrect. Please refer the following in your website.

···▶ 저는 이번에 귀사가 운영하는 웹 사이트에 한국의 이미지를 심하게 왜곡시키고 양국 간의 외교 문제로까지 발전될 수 있는 문제가 있음을 알려드리고자 합니다. 우리 한국인은 당신의 웹 사이트가 한국 역사의

시작을 668년이라고 소개한 내용을 보고 정말 놀랐습니다. 당신 사이트의 다음 부분을 참고해주세요.

이 부분을 어떻게 수정해야 하는지 알립니다

Your website omitted "Gojoseon" and "The Three Kingdoms Period" describing Korea's initial history.

"Gojoseon"(B.C. 2333) → the first Korean Kingdom at Pyeong-yang in the northern part of the peninsula

"The Three Kingdoms" → Goguryeo Kingdom(B.C. 37~A.D. 668), Baekje Kingdom(B.C. 18~A.D. 660), Silla Kingdom(B.C. 57~A.D. 935)

Such an distorted understanding of Korea's initial history in a well known website as yours raise a serious wound for Korean, our parents, grandparents and ancestors. since many people read your publishing, as well as we regard you as one of the world's best

⋯ 당신의 웹 사이트는 한국 역사를 설명하면서 고조선과 고구려, 백제, 신라, 삼국의 역사를 누락시켰습니다. 고조선은 한국 최초의 왕국이며 삼국은 고구려와 백제, 그리고 신라를 말합니다.

당신 회사 같은 유명한 웹 사이트가 한국 역사에 대해 왜곡된 이미지를 갖고 있다는 사실은 과거뿐 아니라 현재의 모든 한국인들에게 가슴 아픈 상처를 주고 있습니다. 왜냐하면 전 세계 많은 사람들이 당신 회사가 갖고 있는 그릇된 한국관에 영향을 받기 때문입니다. 그리고 우리는 당신의 웹 사이트를 세계 최고의 웹 사이트 중 하나라고 생각해왔기 때문입니다.

주장에 대한 근거를 댑니다

Restoreing the initial history of Korea from "After its initial formation in A.D. 668" into "Gojoseon(B.C. 2333)" is not simply a question of changing the numerical errors. It is rather a part of national effort by the Korean people to erase the legacy of Japanese Imperialism and to redress the unfairness that has resulted from it.

Unfortunately, when a country dominates another, the first thing lost is the truth. It is equally true that those who control a country also control its history. Such was the case of Korea, when it was occupied by Japan(1910~1945).

From that time on, Korea had no chance at all of showing to the world its true history. Japan now controlled the country, so it also controlled its history. The Japanese completely rewrote Korean history, and even Koreans themselves were forced to learn a very distorted version. Korean historians had not yet had the chance to publish works about Korea in English and, when they finally did, the Japanese versions had become firmly entrenched in Western societies. To this day, the Japanese version of Korea history is taught as fact in many Western institutions of higher learning.

For your reference, you can see scientific background below website :

※ Truth in scholarship

　– http://usa.prkorea.com/why-korea/

⋯▶ 한국 역사의 시작을 668년에서 기원전 2333년 고조선 시대로 회복시키려 하는 것은 단순히 숫자를 바꾸려하는 것이 아닙니다. 이것은 일제 강점기의 잔재를 제거하고 그로 인한 불합리함을 줄이려는 한국인의 노력입니다.

불행하게도 한 나라가 다른 나라의 지배를 받을 때 가장 먼저 잃어버리는 것은 진실입니다. 한 나라를 지배하는 나라는 그 나라의 역사 또한 지배합니다. 한국의 경우가 그러했습니다. 일본이 1910년부터 1945년까지 한국을 강제 점령했을 때 한국은 한국의 바른 역사를 강탈당했습니다. 그때 한국은 전 세계에 진실한 한국의 역사를 알릴 기회를 얻지 못했고 일본은 한국을 점령, 한국 역사를 왜곡했습니다. 일본은 한국 역사를 완전히 다시 작성했고 일본인들은 한국인에게 왜곡된 한국 역사를 배우라고 강요했습니다. 한국의 역사가들은 한국 역사를 영어로 외국에 알릴 기회를 얻지 못했고 따라서 일본이 작성한 왜곡된 한국 역사가 서양에 전해졌습니다.

아래 웹 사이트를 방문하면 관련된 체계적인 근거 자료를 보실 수 있습니다.

※ 학문에서의 진실

　– http://usa.prkorea.com/why-korea/

마무리하는 글을 씁니다

We know that you endeavor in many ways to understand other cultures and countries meeting the 21st century(globalization, information-oriented are going on in 21st century). Especially, I think that the contents published by your company contribute greatly to many students understanding of other countries cultures.

If you plan to review inaccurate contents about the initial history of Korea or if you plan to add new contents about Korea in your textbook, please contact to VANK. We have detailed educational and comprehensive data regarding Korean history and culture, as well as digital pictures, which are all collected by VANK members (10,000 elementary, middle and high school voluntary student members). And we can provide you with this information willingly by post or internet without any cost. VANK's desires are that students all over the world can experience correct Korean history and culture by our voluntary effort, taking this opportunity and then sharing dreams and friendship with the rest of the world.

– Sincerely yours.

⋯▶ 저희는 귀 출판 기관에서 세계화, 정보화가 진행되는 21세기를 맞이하여 다른 문화와 국가를 이해하기 위해 여러 가지 노력을 하고 있다고 알고 있습니다. 특히 귀 기관에서 발행하는 출판물은 귀 나라의 많은 학생들이 다른 나라와 그 나라의 문화를 보다 정확하게 이해할 수 있도

록 하는 데 많은 기여를 하고 있다고 생각합니다.

만약 한국 역사의 시작에 관한 잘못된 정보를 개선할 계획이 있거나 한국에 대한 정보를 새로 추가할 계획이 있다면 저희 반크에 연락해주세요. 저희는 초, 중, 고교생 만여 명으로 구성된 반크 회원들이 자발적으로 수집한 한국의 역사, 문화에 대한 자세한 학습 자료 및 이해 자료, 디지털 사진 자료를 가지고 있고 이러한 한국 이해 자료를 아무런 대가 없이 귀 출판사에 우편 및 인터넷으로 보내드릴 수 있습니다. 저희 반크의 바람은 이러한 우리들의 자발적인 노력으로 전 세계 외국 학생들이 한국의 바른 역사와 문화를 접하는 것입니다. 그리고 이를 계기로 전 세계 모든 이와 꿈과 우정을 나누는 것입니다.

내가 바로 21세기의 서희

서기 993년 거란의 장수 소손녕이 80만 명의 군사를 이끌고 고려를 침략했습니다. 엄청난 숫자의 적군을 보고 전의를 상실한 고려 조정은 "적과 싸워 이기기 어렵다면 땅을 조금 떼어주고 화친을 맺는 것이 낫다."며 고려 영토의 일부를 거란에 넘겨주고 항복하려 했습니다. 그러자 고려의 장군 서희는 "우리 조상들이 피 흘려 지킨 땅을 그렇게 쉽게 내줄 수는 없다."며 단독으로 적진에 침투, 거란 장수 소손녕을 찾아가 외교 협상을 전개했습니다.

서희는 옛 고구려 땅은 거란의 소유라는 적장의 주장을 논리적으로 반박했고 국명으로 보아도 고려는 고구려의 후손이라고 설득하여 거란 군 80만 명을 철수시켰습니다. 더 나아가 강동 6주까지 개척하여 신라 의 삼국 통일 이래 축소되었던 우리나라의 영토를 압록강 유역까지 확 대했습니다.

지금 1천 년 전에 일어났던 사건이 우리 눈앞에서 다시 벌어지고 있 습니다. 중국이 진행하고 있는 동북공정 프로젝트가 바로 그것입니다. 이 프로젝트가 실현될 경우 고구려사, 발해사, 고조선사까지 중국 역사 로 편입되어 한국 역사는 2천 년으로 줄어들고 한국 영토는 한강 이남 으로 밀려나게 됩니다.

이에 반크에서는 고구려를 중국 역사로 주장하는 중국 정부의 동북 공정에 정면으로 맞서기 위해서 '21세기 이 시대 대한민국의 서희 찾기' 프로젝트를 전개하고 있습니다. 이 프로젝트는 중국의 고구려 역사 왜 곡과 그 문제점을 이메일, 우편으로 전 세계 역사 학자들에게 대대적으 로 알리는 동시에 한국의 고구려사와 한국 역사를 영문 자료로 제작하 여 전 세계 초, 중, 고교에 공급하여 수업에 활용토록 하는 것을 골자로 합니다. 이 프로젝트의 목적은 고구려 영토 상실의 위기를 대한민국 5 천 년 역사와 문화 확장의 기회로 삼자는 겁니다. 더 나아가 중국에 역 사 왜곡은 21세기 아시아 모든 민족과의 친선에 상당한 장애 요인으로 작용할 것임을 엄중히 경고할, 이 시대의 외교관 '서희'를 찾는 것입니 다. 80만 명의 군사 앞에 홀로 당당히 나서 자신의 주장을 논리정연하 게 펼쳤던 서희 장군처럼 우리에겐 당당하게 우리 주장을 세계에 전달 할 21세기의 서희가 필요합니다.

이렇게 외교 서한을 보내요

만약 '내가 바로 21세기 서희 장군'이라고 생각한다면 중국 동북공정의 부당함을 알리는 외교 서한을 전 세계 역사 학자들에게 이메일로 보내주세요. 그리고 외국 학자들에게 답장이 오면 고구려에 대한 정확한 이해 자료 및 사진 자료를 모아 보내주세요.

외교 서한은 아래의 양식을 참고해서 작성하면 좋습니다. 또한 전 세계 외국 학자들의 이메일 주소는 http://diplomat.prkorea.com/에서 검색할 수 있습니다.

우선 자기 소개를 합니다

Dear all of academics and researchers,

I am a student and a member of VANK living in Republic of Korea. VANK is a non-governmental organization and also a voluntary organization. VANK consists of elementary, middle and high school students who provide correct information about Korea to international textbook publishing companies and publishers.

···→ 친애하는 전 세계 역사 학자 및 연구자 여러분

저는 반크 회원으로 한국에 살고 있는 학생입니다. 반크는 비정부 기구로서 외국 교과서 출판사를 대상으로 한국에 대한 바른 정보를 전하고자 초중고 학생들로 구성된 자원 봉사 단체입니다.

외교 서한을 보내는 이유를 밝힙니다

In particular, I would like to let you know about the Chinese scheme to alter the history of Goguryeo(B.C. 37~A.D. 668), a Korean kingdom with a vast territory ranging from the northern part of the peninsula to Manchuria, into that of a Chinese regional kingdom.

⋯▸ 특별히, 저는 당신에게 방대한 만주 지역까지 세력을 확장했던 한국의 고구려를 중국의 지방 정권으로 바꾸려는 중국의 음모에 대해 알려 드리고자 합니다.

중국의 동북공정 프로젝트에 대해 설명합니다

The Chinese government launched the project in February 2002, the Northeast Asian Project, to study the history of the area northeast of ancient China under the auspices of its social and scientific academy with a budget of 3 trillion won, US$2 billion, igniting fears that it was trying to strengthen its political influence in Northeast Asia.

Through the project, China is seeking to incorporate the ancient Korean kingdom into a Chinese historical timeline, even claiming that the people of Goguryeo originated from the Chinese "han" tribe. Consequently, China is trying to rob 700 years of Korean history, which could seriously damage Korea's roots and heritage.

···· 중국 정부는 2002년 2월 동북공정이라는 프로젝트를 시작했습니다. 동북공정 프로젝트는 고대 중국 동북 변방 역사에 관한 연구의 통칭으로, 한국의 고구려사를 중국의 역사로 왜곡하기 위한 근거 자료를 개발하고 연구하는 사업으로 5년 동안의 연구비만 200억 위안(한국 돈으로 약 3조 원)이 투입되는 중국의 대규모 국책 사업입니다.

이 프로젝트에서, 중국은 고대 한국의 왕조를 중국의 왕조로, 심지어 고구려의 족속 계통을 중국 한족의 한 갈래라고 주장합니다. 이는 결과적으로 한국 역사 700년을 강탈하려는 시도이며, 한국의 뿌리와 유산을 심각하게 훼손시키려는 의도입니다.

우리 역사 속의 고구려에 대해 설명합니다

Throughout 5,000 history of Korea, Goguryeo is meaningful, and Significant to all Korean. A leading power during the Three Kingdoms period, Goguryeo occupied the present territory of North Korea and also held sway over the vast Manchurian region for some 700 years until the late 7th century A.D. By the 4th century, Goguryeo had been firmly established as a powerful kingdom and frequently clashed with China, while successfully containing its southern rivals.

···· 한국의 5천 년 전체 역사에서 고구려는 모든 한국인에게 매우 의미 있고 특별합니다. 삼국 시대 때 지금의 북한 영토를 점유했던 고구려는 방대한 만주 지역을 7세기 후반까지 700년이나 지배했습니다. 4세기

때 막강한 왕국을 세워 때때로 중국과 동북아시아에 대한 주도권 전쟁을 했던 왕국이 바로 고구려입니다.

동북공정 프로젝트의 부당함을 설명합니다

When China obstructed a North Korean effort to put Goguryeo tombs on the list of the United Nations Educational, Scientific and Cultural Organization(UNESCO)'s World Cultural Heritage, the Chinese government expressed its scheme to uproot the existence of Korean history within its current borders in July 2003. Furthermore, the Chinese academics and researchers hope to have the Goguryeo tomb murals in Ji'an declared a World Heritage Site during a UNESCO meeting in Suzhou next June 2004, preparing an enormous amount of data to support its case.

The seriousness of the situation lies in the fact that the Chinese government is taking the initiative in distorting history, making its political intentions clear. It seems obvious that the Chinese scheme under the name of the "Northeast Asia Project" is aimed at providing historical backup to Beijing's political concerns over the potential instability among the Korean - Chinese following Korean unification. The increasing number of North Korean defectors crossing the porous border into China in recent years is already causing problems to Chinese security and diplomatic authorities.

···▶ 2003년 7월, 북한이 고구려의 유분을 유네스코 세계 문화유산 위원회에 등록시키려 할 때 중국 정부가 방해함으로써 고구려 역사의 존재를 뿌리째 흔들려는 음모가 세상에 드러났습니다. 더 나아가, 중국의 교수와 학자들은 중국 길림성 지안시의 고구려 유적을 2004년 6월 중국 수저우에서 열리는 세계 문화유산 위원회에 등록시키고자 막대한 노력을 들이고 있습니다.

심각한 것은 중국 정부에서 정치적인 의도에서 역사 왜곡을 진행하고 있다는 점입니다. 동북공정이란 이름으로 진행되는 이번 중국의 계획은 한국의 통일 이후에 한국과 중국 사이에 벌어질 수 있는 잠재적 불안정에 대비해서 역사적 지지 기반을 사전에 마련하려는 의도에서 시작된 것입니다.

중국의 고구려사 왜곡이 어떤 의미를 갖는지 강조합니다

If you studied world history you would see how serious problems could arise when a government take the initiative in distorting history, making its political intentions.

So We would like to let all of academics and researchers know about the Chinese scheme to cancel its plans to incorporate Korea's Goguryeo into china' history.

We, VANK, warn the Chinese academics and researchers that the Northeast Asian Project would pose a great obstacle to amicable relations between all the family of Asia and China in the 21st century.

⋯⟶ 만약 당신이 세계사를 전공한 학자라면, 한 나라의 정부가 정치적 목적에서 역사를 조작하고자 할 때 세계사에 어떤 심각한 결과를 야기할 수 있는지 알 것입니다.

따라서 우리는 그러한 결과를 미연에 방지하고자, 이번 중국의 역사 왜곡 음모를 전 세계 모든 학자들에게 알려 중국의 역사 왜곡을 저지시키고자 합니다.

우리 반크는 이번 중국의 역사 왜곡이 21세기 아시아의 모든 민족과 중국 사이의 친선 관계에 상당한 장애 요인이 될 것임을 중국에 경고하고자 합니다.

외국 학자에게 협력을 부탁하면서 외교 서한을 마무리합니다

If you plan to study about Goguryeo between Korea and China or if you plan to recommend our movement to your colleague, companion, and history scholar, please contact to VANK.

We have detailed educational and comprehensive data regarding Korean Goguryeo history and culture, as well as digital pictures, which are all collected by VANK members(10,000 elementary, middle and high school voluntary student members). And we can provide you with this information willingly by post or internet without any cost.

VANK's desires are that students all over the world can experience correct Korean history and culture by our voluntary effort, taking this opportunity and then sharing dreams and friendship with the rest of the world. Sincerely yours.

※ Truth in scholarship

– http://usa.prkorea.com/why-korea/

⋯▸ 만약 당신이 한국과 중국 사이에서 벌어지는 고구려 문제에 대해서 알고 싶거나, 당신의 동료, 친구, 학자들에게 우리의 운동에 대해 추천해줄 의향이 있다면 저희 반크에 연락해주세요.

저희는 이를 위해 초, 중, 고생 만여 명으로 구성된 반크 회원들이 자발적으로 수집한 고구려 역사와 문화에 대한 자세한 학습 자료 및 이해 자료, 디지털 사진 자료를 가지고 있고 이러한 한국 이해 자료를 아무런 대가 없이 당신에게 우편 및 인터넷으로 보내드릴 수 있습니다.

저희 반크의 바람은 이러한 우리들의 자발적인 노력으로 전 세계 외국 학생들이 한국의 바른 역사와 문화를 접하는 것이고, 이를 계기로 전 세계 모든 이와 꿈과 우정을 나누는 것입니다.

※ 학문의 진실

– http://usa.prkorea.com/why-korea/

 Regarding China's East Asian Project

I think your group is engaged in a noble work for historical truth, and I wish you organization the best.

The historical evidence about the existence of non-Chinese peoples in Manchuria until the elimintion of Puyo, Koguryo, and Parhae, let alone the Xienbi, Khitan, Jurchen, Turks and Mongols shows that the Chinese did not have an easy time with that region, At my age I don't have the time or strength to play an active role in your organization, but you need young people to organize meetings and travel around. I wish you the best of luck.

Sincerely, James B Palais ;

Professor, International Studies Member, History, 329 Thomson

···▶ 중국의 동북공정에 관하여

나는 당신의 단체 '반크'가 역사의 진실을 밝히는 숭고한 일에 착수했다고 생각합니다. 그리고 나는 당신의 단체 '반크'가 최선을 다하기를 바랍니다.

만주 지역에서 고구려, 발해, 부여가 사라질 때까지(몽골, Xienbi, Khitan, Jurchen, Turks은 말할 것도 없이) 중국인이 없었다는 역사적인 증거는 중국인들이 만주 지방에서 순탄치 않았다는 것을 보여줍니다. (이는 중국의 만주 지방 지배를 부정함으로써 고구려가 한국사라는 타당성을 설명하는 부분입니다 – 지은이)

지금 제 나이로는, 당신의 단체에 적극적인 참여를 통해 힘을 실어줄 수는 없습니다. 당신의 단체는 젊은 사람(학자)들을 모아서 토론을 하거나 답사하는 활동이 필요합니다. 행운을 빕니다.

– 제임스 팰레이, 미국 워싱턴 주립대학교 국제학과 교수

사이버 외교관 서류 가방

우리 사이버 외교관들은 인터넷이라는 드넓은 바다에서 활동하기 때문에 올바른 정보를 빠른 시간 내에 검색해내고 이를 적재적소에 활용할 수 있는 능력이 가장 중요합니다. 사이버 외교관의 서류 가방에는 필요한 정보를 쉽게 얻고 이를 활용할 수 있는 노하우가 가득해야 합니다.

훌륭한 사이버 외교관이 되기 위해서는 전 세계를 대상으로 정보 수집을 잘할 수 있어야 합니다. 예를 들어 외국 친구가 사는 나라에 대해 조사를 하거나 해외 사이트에서 확산되고 있는 한국 관련 오류를 파악하기 위해서, 또는 국제 협력 및 국제 교류를 추진할 외국 기관을 찾기 위해서는 인터넷 정보 검색 능력이 필수적으로 요구됩니다. 정보가 넘쳐나는 인터넷에서 원하는 정보를 남들보다 빠르고 정확하게 검색해내는 것이 쉬운 일은 아닙니다.

세계 최대 검색 엔진인 구글(google com) 사용법을 배워서 원하는 정보를 적재적소에 활용할 수 있는 사이버 외교관이 되어봅시다.

구글을 통해 해외 인터넷 사이트에서 한국 오류를 발견하기

구글(http://www.google.com)에서 정보를 찾을 때는 검색창에 검색 연산자를 활용하면 보다 정확한 결과를 얻을 수 있습니다. 검색 연산자를 활용해서 해외 인터넷 사이트에서 빠르게 확산되고 있는 일본해 오류를 조기에 발견해봅시다. 그럼, 해외 인터넷 사이트에서 길을 잃지 않고 찾고자 하는 정보를 빠르고 정확하게 검색하는 방법을 알아봅시다.

문장을 검색할 때는 "　　"를 씁니다.

해외 인터넷 사이트에서 일본해를 사용하고 있는 웹 페이지를 검색하려면 검색 창에 "sea of Japan"을 입력합니다.

해외 인터넷 사이트에서 동해를 사용하는 웹 페이지를 검색하려면 "east sea"를 입력합니다.

해외 인터넷 사이트에서 동해와 일본해를 함께 사용하는 웹 페이지를 검색하려면 "east sea" "sea of Japan"를 입력합니다.

반드시 포함될 때는 +, 반드시 제외할 때는 -

ex) 동해만 포함하고 일본해는 제외한 페이지를 검색할 때는 + "east sea" - "sea of Japan"을 입력합니다.

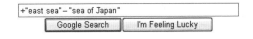

ex) 일본해만 포함하고 동해는 제외한 페이지를 검색할 때는 + "sea of Japan" - "east sea"를 입력합니다.

비슷한 말을 포함하여 검색할 때는 ~

ex) 지도책뿐 아니라 이와 비슷한 지도나 해도도 같이 검색하려면 "~
atlas"를 입력합니다.

ex) 일본해는 포함하고 동해는 제외한 지도와 관련된 모든 페이지를
검색하려면 ~atlas + "sea of Japan" - "east sea"를 입력합니다.

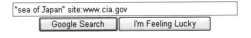

특정한 사이트에서 검색할 때는 site :

ex) CIA 홈페이지에서만 일본해를 검색할 때는 "sea of Japan" site :
www.cia.gov를 입력합니다.

ex) 미국 사이트에서만(us) 일본해를 검색할 때는 "sea of Japan" site : us

전 세계 방송, 신문사에서 한국 관련 뉴스를 검색하려면

구글 외신 뉴스망(http://news.google.com)에서 한국에 대한 외국 신문들의 보도 내용을 보려면 검색 창에 KOREA를 입력하면 됩니다. 그 외에 검색 연산자를 활용하는 방법은 앞서 배웠던 방법과 동일합니다.

한국에 대해 보다 세부적인 외신을 검색하려면

한국 전체와 관련된 광범위한 보도가 아니라 한국의 역사, 문화, 정치, 경제, 사회 등 보다 세부적인 범주로 나누어서 검색하려면 검색 창 위에 있는 'Advanced News Search'를 클릭하면 됩니다.

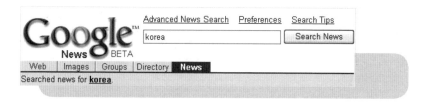

[Advanced News Search]사용법

· 그 단어가 들어가 있는 모든 결과 찾기 : [Find results with all the words]
· 정확한 어절(구)을 포함하고 있는 결과 찾기 : [Find results with the exact phrase]
· 적어도 한 단어를 포함하는 결과 찾기 : [Find results with at least one of the words]
· 특정한 단어를 제외한 결과 찾기 : [Find results without the words]

- 전 세계 언론이 아니라 특정 언론만 검색할 때

  [News source - Return only articles from the news source named]

  검색창에 CNN, New York Times를 입력하면 관련 매체에서의 한국 소식을 검색할 수 있습니다.

- 전 세계 모든 나라가 아니라 특정 지역에서 보도되는 뉴스만 검색할 때

  [Location - Return only articles from news sources located in]

  검색창에 U.S. state를 입력하면 미국에서 보도되는 한국 관련 소식을 검색할 수 있습니다.

- 기사 제목으로 검색할지, 혹은 기사 전체의 내용으로 검색할지를 선택하여 검색할 때

  [Occurrences - Return articles where my terms occur]

  검색 구분에서 anywhere, headline, body를 구분하여 검색하면 됩니다.

- 기사가 보도된 시점을 지정해서 검색할 때

  [Date]

  검색 구분에서 hour, day, week, month를 구분하여 검색하면 됩니다.

외신을 검색하는 방법을 터득했으면 중국과 일본 관련 기사를 찾아보고 한국 관련 기사는 두 나라와 비교했을 때 어느 정도 비중으로 다루어지고 있는지, 대체적으로 한국의 어떤 분야에 관심을 갖고 있는지 조사해보는 게 좋겠죠? 또 한국 관련 기사를 하나 선정해서 원문을 번

역해보고 기사 내용에 대한 여러분의 생각을 정리하는 것도 사이버 외교관으로 성장할 수 있는 좋은 연습이 될 겁니다.

한국 관련 오류 키워드

다음 페이지에 나와 있는 한국 관련 오류 리스트를 보고 해외 인터넷 사이트에서 오류 정보를 발견해보세요. 그리고 오류를 발견하는 데서 그칠 것이 아니라 친선 서한이나 항의 서한을 보내는 등 실천도 적극적으로 해야 한다는 것, 잊지 마세요.

분류	오류 검색 키워드	내용
역사	· Chinese and Japanese influences have been strong throughout Korean history	· 중국과 일본은 한국의 전체 역사에 걸쳐 영향을 주었다
	· Korea, a formal colony of China	· 한국은 중국의 식민지였다
	· Korea was a vassal state of China	· 한국은 중국의 속국이었다
	· Korea was a part of China	· 한국은 중국의 한 부분이었다
	· Yamato kings ruled Korean peninsula	· 일본 야마토 정권은 한반도를 지배했다 (임나일본부설 - 지은이)
	· a southern part of Korea was under Japanese colonial rule between 366 and 562	· 한국의 남반부는 366년과 562년 사이에 일본의 식민지였다
	· The kingdom of Koguryo, the first native Korean state	· 한국 최초 국가는 고구려다
	· Korea history, a shrimp between whales	· 한국 역사, 고래 사이에 낀 새우
	· Throughout its history Korea has been invaded, annexed, colonized and occupied by a variety of other countries. There is a Korean proverb that says a shrimp is crushed in a battle between whales. Korea has been the shrimp caught between whales on many occasions.	· 한국은 전 역사를 통해 다른 많은 나라에게 침략, 합병, 점령을 당했다, 고래 싸움에 새우등 터진다는 속담이 있다. 한국은 고래 사이에 낀 새우였다.

분 류	오류 검색 키워드	내 용
역 사	· Korea history, Hermit Kingdom · Korea has been ruled by other countries for centuries · Yi dynasty	· 한국 역사, 은둔의 국가 · 한국은 수 세기 동안 다른 나라에 의해 지배를 받았다 · 이씨 왕조(조선 왕조의 왜곡 - 지은이)
사 회	· there is a greater risk of pickpocketing in korea · The Japaness role in Korea's economic development	· 한국에서는 소매치기 당할 위험이 크다 · 일본이 한국 근대화의 주역이다
독 도	· Liancourt Rocks · Takeshima	· 독도를 Liancourt Rocks라 표기 (리앙쿠르 록스*Liancourt Rocks*는 1849년 독도를 발견한 프랑스의 포경선 리앙쿠르 호에서 유래된 말 - 지은이) · 독도를 다케시마라 표기 (일본 시마네현에 편입시켜 다케시마竹島로 주장 - 지은이)
보 건	· South Korea risk for malaria, tetanus, diphtheria	· 한국은 간염, 장티푸스, 소아마비, 파상풍, 디프테리아 등의 위험이 있다.
월드컵	· FIFA World Cup 2002 in Japan/ Korea	· 피파 월드컵 2002 일본/한국 (Japan/Korea가 아니라 Korea/Japan임 - 지은이)
지 리	· Sea of Japan (영어) · Mer du japon (불어) · Meer von Japan (독어) · Mar de(del) Japon (스페인어) · Japanisches Meer (덴마크어) · mare del Giappone (이탈리아어) · mar de(do) Japao (포르투칼어) · Japanska havet (스칸디나비아어) · Japanse zee (네덜란드어) · 日本海 (중국어) · 日本の海 (일본어)	· 일본해

Bring Korea to the world Classroom

반크는 전 세계 초, 중, 고교 교사와 학생들에게 한국을 제대로 알리기 위한 맞춤형 사이트를 구축했습니다.

'Bring Korea to the world Classroom'(세계 교실에서 한국을 배우게 해요)이라는 이름의 사이트는 'Why Korea'(세계 세계사 교과서에 한국 역사가 잘못 소개된 이유와 올바른 역사), 'History'(역사), 'People'(인물), 'Heritage'(문화유산), 'Korean war'(한국 전쟁), 'Economic'(경제), 'Social issues'(사회 문제) 등 주제로 구성됐습니다.

전 세계 청소년들이 더 쉽게 한국의 역사와 문화를 이해할 수 있도록 각 나라 인물, 지명, 장소, 역사와 관련 있는 한국 내용을 우선 발굴해 소개한 것이 특징입니다.

또한 전 세계 나라별 초, 중, 고교와 대학교 세계사 교과서에 자주 등장하는 위인과 문화유산을 한국과 비교하는 방식을 택해 친근감을 더했습니다.

- 미국 교실에서 한국을 배우게 해요! http://usa.prkorea.com
- 러시아 교실에서 한국을 배우게 해요! http://russia.prkorea.com
- 프랑스 교실에서 한국을 배우게 해요! http://france.prkorea.com
- 중국 교실에서 한국을 배우게 해요! http://china.prkorea.com
- 이탈리아 교실에서 한국을 배우게 해요! http://italy.prkorea.com
- 스페인 교실에서 한국을 배우게 해요! http://spain.prkorea.com

전국 초중고 2만 반크 동아리 대모집

　반크에서는 한국 홍보 자료 모으기, 영어로 자기소개 및 한국 소개 작성하기, e-펜팔로 한국 홍보하기, 항의 문서 보내기, 외신 번역하기 등과 같은 14가지 사이버 외교관 활동 프로그램을 대한민국 모든 국민들을 대상으로 널리 보급하고자 합니다. 이는 기존의 반크 중심의 활동에서 벗어나 전국 초, 중, 고교 내 자발적인 반크 동아리를 육성해 한국 바로 알리기 운동의 저변을 넓혀나가고자 하는 계획입니다.

　이를 위해 반크의 사이버 외교관 양성 프로그램을 담은 반크 단행본을 널리 홍보하여 일선 초, 중, 고등학교 수행 평가 CA과제, 클럽 활동 과제로 반영되게 하고, 또한 성인들을 대상으로 한 반크 특강을 전개하여 전국적으로 2만 개의 반크 동아리를 구축하여 우리나라 국민들을 대상으로 한국 바로 알리기 활동에 동참시킬 것입니다.

　반크 동아리 지도 교사와 학생 리더를 희망하는 분은 반드시 반크 웹 사이트에서 사이버 외교관 교육을 정식으로 수료해야 하며, 모든 동아리 구성원들은 이 책을 동아리 필수 교재로 활용합니다. 사이버 외교 사절단 반크에서는 동아리 안내 웹 사이트를 개설, 반크 동아리를 운영하는 지도 교사와 학생 리더들을 대상으로 반크 동아리 운영 가이드, 동영상 특강, 홍보 대사 위촉, 수업에 활용할 수 있는 멀티미디어 자료를 제공하고 있습니다.

반크 동아리 안내 웹 사이트 :
http://dokdo.prkorea.com/club/intro.jsp

PART 04

대한민국
국가 브랜드

chapter 01

세계인들에게 친근한 한국의
이미지를 심어준다면?

세계인들의 머릿속에는 '한국'하면 어떤 이미지가 떠오를까요? 아시아 중심 국가, 전 세계 누구와도 친구가 될 수 있는 단짝 친구와 같은 나라, 매력적인 관광 국가, 정보 통신 리더 국가, 동북아 피스 메이커 등 그들의 머릿속에 한국이 매력적인 나라로 자리 잡을 수 있다면 얼마나 좋을까요?

이처럼 한국을 매력적인 나라로 만들기 위해 가장 중요한 것이 바로 한국의 '국가 브랜드'입니다. 국가 브랜드를 통해 전하고 싶은 한국의 이미지를 77억 세계인의 가슴 속에 심어나갈 수 있기 때문입니다.

21세기 한국의 비전에 따라 전략적으로 설계된 한국의 국가 브랜드는 전 세계인들로 하여금 한국의 비전에 집중하게 되고, 한국이 국제 사회에 전하는 메시지를 신뢰하게 하는 효과가 있습니다. 또한 한국인을 하나로 모아, 분열되고 분산된 여론을 하나로 통합시키는 효과도 있습니다. 21세기 한국의 비전에 따라 설계된 국가 브랜드 건축 도면을 바탕으로, 7천만 한국인 모두가 건축가가 되고, 끊임없는 노력과 땀, 헌신으로 77억 세계인의 가슴 속에 한국이 꿈꿔왔던 국가 브랜드 건축물을 완성해야 합니다.

그렇게 되면 한국의 정치, 경제, 사회, 문화 등 모든 분야가 긍정적으로 변화되어 한국의 국가 경쟁력이 획기적으로 치솟게 될 것입니다. 반크는 21세기 한국의 국가 브랜드를 '아시아의 중심, 동북아의 관문, 전 세계 모든 이와 꿈과 우정을 나누는 나라'로 정하고, '친근한 한국, 내 친구의 나라'라는 주제로 다양한 문화 콘텐츠를 제작하여 77억 세계인에게 알려나가고 있습니다.

만약 '친근한 한국, 내 친구의 나라'라는 이미지가 세계인들의 가슴속에 심어진다면, 대한민국의 미래 모습은 어떻게 달라질까요?

첫째, 한국 정치의 미래가 달라질 것입니다. 한국이 친구처럼 믿고 신뢰할 만할 나라라는 인식이 확산된다면 한국과 외교, 통상을 맺고자 전 세계 나라가 줄을 설 것이며, 한국은 전 세계를 대상으로 국가간 협력 및 조약을 체결할 때 우월한 위치에 서게 될 것입니다. 일본과 독도 문제 등 국제 사회에 한국의 입장을 설득하고자 할 때도 친구의 나라라는 인식은 영토와 역사 문제 이면에 숨겨져 있는 한국인의 정서, 감정 등을 설명할 때도 큰 도움이 될 것입니다. 그리고 이런 대외적인 정치, 외교력은 한국 내부적으로도 성숙한 정치로 변환되는 데 발판이 될 것입니다.

둘째, 한국 경제의 미래가 달라질 것입니다. 단짝 친구와 같은 한국의 이미지는 불확실한 국제 경제 환경 속에서 빛을 발할 것입니다. 세계인들은 친구 같이 믿을 수 있는 한국에 자본을 투자할 것이고, 한국이 만든 제품 또한 구매력이 높아질 것이기 때문입니다. 또한 전 세계 어떤 나라보다도 친구 나라인 한국을 방문하기 위해 관광객이 급증하게 될 것입니다. 이러한 대외적인 국가 경제력은 내부적으로도 투명한 경제로 변환되는 데 발판이 될 것입니다.

셋째, 한국 사회의 미래가 달라질 것입니다. 한국이 내 친구의 나라라는 인식이 확산되면, 굳이 한국을 방문하지 않아도 한국인을 성숙하고 국제적인 문화 시민으로 느끼게 될 것입니다. 또한 1년 365일 세계인과 친구가 되는 글로벌 친한 네트워크 프로그램이 확산되면 한국인은 사귀고 있는 친구를 통해 자연스럽게 글로벌 시민 의식을 체득하게 될 것입니다.

넷째, 한국 문화의 미래가 달라질 것입니다. 한류 열풍이 불자, 한국인 스스로도 한국 문화에 대한 자긍심이 높아지고 있습니다. 뿐만 아니라 그동안 알지 못했던 보석 같은 한국의 문화가 세계인의 관심으로 확산되자, 세계인과 소통할 수 있는 한국 문화에 대한 연구도 진행되고 있습니다. 만약 한국이 내 친구의 나라라는 인식이 확산된다면, 그 결과는 다양한 한국인의 삶과 문화에 대한 애정으로 돌아올 것입니다.

이렇게 21세기 한국의 미래를 담은 국가 브랜드는 한국의 정치, 경제, 사회, 문화를 새롭게 변화시키고, 7천만 한국인이 하나가 되는 구심점을 제공하며, 77억 세계인의 가슴 밭에 장차 매력적이고 풍성한 한국의 이미지를 키워나갈 씨앗입니다.

그리고 그 씨앗이 장차 나무가 되어 가지를 뻗어나가고 풍성한 열매를 맺게 되는 그 순간, 전 세계인들의 가슴속에는 우리가 바라는 한국의 이미지가 깃들어 있을 것입니다.

반크는 바로 그 일을 하고자 합니다.

맞장구, 널뛰기 외교로 아시아 중심국으로 도약!

대부분의 사람들은 막대한 예산을 집행해서 외국의 유명한 위성 방송에 광고하거나, 매스 미디어를 통해 한국의 멋진 모습을 전 세계에 전달하는 것이 한국을 홍보하는 수단의 전부라고 생각하고 있습니다. 또한 멋진 한국인의 이야기를 담은 드라마, 영화를 만들어서 세계인들에게 전달하는 것이 가장 빠르고 효과적이라 생각하고 있습니다.

그렇지만 반크의 생각은 다릅니다. 전 세계 각 나라에서 만난 한국인들에 대한 외국인들의 다양한 시각, 그리고 한국을 방문했던 외국인들의 경험이 인터넷을 통해 빠르게 전 세계로 전달되고 있기 때문에 오히려 이를 활용하는 것이 더 효과적이라고 생각합니다.

이미 한국인에 대한 모든 정보와 한국인에 대한 느낌은 인터넷을 통해 전 세계인들에게 생생히 공개되고 있고, 빠르게 확산되고 있습니다. 따라서 한국의 홍보에 있어서 불특정 다수의 외국인을 향한 일방적인 '선전'이나 화려한 '홍보 팜플렛', 그리고 드라마와 영화를 통해 가공되고 연출된 한국인의 '포장된 인격'이 전면에 나서서는 안 됩니다. 지금 우리에게 진정으로 필요한 것은 지구촌 77억 인구를 대상으로 한 7천만 한국 국민 개개인의 호감 가는 인격과 진실한 삶, 즉 세계인들에게 사랑받을 수 있는 국민이 되는 것이 먼저입니다. 그렇다면 21세기 한국인이 세계인들에게 사랑받기 위해서 가장 요구되는 가치는 무엇일까요? 세계인들에게 끌리는 한국, 호감 가는 한국인이 되기 위해서 우리는 무엇을 해야 할까요? 펜팔, 채팅을 통해 세계인들과 끊임없이 교류하는 반크의 사이버 외교관 중에서도 많은 외국 친구들과 지속적으로 교류 관계를 유지하며, 풍성한 사랑을 받는 사이버 외교관이 있는 반면 사귀는 외국인들마다 지속적으로 퇴짜를 받아 찬밥 신세인 사이버 외교관도 있습니다. 세계인들에게 사랑받는 사이버 외교관들의 공통적인 특징은 외국인과 대화할 때 맞장구와 널뛰기 외교를 구사한다는 점입니다. 즉 외국 친구들과 대화할 때 한국과 자신을 전하기보다는 먼저 외국 친구가 사는 나라와 친구에 대해 먼저 질문하고, 친구가 그에 대한 답변을 하면 그때마다 맞장구를 치며 친구의 답변에 성실히 들어주는 노력을 한다는 점입니다. 이들은 외국 친구들의 모든 관심사에 대하여 전심전력으로 반응을 보이며, 온 마음과 귀를 열어 호응을 보내줍니다.

또한 이들은 '널뛰기'의 원리를 친구 관계에서 구체적으로 실천하고 있습니다. 널뛰기를 할 때 한쪽 친구가 아래로 힘을 주면 줄수록 맞은편 친구는 그 힘에 따라 더 높이 올라가게 되고, 하늘에서 즐거운 기분을 누릴 수 있는 것처럼, 이들은 항상 외국 친구들의 마음을 즐겁게 해줄 수 있는 것이 무엇인가를 먼저 찾아내어 열심히 친구에게 선물을 해줍니다. 친구가 슬플 때는 신나는 한국 음악을 메일로 보내주고, 친구에게 기쁜 일이 생겼을 때는 자신의 일처럼 축하해줍니다. 그리고 얼마 뒤 한국 친구를 통해 행복하고 즐거운 순간을 맞이하게 된 외국 친구는 다시 한국 친구를 기쁘게 하기 위해서 다리에 힘을 잔뜩 주고 맞은쪽 널뛰기에서 뛰어내리기 시작합니다. 자신에게 행복을 선사한 한국 친구를 하늘로 치솟게 하기 위해서 힘을 주는 것입니다. 널뛰기 외교의 묘미는 바로 여기에 있습니다. 한국 친구가 외국 친구를 행복하고 기쁘게 해주는 노력이 얼마 뒤 배가 되어 한국 친구들에게 돌아온다는 것입니다.

21세기 한국은 아시아의 중심, 동북아의 관문을 선포하며 세계로 나아가고 있습니다. 지금 한국의 곳곳에는 슬로건이 넘치고, 도로, 항만, 물류 시설 등이 구축되고 있습니다. 하지만 우리가 일방적으로 선포하고 관련 하드웨어를 구축한다고 해서 아시아의 중심국이 저절로 되는 것은 아닙니다. 세계인들로부터 먼저 인정을 받아야 합니다. 한국인이 아시아를 품을 수 있는 리더십을 가진 국민이라는 사실을 말이죠. 세계인들이 한국인의 품성과 리더십에 매력과 호감을 느껴야 비로소 한국을 방문하고 투자를 할 것이기 때문입니다.

따라서 반크는 전 세계 모든 사람들과 꿈을 나누고 우정을 쌓아서 자연스럽게 리더십을 인정받는 한국인이 먼저 되길 소망하고 있습니다. 21세기 한국인이 세계를 향해 이런 리더십을 발휘할 때, 한국은 전 세계 모든 국가와 모든 이에게 사랑을 받는 나라가 될 것이기 때문입니다. 그리고 바로 그때서야 한국은 아시아의 중심국, 동북아의 관문국이 될 것입니다. 전 세계 77억 모든 이들에게 사랑을 주고, 사랑을 받는 7천만 대한민국 국민이 될 것입니다.

아시아인들의 마음을 이어주는 피스 메이커 한국인

　동북아 역사 및 영토 분쟁이 갈수록 치열해지고 있습니다. 이에 효과적으로 대응하기 위해서는 동북아 평화를 염원하는 중국과 일본 국민들로부터 자발적인 지지와 협력을 이끌어내야 합니다. 인터넷 등 다양한 교류 채널을 활용해 중국, 일본 국민과의 직접적인 교류를 활성화하고 상호간에 신뢰를 쌓아나가야 합니다.

　더 나아가 모든 한국인은 아시아 전 지역의 국민들을 대상으로 동북아 영토, 역사 분쟁에 대한 평화적인 해결책을 주도적으로 제시하고, 친밀한 친구 관계를 형성하여 한국을 향한 아시아인들의 적극적인 지지와 협력을 이끌어낼 수 있어야 합니다.

　만약 아시아인들로부터 한국의 고구려 역사에 대해 인정받길 바란다면, 아시아 각 국가들의 역사에 대해 먼저 공부해야 하고, 독도에 대한 한국인의 애절한 감정에 대해 아시아 국민들이 동감을 해주길 바란다면, 지금 아시아인들이 겪고 있는 절박한 사연에 대해 귀를 기울여야 합니다. 무엇보다 먼저 다가와주길 기대하지 말고, 아시아인들에게 먼저 적극적으로 다가가야 합니다. 그리고 한국과 아시아 모든 국가들 사이에 만남의 다리를 건설하는 아시아 피스 메이커로서의 삶을 지향해야 합니다.

　만약 우리 스스로가 아시아 피스 메이커 역할을 자임하고, 한국과 아시아와의 간격을 좁혀나가는 다리를 구축해나간다면, 21세기 한국인은 아시아인 사이에서 가장 친밀한 국민으로 꼽힐 것이고, 동북아 역사 및 영토 분쟁을 해결할 수 있는 열쇠를 손에 쥐게 될 것입니다.

한류, 세계인에게 국가 브랜드를 높이는 절호의 기회로

드라마, 영화, 음악으로 시작된 한류가 아시아와 세계인의 시선을 한 몸에 받고 있습니다. 싱가포르, 말레이시아, 태국 등 동남아 3개국 국민 절반이 한국 드라마를 봤다는 조사가 발표되었고, 뉴욕 타임즈 등 해외 유명 외신들은 한국의 대중문화가 아시아인들의 취향까지 좌지우지하고 있다고 보도하고 있습니다.

늦은 밤 중국에서 방영되는 한국 드라마의 시청률은 황금 시간대에 방영되는 중국 드라마의 시청률을 넘어서고 있으며, 일본의 국영 방송과 위성 방송에서는 일본 국민들의 지속적인 요구로 한국 드라마를 꾸준히 방영하고 있습니다. 뿐만 아니라 한국 드라마는 이제 아시아를 넘어 중동, 아프리카까지 확장되고 있습니다. 이집트 직장인들은 한국 드라마를 보기 위해 서둘러 귀가하고 있으며 우즈베키스탄, 캄보디아, 가나 등 아프리카 사람들은 위성 방송을 통해 한국 드라마를 보고 있습니다. 이렇게 세계인의 마음을 움직인 한국 드라마의 대표작은 '겨울연가'와 '대장금'입니다. 겨울연가가 현대 한국인의 애절한 사랑 이야기로 세계인의 감성을 사로잡고 있다면 '대장금'은 한국의 오랜 전통문화를 세계인의 문화로 이끌어내고 있습니다. 정부에서 수십 년간 막대한 예산을 투입해도 불가능했던 일을 한국 드라마가 최단 기간 내에 해내고 있는 것입니다.

이러한 한국 드라마의 인기를 잘 활용하면 국가 이미지를 업그레이드 하는 데 큰 도움이 될 수 있습니다. 예를 들어, 아프리카와 중동의 친구들이 겨울연가를 보고 '눈'에 관심을 보인다면, 반크의 사이버 외교관들은 눈 내리는 모습을 디지털 카메라에 담아 친구들에게 보내주고, 한국의 사계절에 대해 자세히 소개해줄 수 있습니다. 또한 대장금에 반한 외국 친구들에게 집에서 간단하게 요리할 수 있는 한국의 전통 음식을 가르쳐줄 수도 있습니다. 이러한 활동들을 통해 외국 친구들은 드라마 속의 모습이 한국 친구를 통해 보다 친밀하게 다가왔다며 감사 편지를 전해오고 있습니다.

이렇게 드라마에 소개된 한국의 음식, 계절, 명소, 역사에 대해 세계인들에게 친근하게 알려주면, 드라마에서 느끼는 한국의 모습과 실제 모습과의 간격차를 메꿔나갈 수 있을 뿐 아니라, 한류 스타들에게만 국한되었던 관심을 대한민국 국민 개개인들에 대한 관심으로 확장할 수 있는 기회도 될 수 있습니다.

한류로 인해 한국에 대한 전 세계인의 관심이 집중되고 있는 이때, 모든 한국인들이 세계에 한류를 지속적으로 유지, 확산해나가는 한류 메신저 역할을 자임하게 된다면, 21세기 한국인은 전 세계 모든 이에게 가장 사랑받는 국민으로 도약하게 될 것입니다.

한국 청년들의 도전과 꿈이 대한민국의 미래를 만듭니다!

한 청년의 꿈이 한 나라와 민족을 넘어 전 세계인의 미래도 좌지우지할 수 있을 만큼 강력한 영향력이 있다는 사실, 알고 있나요?

20세기 초, 히틀러라는 독일 청년의 뒤틀린 꿈은 제2차 세계 대전이라는 인류 역사의 가장 큰 비극을 일으키게 했습니다. 히틀러가 가슴에 품었던 꿈은 독일인뿐만 아니라 전 세계 수많은 나라의 사람들을 전쟁터로 떠밀었습니다. 이로 인해, 5천만 명이 넘는 지구촌 사람들이 비참하게 죽음을 맞이했고, 유대인 학살이라는 인류사의 씻지 못할 대죄악을 남겼습니다. 결국 한 청년의 잘못된 꿈이 독일과 유럽, 나아가 전 세계의 미래를 황폐화시킨 것입니다.

히틀러의 꿈이 세계의 미래를 재앙의 길로 인도했다면, 18세기 영국의 윌리엄 윌버포스의 꿈은 영국과 세계의 미래를 생명의 길로 인도했습니다.

윌버포스는 '노예 무역을 폐지하자.'라는 꿈을 품었습니다. 당시 노예무역은 영국 국가 수입의 3분의 1을 차지하였고, 식민지 산업의 근간이었기 때문에 그 누구도 기득권 세력에 대항하여 싸울 용기조차 내지 못했습니다.

하지만 그는 인류의 보편적 가치인 인간의 존엄성을 지키기 위해 '노예 제도 폐지'에 앞장섰고, 결국 노예 제도는 영국에서 사라지게 되었습니다. 뿐만 아니라 노예 제도에 달라붙어 있던 영국의 정치, 경제, 사회, 문화의 구조적인 악을 근본적으로 사라지게 만드는 기틀이 마련되었습니다. 무엇보다 윌리엄 윌버포스의 꿈은 당시 노예 제도의 희생양이었던 아프리카와 아시아의 수많은 사람들의 미래를 억압과 죽음에서 자유와 희망으로 변화시켰습니다. 윌버포스의 꿈은 당시 시대에 국한된 것이 아니었습니다. 미국에서 노예를 해방시킨 링컨 대통령 또한 그의 꿈에 영향을 받았으며, 오늘날 지구촌의 미래를 억압하는 구조적인 악에서 세상을 구하려는 수많은 단체와 개인은 그가 걸어온 꿈의 흔적을 통해 용기를 받고 세상을 변화시키고 있습니다.

독일의 히틀러와 영국의 윌버포스란 두 청년의 꿈은 유럽 역사뿐 아니라 세계 역사의 물줄기를 바꾸었습니다. 한 청년이 인류사에 죽음의 재앙을 가져다줬다면, 다른 한 청년은 인류사에 새로운 생명을 안겨준 것이지요. 이처럼 한 청년의 꿈이 한 나라와 세계의 미래까지도 영향을 끼치게 되며, 더 나아가 인류의 미래 또한 좌지우지하게 되는 것입니다.

대한민국 미래 또한 대한민국의 청년들이 어떤 꿈을 꿈꾸고 있는지에 따라 결정됩니다. 세계의 공장이라 불리며 초고속으로 성장하고 있는 중국과 군사적으로 세계에서 강력한 힘을 행사하는 러시아, 세계 경제의 막강한 영향력을 행사하는 경제 대국 일본, 나아가 현재 세계를 움직이는 가장 강력한 초강대국 미국 등이 한국을 한가운데에 두고 팽팽한 힘의 줄다리기를 하고 있습니다.

따라서 21세기 한국 청년들은 한국을 동북아 평화의 중심지로 발전시키고, 나아가 아시아와 세계를 변화시키는 월드 체인저로서의 시대적 소명을 갖고 보다 큰 꿈을 꾸어야 합니다. 만약 한국의 청년들이 이런 시대적 소명에 부응하지 못하고 꿈을 꾸지 않는다면, 100여 년 전 한국에서 벌어졌던 아픔의 역사가 21세기에도 도래할 수 있을 것입니다. 따라서 21세기를 살아가는 한국 청년들은 시대적 소명 의식을 가지고 한국 내의 문제를 해결하고 한국인의 마음을 하나로 모아나가는 '네이션 체인저=나라를 변화시키는 사람'의 역할을 해나가야 합니다.

또한 '아시아 피스 메이커=아시아 평화를 주도하는 사람' 역할을 자임하며 아시아를 평화의 중심지로 만들어나가야 합니다. 궁극적으로는 지구촌 문제를 해결해나가는 '월드 체인저=지구촌 문제를 해결을 주도하는 사람'으로서 인류 보편적인 가치를 지켜내고 세계를 변화시킬 수 있어야 합니다.

그래서 먼 훗날, 21세기를 살아가는 한국 청년들의 꿈을 통해 한국과 아시아, 나아가 세계가 변화되었다고 역사가 기록되는 날이 오도록 '히스토리 메이커'의 삶을 치열하게 살아가야 합니다.

인류 역사를 변화시키는 것은 그 시대를 살아가는 청년들의 꿈에서 시작됩니다. 한국과 아시아, 그리고 세계의 미래가 21세기 월드 체인저를 꿈꾸는 여러분의 가슴에서 시작되는 것입니다.

chapter 02

소셜 미디어 시대 모든 한국인이
바로 국가 브랜드

"2007년 기준으로 한국 국내 총생산(GDP) 대비 국가 브랜드 가치는 29%다. 일본의 224% 보다 현저히 떨어진다."

과거 청와대 국정기획수석은 독도 홍보에 어려움을 겪고 있는 이유를 이렇게 설명했습니다. 실제로 한국의 국가 브랜드 가치는 최하위권입니다. 2007년 4분기 국가 브랜드 평가 기관인 안홀트–GMI에 따르면 한국 국가 브랜드 순위는 조사 대상 38개국 중 32위였습니다. 세계 13위라는 경제 규모에 비하면 터무니없는 순위입니다.

20세기가 군사력과 물리력이 지배하던 시대였다면, 21세기는 감성과 창의력이 중요한 시대입니다. 전 세계에 자국 문화를 제대로 전달하고 세계인들에게 매력이 넘치는 나라로 각인되는 것이 중요한 것도 이 때문입니다.

21세기 국가 브랜드는 정부의 일방적인 홍보로는 국민의 감동과 참여를 이끌어낼 수 없습니다. 민간, 정부, 기업, 시민이 하나가 되는 범국민적인 캠페인이 필요합니다. 이 때문에 참여, 개방, 공유를 특징으로 한 소셜 미디어가 국가 브랜드 홍보에 더 없이 중요한 것입니다.

소셜 미디어는 문화외교에 첨병이라고 해도 과언이 아닙니다. 세계인들은 블로그, 동영상, 사진 공유 사이트를 통해 정보를 검색합니다. 유명한 사회 교류 사이트(SNS)는 가입자만 2억 명이 넘으며, 유튜브의 인기 영상은 수천만 명이 클릭할 만큼 파급력이 큽니다.

관광 대국이라 불리는 뉴질랜드 정부는 전 세계 네티즌에게 가장 인기 있는 구글어스 프로그램에 뉴질랜드 국가 관광 정보를 제공, 세계인들에게 뉴질랜드 방문을 유도하고 있습니다. 스페인과 스웨덴, 몰디브 정부는 3차원 컴퓨터 그래픽으로 구성한 가상 세계인 세컨드 라이프에 공식 대사관을 설립했습니다. 현재 이곳을 통해 세계 관광지를 미리 탐험하는 네티즌이 매달 100만 명에 육박하고 있습니다.

미국 정부가 포털 사이트 다음에 커뮤니티 'Cafe USA'를 개설한 것도 새로운 문화 외교 사례라고 할 수 있습니다. 미국 정부는 한국 젊은이들을 상대로 정기적인 웹 채팅까지 실시해 국가 이미지를 고취시킬 계획이라고 밝혔습니다. 일본은 말할 것도 없습니다. 문부과학성은 유튜브에 채널을 개설해서 독도에 대한 영유권을 세계에 전파하고 있습니다. 해외 동영상 사이트에는 일본 정부가 직접 제작한 '독도가 다케시마인 이유', '동해가 일본해인 이유'를 주제로 한 동영상이 확산되고 있습니다.

물론 우리나라 정부도 SNS(소셜 네트워크 서비스)등을 이용해 국가홍보전을 펼치고 있습니다. 미국, 일본, 중국 유명 커뮤니티 사이트를 통해 서울 관광을 홍보하고 있는 서울시 사례가 대표적입니다. 경기도 역시 해외 관광객과 외자 유치를 위해 해외 홍보 블로그 사이트를 개설, 다국어 블로거를 집중 양성 중입니다. 한국관광공사는 소셜 네트워크 서비스 사이트인 페이스북, 트위터, 유튜브, 인스타그램 등을 통해 한국 관광 이미지를 홍보하고 있습니다.

외국 관광객이 한국에 방문하면 여행사가 관광 가이드를 배치하고, 전국 관광지마다 지자체가 외국인을 대상으로 관광 해설사를 배치하는 것처럼, 사이버에도 해외 네티즌을 대상으로 한국의 지역별 관광 문화를 소개하는 블로거를 운영할 필요가 있습니다. 이것이 반크가 사이버 관광 문화 블로거단을 양성하는 이유 중 하나입니다. 한국의 문화를 세계인들에게 알리는 영문, 일문, 중문 블로거가 많아야 외국인을 한국에 유치할 수 있기 때문입니다.

소셜 미디어 시대에는 한 사람이 한 나라의 국가 이미지를 좌지우지할 수 있습니다. 이제 모든 대한민국 국민이 UCC와 같은 참여형 미디어를 통해 보다 적극적으로 '한국 바로 알리기'와 국가 브랜드 해외 홍보에 힘써야 합니다.

지금까지 해외 교과서, 백과사전에는 일본과 중국의 문화는 잘 알려져 있는 반면에 한국은 찬밥 대우를 받아왔습니다. 소셜 미디어 시대에는 이러한 불균형을 바꿀 수 있습니다. 세계 최고 수준의 정보통신 환경을 구축한 IT 코리아를 기반삼아, 우리 모두가 사이버 영토를 개척해 나가는 민간 소셜 미디어 외교가 필요할 때입니다.

소셜 네트워킹 사이트로 글로벌 친한파 확장!

미국에 거주하는 한국인 친구로부터 이메일이 왔습니다. TV에서 자동차, 반도체, IT, 선박 등 한국을 대표하는 첨단 산업의 제품들을 활용한 한국의 국가 이미지 홍보 광고를 보고 멋지다고 생각했는데, 실제 미국 친구들의 반응은 전혀 딴판이었다는 내용이었습니다. 친구는 그동안 한국의 이미지가 60년대 저개발 국가의 모습이 강했었기 때문에 첨단 산업의 제품들을 활용한 것이 적절하다고 생각했지만, 미국 친구들은 "한국뿐 아니라 세계 주요 선진국들이라면 어디서나 볼 수 있는 제품들이 무엇이 특별하냐."며 시큰둥한 반응을 보였다고 합니다.

사실 그렇습니다. 한국인이라면 6.25 전쟁 후 폐허가 된 나라에서 반세기만에 세계 10대 경제 대국으로 성장한 사실이 자랑스러울 것입니다. 게다가 한강의 기적을 연출하고, 올림픽과 월드컵을 성공적으로 개최한 사실 또한 놀랍게 느껴질 것입니다. 하지만 세계인들에게 한국의 급속한 경제 발전은 잠깐 동안의 관심거리는 될 수 있어도, 한국의 이미지를 크게 높이는 요인은 되지 않는 것 같습니다.

그렇다면 전 세계 외국인들이 국가 이미지를 평가할 때 가장 중요하게 여기는 요인은 무엇일까요? 2006년 12월 산업 자원부가 21개국 2,809명의 외국인을 대상으로 한 설문 조사 결과, 국가 이미지를 결정짓는 가장 결정적인 요인은 우리 국민들에 대한 이미지인 것으로 나타났습니다. 즉 대통령이나 대외 외교 정책, 혹은 한국산 세계 일류 제품을 통해 얻을 수 있는 국가 이미지보다, 전 세계 각지에서 활동하는 해외 동포 등 한국 국민 개개인의 이미지가 가장 핵심적인 요인이라는 이야기입니다.

따라서 우리의 국가 이미지를 획기적으로 높이기 위해서는 우리 스스로가 적극적이 되어야 합니다. 세계인들과 적극적으로 네트워크를 형성하고, 그들에게 친근하고 매력적인 한국인 이미지를 심어주어야 합니다. 그럼 어떻게 전 세계 77억 외국인을 대상으로 네트워크를 구축할 수 있을까요?

최근 전 세계적인 인기를 얻고 있는 페이스북 등의 글로벌 인맥사이트는 자신의 인맥을 다른 친구들에게 서로 연결해주는 특징을 갖고 있습니다. 이를 잘 활용하면 지구촌 인맥을 무한대로 확장해나갈 수 있습니다. 따라서 이런 인맥 구축 사이트를 잘 활용해 한국에 대한 좋은 이미지를 차근차근 심어준다면, 77억 전 세계인들이 우리에 대한 좋은 이미지를 갖는 것도 시간문제일 것입니다.

잊지 마세요. 바로 당신이 '한국의 국가 이미지를 대표하는 힘!'입니다.

반크가 만든 글로벌 소셜 네트워킹 사이트 Friendly Korea Community

http://chingu.prkorea.com

글로벌 친한파 양성 사이트 Friendly Korea Community의 특징은 한국을 사랑하여 가입한 전 세계 외국인들이 모여 있는 사이트로 이들과의 꿈과 우정, 언어 교환 등 관심사에 따라 자동 인적 네트워킹이 되는 SNS(Social Network Service) 사이트입니다. 일반적인 펜팔, 커뮤니티 사이트의 경우 한국을 모르는 외국인들이 다수를 차지하지만, 반크의 글로벌 친한파 사이트는 한국에 대해 더 많은 것을 알고자 자발적으로 찾아온 외국인들이 가득 모여 있는 곳입니다. 따라서 여러분은 한국을 사랑하는 외국인들과의 친밀한 교류를 통해, 한국에 대한 올바른 정보를 알리고 그들의 문화도 배울 수 있습니다. 또한 외국 현지에 잘못 알려진 한국의 왜곡 정보를 친한파 외국 친구들의 도움으로 바르게 수정해갈 수 있습니다. 한국을 사랑하는 전 세계 외국 친구들과 마음과 마음을 이어 우정 네트워크를 만들어보세요!

동영상 UCC 사이트를 통한다면
당신은 한국을 대표하는 국가방송 PD!

UCC(User-Created Content : 사용자 자체 제작 컨텐츠)의 상징 아이콘으로 일컬어지는 동영상 공유 사이트의 영향력이 갈수록 높아지고 있습니다. 2019년 기준 세계 최대 동영상 공유 사이트인 유튜브는 한 달 이용자 수는 19억 명에 달합니다. 심지어 미국에서는 한 정치가가 조는 모습이 유튜브에 공개되어 낙선하고 말았다고 합니다. 또한 미국 대통령에 출마하는 유력 정치인들은 기존 방송을 통한 정치 홍보 캠페인 방식에서 탈피해 유튜브를 통해 젊은 세대들의 가슴 속으로 친근하게 다가가는 홍보 활동을 강화하고 있습니다.

호주의 한 젊은이가 낯선 사람들과의 따스한 포옹을 주제로 유튜브에 올린 '프리 허그'란 동영상은 전 세계 곳곳에 확산되어 수많은 사람들에게 감동을 주었고, 전 세계인들로 하여금 직접 거리로 뛰어나가 모르는 사람들과 포옹을 하게 만들기도 했습니다. 하지만 최근 한국 문화에 대해 부정적인 인식을 줄 수 있는 동영상이 확산되어 물의를 일으키고 있습니다. 대표적인 예로 일본에 살고 있는 한 미국 여성이 김치에 대한 부정적인 느낌을 담은 짤막한 동영상이 있습니다.

동영상 내용을 살펴보면, 미국 여성이 김치가 담겨 있는 플라스틱 통을 가리키며 "일본에 사는 한국인들은 김치를 먹는데, 난 김치가 싫다. 냄새가 고약하고 역겨워 마치 고문을 받는 느낌이다."라고 언급하고 있습니다. 물론 외국인들이 자발적으로 올리는 동영상을 막을 수는 없습니다.

그런데 문제는 이 동영상이 유튜브에 등록된 지 두 달 만에 33만 명이 넘는 세계인이 시청하였고 김치 분야 조회수 1위에 등극되었다는 사실입니다. 이로써 김치를 처음 접하는 외국인들은 김치에 대한 부정적인 선입관을 갖게 되었을 것입니다. 또한 '남한의 음식 문화(South Korean food culture)'란 제목의 동영상은 지난 2004년 한국의 쓰레기 만두 파동 직후 방영된 일본 뉴스를 편집한 내용으로 짧은 기간에 2천 건 이상의 조회수를 기록 중입니다. 이 동영상은 세계인들에게 "한국 음식은 매우 위험하다, 한국의 음식 재료는 썩었다."고 소개하고 있습니다. 동영상 끝부분에는 이런 비위생적인 한국의 음식 문화가 세계에 수출되고 있다고 마무리하여 전 세계 외국인들에게 한국 음식에 대한 불쾌감을 주고 있습니다. 유튜브에서 인기 있는 동영상은 전 세계 동영상 공유 사이트, 블로그, 카페, 커뮤니티, 웹 사이트 등에 빠른 속도로 확산이 됩니다. 만약 한국 문화에 대한 부정적인 동영상이 확산되면 자칫 국가 이미지를 높이려는 모든 한국인들의 노력에 찬물을 끼얹게 될 수도 있습니다.

그렇다면 어떻게 해야 할까요? 지금부터라도 전 세계 유명 방송을 대상으로 한 국가 홍보 캠페인에서 벗어나야 합니다. 그리고 해외 동영상 공유 사이트를 타깃으로 보다 적극적이고 능동적인 국가 이미지 홍보 활동을 추진해야 합니다.

이를 위한 가장 실천적인 방법은 우리가 직접 홍보 동영상을 만드는 것입니다. 동영상 주제를 멀리서 찾을 필요도 없습니다. 평범한 가정에서 한국의 어머니들이 정성들여 요리하는 우리 한식이 한국 문화의 대표적인 예라 할 수 있습니다. 세계인들이 한국에 와서 가장 감탄한다는 비빔밥, 추석 때 먹는 송편 등 우리 주변에는 사시사철 외국인들에게 한국의 문화를 알릴 수 있는 풍성한 동영상 자료들이 도처에 널려 있습니다.

오늘밤이라도 당장 저녁 식탁에 올라오는 보글보글 김치찌개를 동영상으로 찍어 유튜브에 올려보세요. 그리고 올린 동영상 링크 주소를 사귀고 있는 펜팔 친구에게 이메일로 전달하세요. 특히 미국의 건강 전문 잡지 '헬스'에서 김치를 '세계 5대 건강식품'으로 선정한 바 있다는 사실을 덧붙여 이야기해보세요.

'나비 효과'라는 말이 있습니다. 아마존 밀림에 있는 작은 나비의 날개짓이 미국 땅에 거대한 폭풍을 불러일으킬 수 있다는 이론입니다. 소셜 미디어 시대에는 누구나 세상의 주인공이 될 수 있습니다. 또한 전 세계에 폭풍을 불러일으키는 나비가 우리 두 손 안에 있는 셈입니다. 이제 유튜브에 한국을 알리는 나비를 올려보세요. 우리가 올린 동영상을 클릭하는 하나하나의 손짓이 바로 세상을 움직이는 나비의 날개 짓과도 같습니다. 한국의 국가 이미지를 높이기 위해, 전 세계인들의 마음에 한국에 대한 호기심을 불러일으키기 위해 날개 짓을 멈추지 마세요. 그리고 잊지 마세요. 바로 당신이 대한민국 대표 UCC라는 사실을 말이에요.

한국을 대표하는 1인 미디어! 블로거

최근 반크의 한 사이버 외교관이 흥분하며 메일을 보내왔습니다. 해외 사이트에 블로그를 개설하여 외국 친구들을 사귀면서 겪은 일화와 한국 문화에 대해 소개하는 내용의 글을 올렸는데, 그 글을 보고 많은 외국인들로부터 '친구가 되고 싶다.'며 연락이 왔다고 합니다. 또한 자신의 블로그에 한국에 대한 질문을 올린 외국인들의 블로그를 방문하면서 한국 문화에 관심 있는 해외 블로거들과 네트워크가 구축이 되고 있다고 합니다.

인터넷을 의미하는 웹*web*과 기록을 의미하는 로그*log*의 합성어로 탄생한 블로그*blog*는 소셜 미디어 시대의 대표적인 1인 미디어라 할 수 있습니다. 웹 사이트를 운영하기 위해서는 전문적인 기술력과 디자인 능력이 필요했다면, 블로그는 누구나 쉽게 만들 수 있고, 자유롭게 자신의 생각을 전달할 수 있습니다. 한 블로거가 남긴 글이 전 세계적인 이슈나 캠페인이 되는 경우도 있으며, 유명 블로그의 경우 수십만 명의 구독자를 확보할 정도로 1인 미디어 역할을 톡톡히 하고 있어, CNN과 같이 세계 유명 언론사 못지않은 영향력을 행사하고 있습니다. 최근에는 정부의 국가 정책 발표, 기업의 신제품 출시, 공공 기관의 캠페인을 홍보하기 위해 영향력 있는 블로거들을 활용하기도 한다고 합니다.

이렇게 높아지는 블로그의 영향력은 한국에 대한 세계인의 국제적 평가를 좌지우지할 정도로 높아지고 있습니다. 예를 들어 만약 한국 관광을 계획하고 있는 외국인이 있다고 가정했을 때, 그는 우선 가고 싶은 한국의 관광지와 머물 호텔에 대한 정보를 구하고자 인터넷 검색을 시작할 것입니다. 몇 년 전만 해도 인터넷 사이트를 통해 가장 유명한 한국 관광 여행사와 호텔 웹 사이트를 통해 예약을 했겠지만, 이제 사람들은 여행사와 호텔 웹 사이트가 제공한 정보를 맹목적으로 신뢰하지 않습니다. 한국 방문을 유도하기 위한 홍보성이고 가식적인 정보라 생각하기 때문입니다. 이제 외국인들은 한국 관광을 직접 경험한 외국인들이 올린 블로그의 글과 사진을 검색하여 한국 관광을 선택하고, 해당 호텔을 직접 이용한 외국인들이 남긴 의견을 보고 호텔 투숙을 결정합니다. 구글과 같은 세계적인 검색 사이트의 경우, 업데이트가 잘 되는 웹 사이트 위주로 메인에 노출이 되고 있는데, 회사의 웹 사이트보다 상대적으로 업데이트가 쉬운 블로그가 메인에 노출될 확률이 높다고 합니다. 결국 한국 관광의 이미지를 좌지우지하는 것은 한국 관광을 체험한 한 명의 외국인 블로거가 될 수 있다는 이야기입니다.

냉전이 종식된 21세기를 외교의 시대라 말합니다. 이에 따라 전 세계는 자국의 정치적, 경제적, 문화적 영향력을 확대하기 위해 국제 사회를 대상으로 국가 이미지 제고 프로젝트를 추진하고 있습니다. 그리고 이를 뒷받침하기 위해 정예 외교관을 양성하여 세계를 향한 국제 경영을 전개하고 있습니다. 하지만 우리 대한민국의 외교관 수는 중국의 7천 명, 일본의 5천 5백 명에 비해 턱없이 부족한 2천여 명에 불과합니다. 따라서 부족한 부분을 채우기 위해서는 국제적 영향력을 갖춘 정예 블로거들을 양성하여 국가 외교 및 홍보의 보안 인력으로 적극적으로 활용할 필요가 있습니다. 한국에 대한 국가 정보를 세계 네티즌들에게 친근하게 전할 수 있는 블로거를 적극적으로 양성하고, 이들이 한국을 대표하는 1인 미디어로서 자부심과 소명감을 갖고 활동할 수 있도록 지속적으로 격려하고 지원해야 합니다.

만약 21세기 한국인들이 전 세계적인 블로그 네트워크를 구축한다면 한국은 전 세계 곳곳에 한국의 국가 이미지를 높이는 입소문 확성기를 배치하게 되는 셈이고, 한국은 이를 기반으로 장차 전 세계 77억 외국인들의 여론을 좌지우지하며 세계를 변화시키는 나라가 될 것입니다.

해외 사진 사이트를 통해 국가 대표 사진작가로 데뷔

2008년 4월 2일, 영국의 유명 방송사인 BBC에서 전 세계 34개국 1만 7천여 명을 대상으로 '세계에 좋은 영향을 끼치는 나라'를 주제로 국가 이미지 설문 조사를 했습니다. 그 결과 1위는 56%의 지지를 받은 일본이 뽑혔습니다. 또한 2007년 시사 주간지 '타임'이 아시아 12개국의 국가 이미지에 대한 설문 조사를 했는데, 이때도 일본의 국가 이미지가 세계인들에게 가장 좋은 평가를 받았습니다.

일본이 '호감을 주는 국가 이미지'로 세계인들의 마음을 훔치고 있는 반면 한국의 국가 이미지는 어떠할까요? 2007년, 국가 이미지를 측정하는 '안홀트'라는 기관에서 전 세계 38개국을 대상으로 '국가 이미지 호감도 순위'를 발표했는데 한국은 38개국 중 31위에 그쳤습니다.

군이 이 조사를 절대치로 삼지 않더라도 외국을 방문한 경험이 있는 한국인이라면 "일본에서 왔나요? 아니면 중국에서?"라는 질문을 받은 적이 있었을 것입니다. 또한 이미 한국에 대해 알고 있는 외국인이라 하더라도 그들은 동북아의 전쟁 위험국, 분단국가, 북한 핵문제, 격렬한 노사 분쟁 등으로 한국을 기억하고 있습니다.

왜 그들은 이런 이미지를 갖게 된 걸까요? 그동안의 국제 뉴스에서 숱하게 접한 한국의 정보가 머릿속에 각인되어 있기 때문입니다. 문제는 국제 뉴스에서 보도되는 한국의 이미지가 웹에서도 똑같이 재현되고 있다는 점입니다.

전 세계에서 인기 있는 지리 정보 프로그램이 구글어스가 있습니다. 이 프로그램은 전 세계인들이 가장 많이 이용한다는 구글 사이트에서 만든 프로그램으로 각 나라 초, 중, 고등학교 및 일반인들에게 지구촌 구석구석의 모습을 입체적인 위성 사진으로 제공하여 세계인들에게 폭발적인 인기를 끌고 있습니다. 구글어스 프로그램은 사진 출판사인 내셔널 지오그래픽과 제휴하여 프로페셔널 사진작가의 작품을 나라별로 제공하고 있습니다. 그런데 이곳에서 한국을 클릭하면 한국을 대표하는 이미지 사진으로 소개되는 5장의 사진이 모두 전쟁에 대한 사진입니다. 군복 입은 병사가 처참한 모습으로 죽어 있는 모습을 재현한 사진,

전쟁 훈련 사진, DMZ 모습 등 전쟁의 공포가 언제 재현될지 모르는 분단국가의 이미지뿐입니다.

반면에 일본을 클릭하면 아름다운 관광지, 음식 문화 등 세계인들에게 꼭 한번 가고 싶게 만드는 이미지 사진으로만 소개되고 있습니다. 중국 또한 만리장성 등 중국의 오래된 역사와 유물을 홍보하는 사진으로 소개되어 세계인들에게 중국 역사와 문화에 대한 동경을 이끌어내고 있습니다.

구글어스는 사진 전문가들이 소개하는 사진 이외에도 일반인들이 쉽게 홍보 사진을 올릴 수 있도록 하고 있습니다. 그런데 일본과 중국의 관광, 문화 홍보 사진은 풍성하게 소개되어 있는 반면에 한국에 대한 이미지 사진은 턱없이 부족한 상태입니다.

전쟁, 분단국, 핵 위험 등 반세기 동안 국제 뉴스를 통해 소개된 한국의 국가 이미지는 우리가 진정으로 보여주고 싶은 한국의 이미지와는 전혀 다른 이미지입니다. 하지만 앞으로도 세계인들이 이런 부정적인 이미지를 갖게 된다면 장차 세계인들의 마음속에서 한국이라는 존재 가치는 사라지게 될 것이고 이로 인해 한국을 찾는 외국인 방문객 수는 급격하게 감소하게 될 것입니다.

지금이라도 77억 세계인의 가슴속에 전쟁 위험 국가라는 이미지를 뛰어넘는 매력적인 한국의 이미지가 무엇인지 우리 스스로가 생각하고 발굴해야 합니다. 그리고 우리 스스로가 발견한 한국인의 매력 콘텐츠를 세계인들에게 적극적으로 알려나가야 합니다. 한국인의 국가 이미지를 세계인에게 각인시키는데 '디지털 카메라'는 강력한 무기로 사용

될 수 있습니다. 구글어스, 플리커, 인스타그램 등 수많은 외국인들이 즐겨찾는 사진 공유 사이트를 대상으로 한국의 다양한 문화와 관광 사진을 풍성하게 채우는 일부터 시작해봅시다.

플리커를 활용한 사진을 통한 국가 이미지 해외 홍보 전략

플리커에서는 전 세계 사람들이 사진을 통하여 서로 교류하기 때문에 열 마디 말보다 한 장의 사진이 더 큰 전달력을 갖습니다. 그래서 영어 실력이 조금 부족해도 정성 들여 촬영한 한국에 대한 사진 한 장이면 세계인들의 관심을 대한민국으로 모을 수 있습니다. 반 만년을 이어 내려오는 한국의 문화, 사계절이 뚜렷한 아름다운 한국의 자연, 김치를 비롯한 맛도 좋고 몸에도 좋은 한국 음식 등 한국의 모든 모습을 카메라에 담아 올려보세요. 이제 내가 찍은 한 장의 사진으로 세계인들의 한국 이미지를 변화시킬 수 있습니다.

• 사이트 소개

http://www.flickr.com

카메라 폰, 디지털 카메라 등 디지털 영상 기기의 보급이 보편화되면서 사진은 국경, 인종을 초월해 세계인들과 소통할 수 있는 또 하나의 언어가 되었습니다. 플리커는 온라인상에서 자신이 찍은 사진을 쉽게 관리하고, 친구, 가족 등 다른 사람들과 공유할 수 있도록 한 소셜 미디어 시대의 대표적인 사이트입니다. 플리커의 가장 큰 장점은 태그를 통하여 사진의 분류와 검색을 용이하다는 점입니다.

한식 세계화! 누구나 디지털 한식 홍보대사가 될 수 있습니다!

얼마 전 한국관광공사에서 한국을 방문한 외국인 관광객을 대상으로 '한국을 왜 방문했느냐?'는 설문 조사를 했는데, 외국인 49%가 '한국 음식을 맛보고 싶어서.'라고 대답했다고 합니다. 또한 대한무역투자진흥공사에서 실시한 설문 조사에 따르면, 외국인의 50%가 한국 하면 가장 먼저 생각나는 것이 '한국 음식'이라고 답했다고 합니다.

한국에 관광하러 오고, 투자하러 온 외국인의 절반 이상이 한국 하면 떠오르는 이미지가 한국 음식이라는 신문 내용을 접하면서 한국 음식이야말로 다른 어떤 관광 홍보지보다 더 매력적인 역할을 하고 있으며, 한국의 어떤 무역 상품보다 수출 효자로서 한국에 기여하고 있다는 사실을 알게 되었습니다.

그렇다면 한국 음식이 한국의 국제적 이미지에 어떤 영향을 주고 있을까요? 반크는 전 세계 외국인들과 한국인들이 서로 친구가 될 수 있도록 돕는 사이트(http://chingu.prkorea.com)를 운영하고 있습니다. 이 사이트는 전 세계 외국인들 중 한국 친구를 사귀고 싶은 사람들을 모아 한국인들과의 교류를 주선하고, 가입된 한국인으로 하여금 외국인들에게 한국의 역사, 문화, 경제, 관광 등을 소개하기 위해 운영되고 있습니다.

최근 한국 친구를 사귀고 싶어 이 사이트에 가입한 2천여 명의 신규 외국인을 대상으로 한국에 대해서 가장 관심 있는 분야가 어떤 것이냐는 주제로 설문 조사를 했습니다. 영화, 드라마, 음식, 음악, 스포츠,

언어 등 총 14가지 분야에서 조사한 결과 '한국 음식'을 택한 외국인이 40%(900명)로 1위를 차지했습니다. 한국 음식에 대한 외국인의 호기심이 한국인과 친구로 사귀고 싶은 애정으로 바뀌면서 한국 친구를 찾아 반크 사이트에 문을 두드리고 있는 것입니다.

한식은 한국인을 더 매력 있게 만드는 '향기'

한식에 관심이 많은 외국인들이 한국 친구를 사귀고 싶어하는 마음으로 이어지는 것을 볼 때, 한식은 한국인을 더 매력 있게 만드는 '향기'로 작용하고 있다는 것을 알 수 있습니다. 따라서 한국 음식을 세계인들에게 제대로 알리면 알릴수록 더 많은 외국인이 한국을 방문할 것이고, 한국 상품을 구입할 것이며, 한국인들과 사귀고 싶어할 것입니다. 또한 한국의 국가 브랜드와 이미지의 중요성이 갈수록 높아지고 있는 지금 상황에서 한국 음식이야말로 한국의 국가 이미지를 획기적으로 끌어올릴 수 있는 비밀 무기임에 틀림없습니다.

그렇다면 한식을 세계인들에게 적극적으로 홍보할 수 있는 방법에는 어떤 것들이 있을까요? 우선 한국인 스스로가 한식 세계화의 주인공으로 나서야 한다고 생각합니다. 그 이유는 한식을 가장 많이 먹어본 한국인만이 그 누구보다도 음식에 대해 제대로 외국인에게 소개할 수 있기 때문입니다. 반크는 회원들에게 외국 친구와 사이버 펜팔을 할 때 불고기, 비빔밥 등 한국의 대표 음식 TOP10과 함께 요리법 등을 소개하는 캠페인을 벌이고 있습니다. 캠페인 후기를 보면 외국인 친구가 직접 한국 음식을 만들어 가족과 함께 즐거운 시간을 보낸 사연, 요리법을 설명하면서 본인 스스로가 한국 음식 전문가가 되었다는 사연, 한국 음식과 비슷한 여러 나라의 음식을 알게 되어 국제적인 요리 전문가가 되었다는 사연 등 다양한 사연이 올라옵니다.

이와 같이 한국인들이 전 세계 네티즌, 국내에 거주하는 100만 명의 외국인, 특히 국내 대학교에 교환 학생으로 공부하는 7만 명의 젊은 외국 학생들을 집으로 초대하여 친밀하게 한국 음식을 맛보게 한다면 향후 외국 친구들이 해외로 돌아가서 한식을 적극적으로 알리는 마니아 역할을 톡톡히 할 것입니다.

둘째로 전 세계 포털 사이트에 한식에 관련된 정보를 제공하는 방법입니다. 만약 외국 음식을 처음 요리하고자 한다면 어떻게 할까요? 아마도 포털 사이트에서 조리법을 검색할 것입니다. 마찬가지로 외국인들도 한식을 만들고 싶을 때 현지의 포털 사이트에서 검색을 할 것입니다. 따라서 세계의 주요 포털 사이트에 한국의 음식에 대해 체계적으로 정보를 올린다면 외국인들이 한국 음식을 접할 수 있는 좋은 기회가 될 것입니다.

셋째로 블로그와 위키피디아, 인스타그램과 같은 소셜 미디어 사이트를 적극적으로 활용할 필요가 있습니다. 구글과 같은 해외 검색 사이트에서 한국 음식을 검색하면 전문가 사이트나 정부의 공식 사이트가 메인으로 노출되는 것이 아니라, 네티즌들이 자발적으로 만드는 위키피디아 백과사전이나 블로그의 내용이 노출됩니다. 하지만 이러한 사이트에 실린 한국 음식 관련 정보는 왜곡된 내용이 많고, 정보의 절대량도 부족합니다. 따라서 한국 네티즌들이 위키피디아와 같은 사이트에 한식에 관한 올바른 정보를 제공하거나 한국 음식을 맛본 외국인들로 하여금 블로그에 글을 적극적으로 올리도록 유도하는 활동이 필요합니다.

무엇보다 한식을 가장 사랑받는 세계 음식으로 만들기 위해서 가장 필요한 것은 바로 우리 스스로가 한식에 대한 사랑을 갖는 것입니다. 한식의 가치를 제대로 알고 있는 우리 스스로가 세계인들에게 한식을 열정적으로 소개할 때 진정한 한식 세계화를 성취할 수 있지 않을까요?

SOS! 위키피디아를 통해 한식을 홍보해주세요!

I've noticed that you have a PR campaign regarding Korean culture on Youtube, but can someone with more knowledge in your group regarding Korean food add to the edits for "Korean food" section in Wikipedia.com? Wikipedia has become a major resource for information to many, especially in US. It's a place where people come to learn about anything they desire. But one problem with Wikipedia is that it's contents are controlled by anyone, even without any major studies in the matter. I believe Korean food is a doorway for outsiders unaware of Korean culture.

But currently, Korean food section is being controlled by two Americans with very little knowledge in the matter and they are misrepresenting what Korean people eat daily. Of the topics they list, most controversial being consumption of dogs.

There's no denying that many Koreans consume dogs and it's

something we should not be proud of. But the consumption of dogs in regular basis is a minor number of population, but the two authors on Wikipedia have presented dog eating as a major food source in Korea without a mention of any controversies. Please look over the 'Korean food' section and the discussions that people had regarding the matter and add any input that really represents the diet of majority of Koreans. Thanks.

저는 당신의 기관이 유튜브에 한국 문화에 대한 캠페인을 펼치고 있는 것을 압니다. 하지만 당신 기관에서 한식에 대해서 관심이 있는 누군가가 위키피디아에 있는 'Korean food' 섹션에 글을 남겨줄 수 있나요? 위키피디아는 특히 미주 지역을 비롯해서 전 세계적으로 정보를 얻는 창고가 되고 있습니다.

이곳은 사람들이 배우고 싶은 것을 알아내고자 방문하는 곳입니다. 위키피디아의 문제점은 해당 분야에 대해 전문적인 실력이 없는 사람들이 정보를 조작할 수 있다는 점입니다. 저는 한국 음식이 한국 문화를 잘 모르는 외국인에게 한국 문화에 관심을 갖도록 하는 일종의 관문이 되어준다고 생각합니다.

하지만 현재 위키피디아의 한국 음식 섹션은 한국 음식에 대해 잘 모르는 두 명의 미국인에 의해 조작되고 있고 그들은 한국인들이 매일 먹고 있는 음식에 대해서 잘못된 정보를 제공하고 있습니다. 그들이 만든 내용은 대부분 개고기에 대한 것입니다. 한국인들이 개고기를 먹고 있다는 사실은 거부할 수 없는 것이고 자랑스럽지 않은 것입니다. 하지만 개고기를 먹는 사람들은 많지 않은데 두 명의 위키피디아 에디터들은 다른 사람의 의견은 듣지도 않은 채 한국인들이 개고기를 주식으로 먹는 것처럼 소개하고 있습니다. 제발 한국 음식 섹션, 다른 네티즌들이 쓴 글, 한국인의 주식에 관한 내용이 어떤 것이 추가되고 있는지 discussion부분을 봐주세요. 감사합니다.

위키피디아 백과사전 사이트를 통한 국가 브랜드 홍보

위키피디아는 누구나 집필자가 되어 글을 수정할 수 있다는 것과 백과사전의 특성상 한 국가에 대해서 역사, 지리, 문화, 과학 등 전반에 대해서 상세한 정보를 지니고 있다는 특징을 갖고 있습니다.

또한, 이러한 상세 정보는 위키피디아에서 만든 음식, 책, 뉴스 등의 자매 사이트를 통해 특정 정보에 갈망하는 네티즌들의 욕구를 충족시켜 주고 있습니다. 기존의 백과사전에서는 우리나라에 관한 정보가 잘못되어 있거나 빈약한 경우, 이를 시정하려면 해당 출판사를 섭득해야 하고 수정된 내용이 출판되기까지 많은 시간이 걸렸습니다. 하지만 위키피디아는 쉽게 수정할 수 있다는 특징을 갖고 있기 때문에 이를 잘 활용하여 한국을 홍보한다면, 한국에 관한 매우 다양한 정보들을 수억 명의 네티즌에게 알릴 수 있습니다.

• 사이트 소개

http://www.wikipedia.org

　참여형 백과사전으로 네티즌이면 누구나 내용을 수정하는 것이 가능합니다. 미국 시장 조사 기관 컴스코어가 15세 이상 인터넷 사용자 200만 명을 대상으로 한 조사에 따르면, 2007년 3월 한 달 동안 전 세계에서 2억 1천 2백 2십만 명이 위키피디아는 방문했다고 합니다. 과학 학술지 네이처는 브리태니커 백과사전과 위키피디아의 과학 관련 내용을 비교해본 결과 정확도가 비슷하다고 발표하기도 했습니다. 위키피디아는 하와이어로 '빨리빨리'를 뜻하는 '위키*Wiki*'와 백과사전을 뜻하는 Expedia를 합친 말로, 영어뿐 아니라, 전 세계 200여 개의 언어 버전으로 사이트가 운영되고 있습니다.

• 사이트 참여 방법

　'한국' 또는 '남한'을 쳤을 때 나오는 페이지의 내용을 수정하세요.

① 위키피디아 사이트에 가서 본인이 참여하고자 하는 언어 사이트로 가서 '한국' 또는 '남한'으로 검색을 해서 나온 페이지를 확인합니다.
＊ 여기에서는 영어를 기본으로 했습니다.

② 검색해서 나온 내용을 읽어보세요. 만약, 우리나라에 대한 설명 중 빈약한 내용이 있어서 수정하고 싶거나, 내용을 추가하고 싶다면, 해당 항목(content) 이름의 오른편에 보이는 'edit'를 클릭하세요.

③ editing창 안에 있는 내용 중 삭제하고 싶은 부분은 삭제를 하고 첨가할 부분은 첨가합니다. 이곳에 다른 백과사전이나 사이트 내용을 그대로 복사해서 붙여넣으시면 위키피디아 관리자에 의해 삭제될 수 있습니다.
* 내용에 사진을 넣을 수도 있고, 표제어에는 링크를 걸 수도 있는데, 이러한 설정을 하는 방법은 위키피디아 안내 사이트에 자세히 나와 있습니다.

④ 내용을 다 입력한 후에는, 'Save page' 버튼을 눌러서 쓴 내용을 업데이트 합니다. 버튼을 누르고 조금 기다리면 본인이 바꾼 페이지의 내용이 바로 적용되어 보입니다.
* 본인이 바꾼 내용은 다른 사용자에 의해서 변경될 수도 있습니다.

'한국'과 관계된 글의 내용을 수정하세요.

① 우리나라를 전반적으로 소개하는 페이지에서도 관련된 내용을 작성하거나 수정할 수 있습니다. '한국' 또는 '남한'을 검색해서 들어갔을 때 본문에 보이는 파란 글씨들은 그 단어에 대해서 더욱 자세하게 소개한 내용이 있는 것들입니다. 이 단어 중에는 우리나라 음식, 자연, 문화, 역사 등을 자세히 알릴 수 있는 것들이 있습니다. 본인이 잘 알고 있는 단어를 클릭해서 해당 내용을 편집해보세요. 또한 본문 글에서 빨간색 글씨로 되어 있는 것들은 링크가 존재하지만, 내용이 아직 없는 것들입니다. 글씨를 클릭해서 해당 내용을 작성해보세요

② 항목 아래에 보면, 주요 글(Main article) 또는 더 자세히(See also)로 설정되어 있는 글 제목들이 있습니다. 이곳에 들어가면, 해당 제목의 내용을 더욱 자세히 다루고 있는 것을 볼 수 있습니다. 이러한 내용을 수정해보세요.

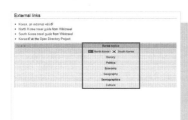

③ 위키피디아 언어별 사이트 메인 우측 상단에는 색인 코너가 있습니다. 이곳에서는 위키피디아에 등록되어 있는 모든 글들의 제목을 정리해둔 곳입니다. 여기서, 한국과 관련된 주제를 찾아서 수정을 해보세요.

위키피디아 백과사전 사이트 외에도 위키 뉴스, 위키 트러블 등의 사이트에 자신이 잘 알고 있는 분야의 정보를 업데이트 할 수가 있습니다. 이 사이트들의 사용법은 위키피디아와 동일하며, 항목 옆에 보이는 편집 'edit' 버튼을 통해서 수정할 수 있습니다.

① 위키 트러블

http://wikitravel.org

위키 트러블은 세계 각국의 여행 정보를 싣고 있는 곳입니다. 한 달 평균 2백만 명이 접속하고 있습니다.

이 사이트는 번거롭게 로그인 하지 않아도 해당 국가의 특정 지역에 대해서 서술이 가능하므로 편리하게 이용할 수 있습니다.

현재 한국 소개 부분에 더욱 많은 관광 정보가 필요하며, 특히 각 도별 소개가 전무한 상태입니다. 따라서 여러분이 살고 있는 고장에 대해서 소개하는 글이나 사진을 올려서 외국인들이 고장을 방문을 하도록 해보세요.

② 위키사전

http://wiktionary.org

위키사전은 각 언어별 온라인 사전입니다. 본인이 잘 알고 있는 언어의 사이트로 들어가서, '한국'을 치거나, '남한'을 치면 관련된 단어의 뜻을 보여주는 페이지가 나옵니다. 이곳의 내용을 수정해보세요. 또한 김치, 태권도, 한글 등 해외에 잘 알려져 있는 한국의 문화유산을 검색해보고, 없다면 단어를 추가해보세요.

③ 위키북스

http://wikibooks.org

위키북스는 교과서 대신에 볼 수 있는 학습 자료를 모아놓은 곳입니다. 이곳에서 '한국'을 검색하여 나오는 주제들을 보고 내용을 수정해보세요. 현재 영문 위키북스에서 'Korean'을 치면, 한국어를 단계별로 배울 수 있도록 구성된 페이지가 나오지만, 글도 적을 뿐더러 내용이 충분치 않습니다. 이 페이지만 보고도 외국인 친구들이 한글을 배울 수 있도록 도와주세요.

④ 위키뉴스

http://wikinews.org

위키뉴스는 네티즌이 기자가 되어서 기사를 실시간으로 올리는 사이트입니다. 여러분이 직접 기자가 되어서 전 세계인들에게 우리나라의 다양한 뉴스를 알릴 수 있습니다. 예를 들어 자신의 고장에서 하는 행사를 알리는 기사를 쓸 수도 있으며, 한국의 음식에 대한 기획 기사를 작성할 수도 있습니다.

⑤ 위키미디어

http://commons.wikimedia.org

위키미디어 사이트는 사진, 동영상을 공유할 수 있는 사이트입니다. 우리나라의 음식, 예술, 지역, 의복, 종교 등 다양한 주제에 관해서 사진과 동영상을 올려서, 다양한 모습을 홍보할 수 있습니다. 현재 영문 위키미디어 사이트에는 각 주제에 대해서 몇 개의 사진만 올라와 있는 상태입니다. 한국(Korea) 또는 남한(South Korea)을 검색하거나, 메인 페이지에 있는 항목(Contents)의 카테고리에서 한국을 찾아서 사진과 동영상을 올려보세요.

구글어스를 통한 국가 브랜드 홍보

2009년도 어느 날, 연합뉴스 기자로부터 전화가 걸려왔습니다. 제보가 들어왔는데, 8월 24일 고 김대중 대통령이 서울 국립현충원에 안장됐다는 소식을 듣고 위치가 궁금해 영어판 구글어스를 보다가 충격적인 것을 발견했다는 것입니다. 그 내용인 즉, 국립현충원으로 검색하면 현충원 전경 사진에 일본어와 한국어, 영어로 각각 '독도는 일본의 영토'라고 두 군데나 표기가 되어 있다는 것이었습니다.

제보자는 "누가, 언제 이 같은 표기를 해놨는지는 몰라도 전 세계 이목이 집중된 김대중 전 대통령의 국장에 맞춰 이 같은 비열한 행위를 한 것이 틀림없다. 정말 화가 난다."며 울분을 토했고, 다른 제보자는 "다른 나라의 지도에서 독도가 일본 땅이라는 표기는 보았어도 우리나라를 위해서 목숨 바쳐 투쟁한 독립 운동가와 국가 유공자들이 영면하는 곳에 이러한 문구가 있다는 게 참으로 충격적이고 안타까운 일"이라고 분개했다고 합니다.

　반크는 연합뉴스 기자의 내용을 바탕으로 구글어스에 대한 한국 알리기에 착수했고 많은 네티즌들이 관련 내용에 대해 시정 요청을 한 결과 아래와 같은 공지가 구글 코리아 블로그 웹 사이트에 올라왔습니다.

　최근 한 사용자가 올린 부적절한 사진들(국립서울현충원 위치에 올린 사진)에 대한 문의가 오고 있어 아래와 같이 답을 올려봅니다.

　무엇보다도, 대한민국 국민으로서 저 개인도 이런 부적절한 내용이 올라온 것에 대해 대단히 유감스럽게 생각하고 있습니다. 현재 구글어스에 올라온 해당 사진들은 스팸으로 처리되어, 구글어스의 사진 플랫폼인 파노라미오에서는 즉시 삭제되었습니다. 다만 구글어스에는 사진이 아직 남아 있는데, 이것들은 구글어스의 바로 다음 업데이트(리프레쉬) 시 반영될 수 있도록 조치를 해놓았습니다.

　양해의 말씀을 드릴 것은 전 세계 위성 지도를 서비스하고 있는 구글어스에는 사용자들이 올리는 사진들, 마이맵이라고 하는 개인 지도들 등의 방대한 양의 콘텐츠들이 올라와 있기 때문에, 구글어스를 리프레쉬 하는데 시간이 꽤 걸린다는 것입니다. 나라, 국경, 언어를 망라하여 전 세계 사용자들이 함께 사용할 수 있는 플랫폼이 갖고 있는 규모를 이해해주셨으면 합니다.

　마지막으로, 모든 사용자분들께 설명 내지는 조심스럽게 부탁드리고 싶은 것은 아시는 것처럼, 구글어스는 전 세계 사용자들이 사진과 코멘트를 자유롭게 올릴 수 있도록 되어 있습니다. 동시에 사용자분께서 부적절하거나 잘못 올라온 사진들을 발견하시면 이에 대해 누구나 삭제 신고를 할 수 있게 되어 있습니다. 저희는 이런 신고가 들어오면 리뷰팀에서 즉시 평가를 하고 조치를 취하고 있습니다. 인터넷 사용자분들의 적극적인 참여(신고)가 있다면 보다 정확하고 신뢰할 만한 서비스가 될 것으로 생각되어, 조심스럽게나마 부탁을 드립니다.

감사합니다. 구글

구글어스를 활용한 국가 이미지 해외 홍보 전략

구글어스는 일종의 '디지털 지구본'으로 해당 지역에 대해 위키피디아에 등록된 설명이 있으면 아이콘으로 보여줍니다. 이 아이콘을 클릭하게 되면 등록된 사진과 설명을 볼 수 있습니다. 또한, 자신이 보고 있는 화면을 이미지로 저장하거나, 메일로 보내줄 수도 있습니다. 현재, 일본이나 중국의 경우 매우 많은 양의 사진과 설명이 등록되어 있으나 우리나라는 거의 정보가 없는 편입니다. 한국에 관심이 있는 외국인이 구글어스를 통해 우리나라를 찾았을 때 멋진 사진과 설명을 보여줄 수 있다면, 그들이 직접 한국을 방문하고 싶도록 유도할 수 있습니다. 외국인 친구가 있는 분이라면 한국의 위치뿐 아니라, 자신이 살고 있는 고장의 위치, 사진, 지역 설명을 한눈에 보여줄 수 있을 것입니다.

• 사이트 소개

http://earth.google.com

세계 최초로 위성으로 촬영한 사진을 제공하는 프로그램으로, 현재 전 세계 2억 명 이상이 사용하고 있다고 합니다. 이곳의 사진들은 미국의 상업 위성인 퀵버드 위성이 6개월~1년 전에 찍은 것이며, 최고 해상도가 60cm이기 때문에 최대한 확대하면, 하늘을 보고 있는 사람의 얼굴도 확인이 가능할 정도입니다. 프로그램을 설치한 후 검색 창에 전 세계 지명이나 나라 이름을 적고 검색하면, 해당 위치로 이동하게 됩니다. 무료 버전과 유료 버전이 있는데, 일반 네티즌이라면 무료 버전으로도 충분히 활용할 수 있습니다.

• **사이트 참여 방법**

구글어스 설치하기

① 구글어스는 아이디가 없어도 무료로 다운로드 받을 수 있습니다. 구글어스 사이트에 가서 오른쪽 상단에 보이는 'Download Google earth(Free)'라고 쓰인 초록색 버튼을 클릭하세요. 프로그램을 다운로드 받아서 설치하시면 됩니다.

② 프로그램 설치가 완료되어, 구글어스를 실행하시려면 'Run google Earth'를 클릭하세요.

③ 프로그램을 실행했을 때 지구가 보인다면 성공적으로 설치된 것입니다.

친구에게 내 고장 위치 알려주기

① 우선 'Search' 기능을 통해서, 자신이 살고 있는 지역을 찾아가 봅니

다. 'Fly to'라고 되어 있는 검색 창에 도시 이름을 입력해보세요.

② 오른쪽 상단에 있는 3D 툴을 이용해서 자신이 살고 있는 곳의 정확한 위치로 이동하거나 확대해보세요. 툴 사용법은 아래 구글어스 사이트를 참고하세요.

③ 이제 여러분의 고장을 친구에게 보여주기 위해서 저장해보세요. 파일 메뉴의 저장(Save)란에 들어가면 여러 형태로 여러분이 보고 있는 화면을 저장할 수 있습니다. 만약, 해외 친구가 구글어스 사용자라면, 'Save Place as'를 눌러서 kmz나 kml 파일로 저장하세요. 이 파일을 친구에게 보내주면 친구가 해당 위치를 구글어스를 통해 바로 가볼 수 있을 것입니다. 이렇게 보내주면 친구가 그 위에 있는 위키피디아 설명을 클릭해서 정보를 얻도록 할 수 있습니다. 만약 친구가 구글어스가 없다면 'Save Image'를 눌러서 그림 파일로 저장하시고 해당 파일을 친구에게 보내주면 됩니다.

④ 위와 같이 따로 저장을 해서 보내줄 수도 있지만, 마이크로 소프트 아웃룩 익스프레스나 구글 메일을 사용하고 있다면 저장할 필요 없이 바로 친구에게 보낼 수도 있습니다. File 메뉴의 Email 메뉴에 들어가서 친구에게 구글어스 파일로 보내주려면 'Email view'를 클릭하시고, 이미지로 보내주시려면 'Email image'를 클릭하세요.

구글어스의 연동 사이트를 공략하라

구글어스의 대부분의 지역 사진 위에는 3가지 아이콘이 보입니다. 이 3가지 아이콘은 해당 지역에 등록된 사진 자료, 백과사전 설명, 구글어스 커뮤니티 칼럼을 나타냅니다. 만약 여러분의 사진이나 글이 이러한 연동 사이트에 등록된다면, 구글어스 사용자 2억 명의 네티즌 중 한국의 지도를 보는 사람에게 최상의 정보를 제공할 수 있을 것입니다.

 Dear VANK

반크를 통해 한국을 알리는 한국 홍보 블로그 글을 올리기 시작하면서 조금은 어려웠습니다. 처음에는 인터넷에 찾은 정보를 단순히 나열하는 식으로 글을 올렸지만 시간이 점점 지나면서 이제는 내가 스스로 내 생각을 영어로 적고 표현했습니다. 생각해도 내가 정말 많이 발전한 것입니다. 기숙사에서 1주일에 한 번 집에 올 때마다 짬짬이 시간을 내서 하느라 힘들기도 했지만 많은 사람들이 내 글을 보고 정보를 얻을 수 있는 기쁨이 더 컸습니다. 특히 내가 기억에 남는 글은 소록도 봉사 활동을 하고 나서 올린 글입니다. 새벽까지 졸린 눈을 비비며 사전을 찾아가며 올린 글이 조회수 100이 넘어갔을 땐 정말 뿌듯했습니다. 해외 펜팔하는 친구가 내 블로그에 들어와서 예쁘다고 칭찬해주면서 내가 올린 이 글들이 외국의 친구들에게 정말 많은 정보를 주고 한국을 알릴 수 있는 기회가 됐습니다. 우리나라의 역사도 다시 한 번 공부해보고, 새로운 지역들과 문화를 올리기 위해 스스로 탐색하고 글을 쓰는 가운데 정말로 많은 것들을 배웠습니다. 또 대한민국, 우리나라를 사랑하는 마음을 갖게 되었습니다. 앞으로 스스로 글을 올리며 외국 친구들에게 한국을 소개하는 나의 활동은 계속될 것입니다.

- 문선화

chapter 03

말뚝에 밧줄로 묶인
대한민국 역사를 풀어나가자

  서커스단의 코끼리 이야기를 들어본 적이 있습니까? 코끼리는 몸무게가 약 7톤에 달하고, 코끼리의 코는 약 1톤 정도의 무게의 짐도 쉽게 들어올릴 수 있다고 합니다. 결국 코끼리는 100kg의 성인 남자 10명을 거뜬히 들어올릴 만큼 대단한 힘을 가진 셈입니다. 그런 까닭에 코끼리는 사자도 피할 만큼 정글의 세계에서 강력한 영향력을 가지고 있습니다. 그런데 이렇게 힘이 센 정글의 코끼리가 유독 서커스단에 있으면 머리털이 깎인 삼손처럼 힘을 발휘하지 못한다고 합니다. 그 이유는 무엇일까요?

  다 자란 코끼리의 기억을 지배하는 것은 유년 시절의 실패한 경험입니다. 서커스단의 조련사는 코끼리가 아주 어렸을 때 코끼리 발에 밧줄을 묶어 말뚝에 걸어놓는다고 합니다. 어린 코끼리는 말뚝에 묶인 밧줄을 끊어버리기 위해 있는 힘을 다해 노력을 해보지만 결국 힘에 부쳐 포기하고 맙니다. 이러한 유년 시절의 경험은 역사의 기록처럼 코끼리의 기억을 지배하게 되고, 결국 코끼리는 다 자란 후에도 밧줄을 끊을 시도조차 하지 않게 된다고 합니다.

과거에 경험한 실패의 기억이 코끼리의 미래를 발목 잡은 것처럼 우리 대한민국의 역사도 마찬가지로 누군가에 의해 밧줄로 묶여 있습니다. 최고의 지성이라 불리는 옥스퍼드 백과사전에는 한국은 1895년 청일전쟁에서 일본이 승리하기 이전까지, 중국의 통치 아래 있었다고 설명하며, 한국사의 시작도 14세기로 정의하고 있습니다. 브리테니커 백과사전에는 한국사를 중국에 의해 정복을 당한 역사로 설명하고 있습니다. 이 두 백과사전뿐 아니라 다른 백과사전 대부분이 한국을 외국에 의해 침략 당한 나라로 설명하고 있으며, 한국사 중에 긍정적인 내용을 거의 소개하지 않음으로써 그 설명을 읽는 사람들에게 부정적인 역사관을 심어주고 있습니다. 즉 5천 년에 달하는 한국사가 '노예의 역사'로 세계인들의 머리에 기록되고 있는 것입니다. 마치 서커스단의 코끼리처럼, 한국사를 노예의 역사로 규정시켜 대한민국의 잠재력과 영향력을 축소시키고 있는 것입니다.

중국은 한국의 고구려 역사를 강탈하기 위해 막대한 예산을 들여 동북공정 프로젝트를 추진했으며, 이미 그 결과를 중국 국민들에게 알리고 있습니다. 일본 또한 끊임없이 독도 영유권을 주장하고 있으며, 자국의 역사 교과서를 왜곡하여 학생들에게 가르치고 있습니다. 그런데 심각한 것은 이런 사실이 중국과 일본만의 역사 왜곡으로 끝나는 것이 아니라는 점입니다. 중국과 일본이 국제적 영향력을 지렛대로 삼아 전 세계 77억 외국인들에게 왜곡된 역사를 주입시키고 있습니다.

이제 우리는 코끼리의 발목을 붙잡고 있는 밧줄을 끊어내야 합니다. 그리고 어린 코끼리가 잊고 있었던 5천 년 한국 역사의 자긍심과 당당함을 알려주어야 합니다. 이를 위해서는 긍정적인 역사의식을 가진 지구촌 한인 지도자들의 역할이 매우 중요합니다. 그들이 바로 대한민국의 역사를 세계인의 가슴 속에 기록해나가는 역사가이기 때문입니다. 지구촌 한인 지도자들은 왜곡된 한국사에 대한 문제와 해결 방법을 지구촌 한인들과 함께 고민하고 이를 행동으로 옮길 수 있는 다양한 공간을 마련해야 합니다.

무엇보다도 21세기 대한민국의 주인공이 될 청소년들에게 올바른 역사의식을 심어주는 활동을 전개해야 하며, 한국의 유학생들은 한국을 홍보할 자료를 각 나라에 지원하는 등 전 세계에 한국의 역사를 알려나가는 다양한 국제적 프로그램도 진행해야 합니다.

해외 750만 한인 동포는 21세기 을지문덕 장군!

어느날 반크 사무실에 한 통의 전화가 걸려왔습니다. 전화를 건 사람은 73세의 할머니였는데, 아무 말 없이 한참 동안 울기만 하다가 가까스로 말문을 열었습니다. "감사합니다. 동해를 찾아줘서 정말 감사합니다. 역사를 되찾아줘서 정말이지 감사합니다." 그리고 덧붙였습니다.

일본해 문제뿐만 아니라 위안부 문제와 일제 강점기 시절 청산하지 못한 한민족의 맺힌 한을 풀어달라고 말입니다.

뿐만 아니라 할머니는 동해로 표기된 영문 세계 지도를 전 세계에 보급하는 데 써달라며 5만 원의 성금을 보내주었습니다. 반크는 할머니의 성금을 바탕으로 동해가 단독 표기된 영문 세계 지도를 제작했고, 7천만 대한민국 국민 모두와 흩어진 750만 한민족이 손끝으로 동해를 홍보할 수 있도록 전 세계 가정, 학교, 직장으로 우편 발송을 시작했습니다. 바로 이것이 바로 일본 외무성이 주장하는 '세계 지도상의 일본해 대세론'에 정면으로 맞서기 위해 반크에서 진행하고 있는 '21세기 을지문덕 프로젝트'입니다. 21세기 을지문덕 프로젝트는 세계 지도에 일본해로 표기한 60개국 나라를 대상으로, 동해가 표기된 영문 세계 지도를 가정, 학교, 직장, 지역 사회 곳곳에 공급하는 일입니다.

반크는 외국에 거주하는 해외 동포 중 자신의 학교, 직장에 세계 지도를 붙일 수 있는 사람, 혹은 한국에 거주하는 사람이라도 외국에 친구가 있어 그 친구의 학교나 직장에 세계 지도를 붙일 수 있는 사람을 21세기 을지문덕으로 위촉하고 있습니다. 21세기 을지문덕은 십부장, 백부장, 천부장, 만부장으로 구분되어 전 세계에서 활동하고 있는데, 십부장은 10명이 모이는 공간에, 백부장은 100명이 모이는 장소에, 천부장은 학교 강당처럼 1,000명이 모일 수 있는 장소에, 끝으로 만부장은 도시 광장에 축구 경기장 같이 대규모로 모이는 장소에 지도를 붙일 수 있는 사람을 뜻합니다.

612년 고구려가 한반도, 중국, 일본, 그리고 중앙아시아 일대를 좌지우지하며 동북아시아의 강자로 떠오를 당시 중국 수나라가 30만 5천여 명의 대군을 이끌고 고구려로 쳐들어왔습니다. 이때 고구려의 을지문덕 장군은 압록강에 대치하고 있는 수나라 진영에 혼자 침투하여 수나라군의 약점을 정탐하고 돌아왔습니다. 그러나 수나라 군이 이 사실을 알고 을지문덕 장군을 추격하였고, 이에 을지문덕 장군은 평양성 30리 밖까지 수나라를 유인하였습니다. 뒤늦게 속은 것을 깨달은 수나라 군사들이 도망치려 하자, 미리 준비하고 있던 고구려 군은 지금의 청천강인 살수에서 맹공격을 가하여 전쟁을 승리로 이끌었습니다. 결국 을지문덕 장군 한 사람의 지혜와 담대함, 그리고 나라 사랑이 고구려를 동북아시아의 당당한 중심국으로 올려놓은 것입니다.

을지문덕 장군처럼 일본의 막강한 자금력과 조직적인 외교력에 좌절하거나 굴복하지 않고, 21세기 을지문덕 장군이 끊임없이 활동하는 한 우리의 바다 동해는 과거에도 그랬듯이 앞으로도 영원히 한민족의 바다가 될 것입니다.

세계 곳곳에 한국의 문화 영토를 확장하는
21C 광개토 프로젝트

반크는 2006년 1월부터 해외 동포와 유학생들을 대상으로 21세기 광개토 사업을 전개하고 있습니다. 이는 광개토 태왕(재위 391~413년)이 고구려의 영토를 아시아에 광대하게 넓혀나가며 한민족의 전성기를 열어나간 것처럼, 21세기 해외 동포와 유학생들이 전 세계에 한국의 역사와 문화를 널리 알림으로써, 한민족의 문화적 경계를 다시 한 번 전 세계에 구석구석 확장시켜나가는 사업입니다.

반크는 한국을 알릴 해외 동포와 유학생들을 21세기 광개토 태왕으로 위촉하고, 그들에게 다양한 한국 홍보 자료를 무료로 지급하고 있습니다. 또한 그동안 개별적으로 한국을 홍보하고 있었던 수많은 해외 동포들로부터 다양한 사연을 접수받고 있습니다.

캐나다에 유학 간 한 학생으로부터는 유학 생활 중에 한국에도 차가 있느냐, 높은 빌딩이 있느냐, 어떻게 캐나다까지 공부를 하러올 수 있느냐 등 외국 학생들이 아직도 한국을 가난한 나라로 알고 있는 현실에 실망했다면서, 자신은 그때마다 서울 시내와 멋진 야경들이 찍힌 엽서를 보여주고, 거리에서 보이는 현대차를 가리키면서 저것이 한국에서 만든 차라며 주변 친구들에게 자랑을 하고 다닌다고 합니다.

뉴질랜드의 한인회 부회장으로부터 받은 메일도 잊을 수 없습니다. 그는 자신의 조카가 다니는 초등학교에서 한국에 대한 강의를 해달라고 하여 7세 어린이들을 대상으로 1시간 정도 강의를 한 적이 있다고 합니다. 대상이 어린이들이라 주로 흥미 있는 주제로 강의를 진행하려고 노력했는데 뉴질랜드의 어린이들로부터 쏟아지는 질문들이 30년 전 새마을 운동을 할 당시에나 어울릴 것 같은 질문들이라 놀랐다고 합니다. 이런 질문이 나온 것에 대한 해답은 학교 도서관에 있었습니다. 마침 학생들이 학교 도서관에서 빌려서 보는 책들이 모두 30년 전에 제작된 것이어서 새마을 운동, 경제 개발 이런 내용들뿐이었던 것입니다.

그는 아이들이 어려서 배운 한국에 대한 지식이 평생을 갈 것이고, 무엇보다 오래되고 낡은 자료를 통해 잘못 각인된 한국의 모습이 다음 세대들의 머릿속에 오랫동안 기억되어 한국에 대한 편견으로 이어지지 않을까 걱정하면서, 현지에서 도울 수 있는 일이 있으면 알려달라고 덧붙였습니다.

빠른 속도로 발전하며 변화와 변화를 거듭해가는 한국의 모습이 제대로 전달되지 못하고 있기 때문에 외국인들의 머릿속에는 항상 뒤처진 한국의 모습이 자리 잡고 있다는 사실을 반크는 이번 광개토 사업을 통해 알게 되었습니다. 따라서 해외 도서관 및 학교에 한국을 홍보하기 위한 자료가 너무 부족하고, 영어 이외에 현지어로 된 한국 홍보 자료의 배포가 절실히 필요한 상황이라는 사실을 깨달았습니다. 또한 외국의 젊은 세대들에게 어필할 수 있는 멀티미디어로 된 한국 홍보 자료를 인터넷으로 확산시키는 노력이 절실히 필요하다는 사실도 깨달을 수 있었습니다.

무엇보다 반크가 이번 광개토 사업을 통해 거두게 된 최대의 수확은 전 세계 한인 동포들과 유학생들이 먼저 한국의 국가 이미지를 위해 발 벗고 나섰다는 점입니다. 과거 광개토 대왕이 동서남북으로 영토를 확장하여 한민족 시대를 그려나가는 역사의 주인공이 된 것처럼, 이제는 750만 한인동포가 전 세계 77억 인구의 머리와 가슴 속에 한국의 이미지를 우뚝 세우고, 한민족의 지경을 세계에 확산시켜나가는 21세기 광개토 태왕인 것입니다.

한글을 해외 동포에게 알려나가요!

2004년 중국 정부는 중국어를 배우는 외국인의 수를 2010년까지 1억 명으로 늘리기 위한 중국어 세계화 프로젝트를 선포하였습니다. 이를 위해 중국은 국무원(내각) 산하에 중국어 세계화 추진을 위한 전담 기구를 설치하였고, 해외 각 나라에 중국어 교육 보급 및 확장을 위한 전문 중국어 교육 센터, '공자 연구소'를 설립했습니다. 또한 캐나다 국제 교류 기관과 함께 5만 5천 개의 해외 학교와 온라인 국제 교류 프로그램을 진행하여 전 세계 청소년들이 학창 시절부터 중국 청소년들과 친밀한 우정을 나누게 하는 계기를 마련하고 있습니다. 이를 통해 자연스럽게 외국 학생들의 중국어 학습 의욕을 높이게 하고, 이를 기반으로 중국 역사와 문화를 세계 학교와 교실에 전파하고 있습니다. 이런 중국 정부의 노력으로 현재 전 세계에 4천만 명 이상이 중국어를 배우고 있으며, 초, 중, 고등학교에 중국어 교육 열풍이 불고 있습니다.

'외국인이 중국어를 배우는 것이 무슨 상관이냐?'고 물을 수 있겠지만, 사실 이러한 중국어 세계화 정책은 고구려를 강탈하기 위해 추진하는 동북공정 프로젝트와 무관하지 않습니다. 외국인이 한 나라의 말과 글은 배우게 되면, 그 나라의 역사와 문화도 자연스럽게 배우게 됩니다. 따라서 전 세계 외국 학생들이 가치관이 형성되는 청소년 시절에 중국어를 접하게 되면 자연적으로 중국 중심의 아시아 역사를 배우게 되고, 이는 결과적으로 한국의 전체 역사가 중국의 식민지, 속국이었다는 왜곡된 역사 논리를 정당화하려는 동북공정 프로젝트와 맞물리게 됩니다. 그렇다면 중국어 세계화 전략과 맞서 한국어를 범세계화 할 수 있는 성공적인 전략은 무엇일까요?

국내 거주 외국인에게 한국어를 적극적으로 배우게 해야 합니다.

현재 한국에는 100만 명이 넘는 외국인이 체류하고 있고, 이 중 약 7만 명이 대학에서 한국어를 배우는 교환 학생입니다. 그중 특히 아시아 학생들은 향후 현지에서 리더로 성장할 가능성이 크다고 볼 때, 더더욱 그들에게 한국어를 적극적으로 가르쳐야 합니다. 무엇보다 한국어는 한국에 거주하는 모든 외국인이 한국을 이해하는 첫 관문입니다. 따라서 국내 대학교 한국어 학당에 재학 중인 외국인에게 한글과 세종대왕에 대해서 올바르게 가르쳐 향후 한국의 문화, 역사, 경제 등 전 영역에서 한국을 사랑하는 친한파로 성장할 수 있도록 적극적인 지원을 해야 합니다.

전 세계에 한글 교육 기관을 확장하고 네트워킹 해야 합니다.

전 세계 학교에서 한국어가 제2 외국어로 채택이 되는 학교는 일본어나 중국어에 비해 형편없이 낮습니다. 하지만 최근 미국 대학 입학 수능 시험(SAT)에서 한국어를 택하는 학생들의 수가 계속 증가해 2008년에는 한국어가 네 번째로 인기 있는 외국어로 발돋움했습니다. 이는 미국 내에 이민 간 한국 이민자와 자녀들의 교육을 통해 한국어에 대한 수요가 늘어난 것으로 분석되고 있습니다. 따라서 한국어가 제2 외국어로 채택되기 위해서는 한글 교육 기관 설립을 확장해나가야 하며, 해

외에서 자발적으로 운영하는 한글 학교를 지원하는 등 해외 동포와의
적극적인 네트워킹이 필요합니다.

외국인이라면 누구나 무료로 한국어를 배울 수 있도록 해야 합니다.

미국, 영국 등 주요 선진국 대학교 웹 사이트는 전 세계 네티즌 누구
나 학교 과목을 청강할 수 있도록 하고 있습니다. 이처럼 한국에 직접
방문하거나, 교육 기관을 통하지 않더라도 온라인상에서 한국어를 배
울 수 있도록 해야 합니다.

21세기 e-세종대왕을 양성해야 합니다.

한국의 모든 네티즌들이 인터넷을 통해 전 세계 외국인들을 사귀고,
사귄 해외 친구들에게 한글을 적극적으로 전파하여 21세기 e-세종대왕
을 양성해야 합니다. 21세기 e-세종대왕은 전 세계 외국 친구들과 이메
일 편지를 주고받으며 한글을 맨투맨으로 가르치는 사이버 한글 교사
입니다. 펜팔과 채팅으로 한국인과 친구가 되는 전 세계 외국 친구들은
누가 강요하지 않아도, 한글을 배우고 싶어질 것입니다. 또한 한글을
개발한 세종대왕의 국가 운영 철학에 감동하게 될 것입니다.

21세기 세계를 이끌어나가는 것은 군사력이나 경제력이 아닌, 세계
인들의 자발적인 사랑과 지지를 받는 문화적 힘입니다. 그리고 이러한
문화적 힘의 기반이 되는 것은 '언어'입니다. 소통의 도구가 되는 것이
바로 언어이기 때문이죠. 따라서 세계 최고 수준의 정보 통신 네트워크
를 구축한 한국이 전 세계 77억 인구를 대상으로 적극적으로 교류 활동

을 추진한다면, 또 그 과정에서 사랑을 받고, 한글이 세계인의 언어가 되도록 적극적으로 알려나간다면, 세종대왕의 정신과 철학이 21세기 살아가는 7천만 모든 한국인을 통해 다시 한 번 구현되는 놀라운 역사가 우리 눈앞에 실현될 것입니다.

요코 이야기, 세계에 한국사 바로 알리는 계기로

일제 강점기 때 한국인이 선량한 일본 여자를 성폭행하고, 일본인을 학대했다는 내용을 담은 소설책 《요코 이야기(원제 far from the bamboo grove)》가 미국의 많은 지역에서 중학교 영어 교재로 사용되고 있다는 사실이 미국 뉴욕 근교 학교에 재학 중인 허보은 학생에 의해 알려져 큰 사회적 파장을 일으키고 있습니다.

이 사실을 제보한 허보은 학생은 한국을 침략해 수많은 한국 사람을 죽인 것은 일본인인데, 마치 한국 사람이 일본인을 성폭행하는 나쁜 사람으로 묘사된 책이 학교에서 교재로 사용되는 것을 보고 충격을 받아 등교 거부까지 했다고 합니다. 이 사건을 계기로 미국 내 한인 학부모들은 미국 정부를 대상으로 이 책의 교재 사용을 중단해줄 것을 요청하는 등 한민족이 하나로 힘을 모아 이번 사태를 대처해야 한다는 목소리가 높아지고 있습니다.

실화 소설을 표방하는 《요코 이야기》는 일제 말, 한국인들이 일본으로 피신하는 일본 부녀자들을 성폭행하고, 선량한 일본인들을 괴롭힌

장면을 목격한 한 소녀의 이야기를 통해 전쟁의 참혹함을 알리는 반전 소설을 표방하고 있습니다. 그런데 심각한 것은 이 책이 《안네의 일기》를 출간한 출판사에서 발간했다는 점입니다. 《안네의 일기》는 과거 독일 나치 치하에서 핍박받는 유대인 소녀의 이야기를 통해 전쟁의 아픔을 대변한 작품입니다. 그렇기 때문에 《요코 이야기》가 마치 일본판 안네의 일기처럼 포장되어버렸고, 결국 세계인들에게 전쟁의 끔찍함을 알리는 미국 중학교 교육 교재로 권장되고 있습니다. 전쟁을 일으킨 일본을 희생 국가로 둔갑시키고, 피해를 당한 한국이 일본 국민들에게 심각한 정신적 피해를 준 나라로 만든 게 과연 합당하다고 볼 수 있을까요?

안타까운 사실은 이 책이 이미 지난 10년간 많은 미국 중학교에서 영어 교재로 사용되었다는 점입니다. 아마도 일본이 수많은 한국인들에게 뼈에 사무치는 아픔과 시련을 준 사실을 모르는 상당수 미국 교사와 학생들은 이 책을 통해 한국인은 착한 일본인을 학대한 나쁜 사람이라는 생각을 갖게 되었을 것입니다.

더 나아가 이 책에는 한국의 역사를 심각하게 왜곡하고 있습니다. 예를 들면 '가쓰라-태프트 조약 등을 통해 정당하게 점령한 것'이라는 논리로 일본의 식민 지배를 합리화하고 있습니다. 또한 일본은 과거 2천년 전부터 한국에 관심이 있었다는 식으로 서술하여, 고대 한국의 남쪽 가야 지역은 일본의 속국이었다는 왜곡된 임나일본부설을 간접 지지하는 내용도 담고 있습니다.

하지만 문제는 여기서 그치지 않습니다. 뉴욕 한인 방송에 따르면 한국 측의 입장을 수긍하며 교재 사용을 중단했던 학교 측에서, 현지 교사와 타 민족의 반발에 의해 교재를 다시 사용하게 되었다고 합니다. 한국의 역사를 제대로 알지 못하는 미국 학교 입장에서는 일제 강점기 시절 일본이 한국인에게 저질렀던 수많은 악행보다, 이 책이 미국 중학교 학생들에게 전쟁의 실상과 참상을 알리는 반전 교재로서의 교육적 가치가 더 있다고 판단하는 것 같습니다. 또한 한국 측이 제기하는 역사 왜곡 사항에 대해서는 한국 측 역사 인식을 반영할 수 있는 다른 교재와 참고 교육 자료를 선택하도록 하여 한국과 일본의 양쪽 입장을 다 볼 수 있도록 하는 조정안을 제시한다고 합니다.

바로 여기서 심각한 문제가 발생합니다. 현재 미국 학교 교실에 비치된 한국 역사책이 일본 역사책에 비해 턱도 없이 부족하며 인터넷이나, 교과서, 백과사전에도 왜곡된 내용이 많기 때문입니다. 한국보다 수십 년 앞서서 일본 문화와 역사 알리기에 물밑 작업을 해왔던 일본인의 노력이 왜곡된 역사를 진실로 둔갑시키는 데 큰 역할을 한 것입니다. 일본의 손끝에 의해 뒤바뀐 한국의 역사는 《요코 이야기》에 국한되지 않습니다. 이미 수십 년간 일본은 전 세계 중, 고등학생들이 보는 외국 교과서와 세계 지도, 백과사전, 인터넷에 독도를 다케시마로, 동해를 일본해로, 한국을 과거 중국의 식민지 국가로, 한국의 일제 강점기는 한국 경제의 기틀을 다진 시기로 바꿔버렸습니다.

그렇다면 이런 상황속에서 우리가 해야 할 일은 무엇일까요? 최우선적으로 모든 한국인들이 이번 《요코 이야기》를 한국 역사를 제대로 알리는 자극제로 삼아야 합니다. 한국인들이 세계인들에게 한국의 역사를 제대로 알리지 않는 한 제2, 제3의 《요코 이야기》가 우리 앞에 등장할 것입니다. 교재 사용 중지를 요구하거나, 세계인들에게 읽지 말아달라고 부탁한다고 해서 문제는 해결되지 않습니다. 본질적인 해결 방법은 이런 일이 발생하기 전에 세계인들에게 한국의 제대로 된 역사를 적극적으로 알리는 것입니다.

또한 전 세계 한인 동포가 한국 역사와 문화를 세계인의 보편적인 시각으로 구체화시키는 데 전심전력으로 노력해야 합니다. 이번 사건을 통해 알 수 있듯이, 한국의 역사를 제대로 알리지 않으면 동포의 자녀들은 앞으로도 한국인이란 이름으로 교실에서 모멸감을 느끼게 될 것입니다. 따라서 자녀들 둔 동포들은 기회가 있을 때마다 제대로 된 한국 역사를 자녀분들에게 들려주어야 하고, 자녀들이 공부하는 학교 도서관에 다양한 한국 역사와 문학 자료를 제공해야 합니다. 그리고 주변 외국인들에게 한국의 역사를 제대로 설명하는 한국 홍보 대사 역할을 자임하여 세계인의 가슴 속으로 파고들어야 합니다. 외국어 구사력과 현지 외국인과의 친근성이 뛰어난 동포들이 적극적으로 나선다면 언젠가 전 세계 77억 모든 외국인들이 우리를 대신해서 《요코 이야기》가 미국 교육 현장에서 사용되지 않도록 힘이 돼줄 것입니다.

직지! 해외 동포가 인정하는 세계인의 유산

반크는 2006년부터 직지의 고향 청주시와 함께 직지 세계화 캠페인을 하고 있습니다. '현존하는 세계 최초의 금속 활자'를 '구텐베르크'로 잘못 알고 있는 각 나라 교과서, 백과사전, 웹 사이트가 '직지'라고 올바르게 시정할 수 있도록 돕고, 직지의 가치를 세계인들과 해외 교과서 저자, 교사, 학생들에게 알리는 활동입니다.

캠페인을 추진하면서 느낀 점이 있다면 세계인들뿐 아니라 한국인들도 직지에 대한 가치를 제대로 알지 못하고 있다는 것입니다. 단지 구텐베르크보다 78년 앞선 세계 최초 금속 활자본이라는 교과서적인 지식만 알고 있을 뿐, 한국과 아시아, 나아가 세계사적으로 어떤 가치와 의의가 있는지, 그리고 이 발명이 인류에 어떤 영향을 끼쳤는지 모르는 사람들이 많습니다.

금속 활자 인쇄술은 세계적으로 지난 1천 년 동안 인류 문명사에 가장 큰 영향을 준 혁명적인 사건으로 평가받고 있습니다. 2000년에 미국의 〈라이프〉에서는 인류 역사에서 가장 중요한 사건으로 구텐베르크의 금속 활자를 꼽았습니다. 금속 활자로 된 구텐베르크의 42행 성경 보급으로 정보가 대량으로 소통이 되었고, 급기야 유럽의 종교 개혁과 르네상스를 일으켜 세계를 변화시키는 원동력이 되었기 때문입니다. 그런데 이런 금속 활자를 개발한 나라는 다름 아닌 한국이자, 한국 역사입니다.

금속 활자는 하늘에서 우연히 뚝 떨어진 발명이 아닙니다. 금속 활자 이전에는 목판 인쇄가 사용되었는데, 한국은 중국의 금강경(868년)과 일본의 백만탑 다라니경(770년)보다 앞서 세계에서 가장 오래된 무구정광 대다라니경(751년)을 인쇄한 나라입니다.

금속 활자 또한 서양의 구텐베르크(1455년)보다 78년 앞선 1377년도에 직지를 인쇄했습니다. 하지만 아직 세계의 많은 외국인들은 한국의 금속 활자가 최초라고 할지라도 그것이 세계사적으로 기여한 것이 없으므로 가치가 없다고 말합니다. 하지만 한국의 금속 활자는 고려 시대를 넘어 조선 시대로 개량 발전되어, 계미자, 경자자, 갑인자로 이어지고, 월인천강지곡(1477)과 같은 한글 활자로도 발전해나갑니다. 그리고 한국의 금속 활자 인쇄술은 한국뿐 아니라 아시아에 확장되었습니다. 또한 한국의 금속 활자가 일본에 전래되어 책을 인쇄하는 데 사용되었다는 사실이 일본의 역사서에도 기록되어 있습니다.

2000년대에 들어서 한국의 금속 활자와 직지는 세계적으로 진가를 발휘하고 있습니다. 2001년에 유네스코에서는 직지를 세계 기록 유산에 등록하여 세계사적인 유산으로 공인하였습니다. 앨 고어 전(前) 미국 부통령은 2005년 '서울디지털포럼'에서 한국의 정보 기술(IT) 발전에 대해 놀라움을 표시하면서 "서양에서는 구텐베르크가 인쇄술을 발명한 것으로 알고 있지만 이는 당시 교황 사절단이 한국을 방문한 뒤 얻어온 기술"이라고 밝히기도 했습니다.

역사적으로 금속 활자 발명이 중국과 아시아에 영향을 미치고, 나아가 유럽의 르네상스, 종교 개혁으로 이어졌듯이, 우리는 21세기 신 르네상스를 만들어낼 만한 제2의 금속 활자를 찾아야 합니다. 제2의 금속 활자를 발견할 수 있는 힘은 한국의 역사를 통해 선조들의 지혜를 배울 때 얻을 수 있습니다. 만약 이 시대의 한국 젊은이들이 직지의 가치와 의의를 21세기에 다시 한 번 구현할 수 있다면, 한국은 가까운 미래에 21세기 신 르네상스를 펼쳐나갈 주인공으로 우뚝 성장할 것입니다.

바로 당신이 직지 세계화 홍보 대사

2006년 9월 삼성전자가 세계 최초로 전 세계의 모든 도로, 수로, 항로 정보를 엄지 손톱만한 크기에 담을 수 있는 반도체를 개발하여 세계인들을 깜짝 놀라게 했습니다. 이 반도체는 40나노(1억분의 4m) 공정의 32 기가비트(Gb) 플래시 메모리로 사람의 머리카락 3000분의 1 두께인 트랜지스터 328억 개를 엄지손톱 정도의 면적에 집어넣은 것과 같다고 합니다. 21세기 한국의 엔지니어들이 세계 반도체 역사를 매번 새롭게 써 나가며 77억 세계인들에게 새로운 차원의 정보 통신 시대로 한걸음, 한걸음씩 안내하고 있는 것입니다. 그렇다면 이렇게 혁신적인 반도체 개발로 세계 정보 통신 역사를 매번 최초라는 수식어를 써나가며 인류 역사에 기록될 수 있는 그 힘의 역사적 근원은 어디에서 유래된 것일까요? 눈을 감고 5천년 한국 역사의 전체적인 파노라마를 펼쳐보았습니다. 그리고 한국 역사에서 최초라는 수식어가 붙은 발명품 중에서 반도체처럼 지식 정보 확산과 관련성이 있으며, 인류 발전에 긍정적으로 기여하여 세계사에 의미 있게 기록된 발명품은 무엇인지 생각해봤습니다. 직지가 떠올랐습니다. 고려 시대에 발명된 직지야말로 바로 정보의 대량 전달을 가능하게 하여 인류 역사상 가장 위대한 발명으로 손꼽히는 금속 활자이기 때문입니다. 세계 역사상 금속 활자가 있었기에 16세기 유럽에서 일어난 종교 개혁과 르네상스가 가능하였고, 21세기에 들어와 인터넷을 통한 전 세계적인 지식 네트워크가 가능하게 되었다고 생각하는 순간, 마치 도미노처럼 14세기 고려 시대 직지부터 21세기 대한민국의 반도체까지 한눈에 연결되었습니다.

반크의 사이버 외교관들이 세계인들과 네트워킹 되어 한국의 국가 이미지를 세계에 알리다 보면, 사귀고 있는 외국 친구들에게 한국의 무엇에 대해서 어떤 방법으로 알려야 하는 것 때문에 고민을 많이 하게 됩니다. 특히 한국의 장점을 일방적으로 홍보하여 외국 친구들의 심적 부담을 주는 것에서 탈피하여, 자발적인 공감과 인정으로 받아들이기 위해서는 '직지와 반도체와의 연결고리'처럼 5천년 한국 역사에서 한국의 과거와 현재, 그리고 미래를 하나로 묶어 세계 역사에 긍정적으로 기여한 통합적인 사례가 무엇인지 끄집어내는 능력이 필요합니다. 한국인의 잘난척(?)을 천박한 자기 자랑의 수준으로 받아들이지 않도록 하기 위해서는 직지처럼 인류 역사에 한민족이 기여한 의미 있는 한국의 문화유산을 지속적으로 끄집어내고 세계인들에게 전해야 합니다. 1950년대 세계에서 가장 가난했던 우리나라가 불과 50년만에 세계 10대 경제 대국, 정보 통신 대국으로 성장했다며 물질적인 풍요와 수치로 세계인들에게 한국을 홍보하는 것에서 벗어나, 세계인들의 정신적인 풍요에 기여한 한국적 가치를 뽑아 전 세계에 전해야 합니다.

그런 의미에서 반크에서는 2006년 9월부터 청주 고인쇄 박물관과 함께 On-Off 직지 세계화 사업을 전개하고 있습니다. 직지는 한국에서 개발된 현존 세계 최고(最古) 금속 활자본이고, 2001년부로 유네스코 세계 기록 유산에 등재되었음에도 불구하고, 해외 교과서, 백과사전, 인터넷에서는 독일의 구텐베르크가 세계 최초의 금속 활자본이라고 잘못 소개하고 있고, 또 현재 세계인들의 시각 또한 직지보다 구텐베르크가 널리 소개되어 있는 실정이기 때문입니다. 예를 들어 미국 유명 교과서인 Glencoe:McGraw-Hill, National Geographic 출판사의 World History를 보면 독일의 구텐베르크 및 중국의 인쇄본만 소개하고 있습니다. 이외에도 아시아 유럽 등 각 나라의 주요 교과서를 보더라도 독일의 구텐베르크와 중국과 일본의 인쇄본은 자세히 소개하고 있지만 한국의 직지는 누락되어 있습니다. 인터넷상에서도 외국 학생들이 가장 많이 보는 백과사전 중 하나인 미국의 MSN 엔카르타 백과사전에서도 독일의 구텐베르크만 언급하고 한국의 직지는 누락돼 있습니다.

이처럼 각 나라 교과서, 백과사전, 인터넷상에서 구텐베르크와 일본과 중국의 인쇄 기술은 세계에 그토록 잘 알려져 있는 반면, 인류 역사상 최초인 한국의 금속 활자 인쇄본은 무시되고 있는 상황은 우리가 우리의 훌륭한 가치를 제대로 몰랐고, 또 세계인들에게 제대로 알리지도 않았기 때문입니다.

이제 세계인들에게 현존 세계 최고(最古) 금속 활자가 한국에서 시작되었다는 역사적 가치, 이를 개발한 한민족의 창조적 가치, 더 나아가 세계 지식 정보 확산에 기여한 한민족의 인류 문화적 가치 등 우리 민족의 뛰어난 정신적 역량을 5천 년 역사 속에서 뽑아내고, 이를 세계인들에게 보다 적극적으로 한국의 풍요로운 정신적 문화유산을 알려나가 한국의 국가 이미지를 높여나가야 합니다. 바로 당신이 77억 세계인들에게 한국의 품격을 드높이며 한국의 국가 이미지를 세계 속에 변화시켜나가는 21세기 직지 세계화 홍보 대사입니다.

사이버 외교사절단 반크는 한국의 청소년 청년들을 글로벌 직지 홍보대사로 양성하고 있습니다. 이 사이트를 통해 직지를 세계인들에게 어떻게 바로 알리며 직지를 통해 한국의 역사와 문화를 국제사회에 알리는 방법을 알 수 있습니다.

http://jikji.prkorea.com

우리에게 아직 12척의 배가 있습니다!

한국인들에게 역사상 가장 존경하는 인물로 손꼽히는 이순신 장군. 이순신 장군이 남긴 어록을 인용하는 정치가들은 수두룩하고, 회사 경영 좌표로 삼는 경영자도 있습니다. 뿐만 아니라 교과서에 청소년들에게 꿈을 주는 영웅으로 그려질 만큼 대한민국 사회 전 영역에서 이순신 장군의 영향력은 막대합니다. 하지만 한국인들 사이에서 최고 영웅으로 꼽히는 이순신 장군에 대해서 77억 외국인들은 어떻게 알고 있을까요?

2008년 반크가 해외 교과서, 유명 웹 사이트에 소개된 이순신과 임진왜란 내용을 분석하면서 공통적으로 발견한 문제점은 이순신과 임진왜란 관련 서술이 극히 적다는 것입니다. 일본의 침략 전쟁에 맞서 한민족을 구한 이순신 장군의 리더십과 용기는 한국인들뿐만 아니라 전 세계인들, 특히 자라나는 해외 청소년들에게 용기와 감동을 줄 수 있는 교육 콘텐츠임에도 불구하고, 세계 학생들이 필수적으로 보는 세계사 교과서와 인기 웹 사이트에는 거의 언급조차 되고 있지 않습니다.

또한 이순신 장군을 소개하고 있는 극히 소수의 외국 교과서와 웹 사이트조차 이순신 장군에 대해 잘못 소개하고 있습니다. 예를 들어 이순신 장군이 휴전 협정을 깨고 노량 해전에서 철수하는 일본군을 공격했다고 소개함으로써 마치 이순신 장군이 정당하게 전쟁에서 승리한 것이 아니라, 비겁하고 야비하게 전쟁에 임한 듯한 인상을 주고 있습니다. 이러한 서술은 침략 전쟁을 일으킨 일본에게 면죄부를 줄 수도 있으며, 이순신 장군의 품성과 임진왜란 당시의 업적을 격하시킬 수 있는 심각한 오류입니다.

이는 해외 교과서에서 한국사를 중국과 일본이라는 거대한 고래 사이에 낀 새우라고 비하한 관점과도 이어지는 내용이라 할 수 있습니다. 중국 관점에서 서술된 내용을 살펴보면, 임진왜란 당시 조선이 화기로 무장한 왜군을 막을 수 있는 현대적인 무기를 전혀 보유하지 못했기 때문에 명나라가 원병을 보내고 나서야 전쟁에서 승리하였다는 관점으로 서술하고 있습니다. 이는 이순신 장군과 조선 수군의 업적을 의도적으로 축소한 것이라고 볼 수 있습니다.

일본 관점에서 서술된 내용을 살펴보면, 일본의 조선 침략을 단순히 중국 침략의 통로와 교두보로 간주하여 서술하고 있다는 점을 알 수 있습니다. 중국을 침략하기 위해 어쩔 수 없이 조선을 거쳐갈 수밖에 없었다는 점을 강조하면서 도요토미 히데요시를 영웅화하고 상대적으로 조선을 평가절하 하는 서술 방식이라 할 수 있습니다.

이러한 상황 속에서 이순신 장군을 제대로 알리고 세계화하기 위해 우리가 해야 할 과제는 무엇일까요? 가장 최우선적인 과제는 이순신 장군의 임진왜란 당시의 활약과 업적을 한국적인 시각이 아니라 세계사적인 시각으로 확장하는 노력이 필요합니다. 이를 위해서는 세계인들에게 친근하게 다가갈 수 있도록 '나라를 구한 리더십'과 '세계 해전'을 연결한 '이순신과 세계 해전 영웅', '임진왜란과 세계 4대 해전'과 같은 주제로 한국과 세계를 연결하여 홍보해나가야 합니다.

한국인 스스로가 이순신을 말하면서 빠지지 않고 등장하는 소재가 있습니다. 이순신 장군과 영국을 구한 넬슨 제독과 비교하는 내용이 바로 그것입니다. 이는 러일 전쟁을 승리로 이끌었던 일본의 제독 도고 장군이 "나를 넬슨과 견주는 것은 옳으나, 이순신에 비교하는 것은 감당할 수 없다. 이순신에 비하면 나는 부사관 정도에 불과하다."라고 말한 내용과 영국의 조지 발라드 장군이 "영국인으로서 넬슨과 견줄 만한 사람을 인정하긴 어렵지만, 만약 그런 인물이 있다면 바로 단 한 번도 패한 적이 없는 동양의 위대한 해군 사령관 이순신 장군 뿐이다."라고 말한 내용이 알려지면서부터입니다.

적국이었던 일본의 해군 제독이 존경과 찬사를 보내고, 강력한 해군력을 자랑하는 영국의 장군이 국민 영웅인 넬슨과 견줄 만한 인물로 손꼽을 정도로 이순신 장군의 존재와 업적은 세계적으로 인정받을 만한 가치입니다. 지금부터라도 우리 한국인들이 세계에 이순신 장군을 제대로 알리기만 한다면, 충분히 21세기 77억 세계인들의 공감과 존경을 이끌어낼 수 있습니다.

특히 세계인들이 해전사를 배울 때 주석처럼 언급하는 세계 3대 해전인 '살라미스, 칼레, 트라팔가' 해전에 이순신 장군의 '한산 대첩'을 포함시킨 세계 4대 해전을 적극적으로 알리는 노력이 필요합니다. 해외 웹 사이트에서 넬슨의 트라팔가르 해전에 대해 검색하면 총 397,000여 건의 검색 결과가 나옵니다. 반면 이순신 장군의 한산 대첩을 검색하면 총1,370여 건에 불과합니다. 한산 대첩은 세계 3대 해전에 견주어도 손색이 없고 세계 4대 해전에 당당히 포함되고 있음에도 불구하고 아직 서양의 해전사에 익숙한 세계인들 사이에서 한산 대첩은 낯설게 보이는 것 같습니다.

나라를 구하고, 세계 해전사를 다시 썼다는 점에서 한산 대첩과 트라팔가르 해전은 동등하게 견줄 만합니다. 하지만 영국의 넬슨이 트라팔가르 해전을 지렛대로 삼아 77억 세계인의 가슴에 감동을 주고 있다면, 대한민국의 이순신은 7천만 한국인의 가슴에만 머무르고 있습니다.

지금이라도 늦지 않았습니다. 우리의 가슴 속에 갇혀 있는 이순신 장군을 발견해내고 이를 77억 세계인들에게 알려나가야 합니다.

"내겐 아직 12척의 배가 있습니다."

수많은 일본 함대와의 한판 전쟁을 앞두고, 절대 불가능한 상황 속에서 이순신 장군이 왕에게 보고한 말입니다. 우리에게는 좁은 한반도에 벗어나 전 세계 77억 외국인들에게 출항할 수 있는 인터넷 항로가 전국 곳곳에 열려 있습니다. 지금부터라도 세계인들이 한국의 영웅을 몰라준다고 한탄하기보다 지금 우리에게 주어진 것을 창의적으로 활용하는 지혜가 필요합니다. 이순신 장군이 우리에게 남긴 12척의 배는 바로 당신 주변에 있습니다. 그것을 발견해서 5대양 6대주 곳곳으로 이순신 장군의 열정을 나누어주세요. 이러한 열정을 연료 삼아, 전 세계 77억 외국인들의 가슴속에 이순신 장군의 정신을 전하는 것이 대한민국에서 살고 있는 우리에게 주어진 소명입니다.

21세기판 3·1 독립선언서 글로벌 홍보 프로젝트

사이버 외교사절단 반크는 한국의 독립 운동가들의 활동을 전 세계에 알리기 위해 12개 외국어로 번역한 3.1 독립선언서를 세계인에게 알리는 「21세기판 3·1 독립선언서 글로벌 홍보 프로젝트」를 전개합니다.

반크가 3·1 독립선언서를 전 세계에 홍보하는 이유는 무엇일까요? 독립선언서가 작성된 1919년 당시에 사용하던 한국어의 어휘나 문장은 현대를 살아가는 한국의 청소년과 청년들이 이해하기 어려운 부분이 많아, 3·1 운동 정신이 오늘날을 살아가는 젊은 세대들에게 제대로 전달되지 못하고 있습니다. 무엇보다 전 세계 교과서에 기록된 한국 역사는 일본이 한국을 식민 지배한 내용만 부각되어 있고, 한국의 독립운동사는 누락되어 있기 때문입니다. 따라서 반크는 3·1 독립선언서를 전 세계에 알리는 일이야말로 외국 교과서에 실린 일본 중심의 뒤틀린 한국 역사를 바로잡는 계기가 될 것이라 믿습니다.

하나의 예로, 해외 유명 온라인 백과사전 사이트인 '위키피디아' 내 미국 독립선언문 관련 내용은 전 세계 75개 언어로 번역되어 있을 만큼 국제 사회에 널리 알려져 있습니다. 이처럼 반크는 3.1 독립선언서를 한국의 청소년들과 한국어를 배우는 외국인도 쉽게 이해할 수 있도록 현대 한국어로 편집해 세계에 알리고 있습니다. 뿐만 아니라 영어,

프랑스어, 스페인어, 중국어, 일본어, 러시아어, 아랍어, 몽골어, 베트남어, 이탈리아어, 인도네시아어, 네덜란드어 등 12개 외국어로 번역한 3.1 독립선언서를 전 세계에 알리고 있습니다. 반크는 이번 「21세기판 3·1 독립선언서」가 전 세계 한인 동포 및 외국인들에게 널리 홍보가 되어 미국 독립선언문처럼 전 세계에 널리 알려지게 되는 계기가 되기를 소망합니다.

2021년, 일본 훈장을 받은 하버드 로스쿨의 존 마크 램지어 교수가 "일본군 위안부 피해자는 매춘부"라고 주장하는 논문을 발표했습니다. 문제는 램지어 교수가 일본 전범 기업이 후원한 돈으로 교수직에 오르고, 일본 홍보에 나선 공을 인정받아서 일본 정부로부터 훈장까지 받았던 인물이라는 점입니다. 특히 일본 정부가 하버드 대학처럼 '세계적으로 유명한 대학의 교수'라는 공신력을 이용해, 일본 우익의 역사관을 국제표준으로 만들고자 전방위적으로 시도하고 있다는 부분이 큰 문제라 생각합니다. 이와 같이 일본 우익의 영향을 받은 역사관이 국제사회의 널리 알려지기 전에, 한국인들이 적극적으로 전 세계에 올바른 한국의 역사를 알려 나갈 필요가 있습니다.

참여 방법은 간단합니다. 반크 꿈 사이트(http://kkum.prkorea.com)에서 3.1 독립선언서를 읽고 각자 본인들이 전 세계에 알리고 싶은 독립선언서 문장을 인스타그램, 페이스북, 트위터를 통해 올린 후 #Hallyu #Korean_wave 등 한류해시태그를 통해 전 세계 한류 팬들에게 알리는 것입니다.

"일제강점기 일본은, 한국이 일본의 통치를 환영한다고 주장했었지만, 3·1 독립선언서는 그렇지 않다는 것을 보여 주었습니다. 3·1 독립선언서는 세계의 다른 독립운동의 본보기가 되었고, 적지 않은 영향을 미쳤습니다. 3·1 독립선언서는 자유에 대한 호소를 담고 있습니다. 3·1 독립선언서는 복수보다는 자유의 희망을 새로 세우는 데 더 중점을 두고 있습니다. 3·1 독립선언서는 당시의 문제들 다루고 있고, 이 역사적 맥락 안에서 이해되어야 합니다. 인류애에 기초하여 동아시아와 전 세계 사람들과의 공조를 강조한 독립선언서가 오늘날 세계가 마주한 문제들을 해결하는 데 하나의 지침서가 될 수 있다고 생각합니다. 한국의 독립운동가들이 세계 평화를 지향했듯, 우리 또한 세계의 아픔을 해결해가야 합니다."

- 반크 외국인 청년 리더 '켄 드 포터'(Ken De Pooter).

일본의 新군국주의, 야스쿠니 신사

2006년 8월, 프랑스 공영 TV가 일본의 군국주의 부활을 세계인에게 경고하려는 다큐멘터리를 방송하려고 하자 일본 대사관에서 압력을 가한 것으로 드러났습니다. 다행스러운 것은 프랑스 공영 TV는 일본의 압력에도 불구하고, 방송을 내보냈다는 사실입니다. 그렇다면 일본 정부가 그토록 감추고 싶었던 내용은 무엇일까요?

프랑스 공영 TV의 방송 내용을 분석하면 일본 정부의 실체를 파악할 수 있습니다. 〈과거의 그림자, 일본 군국주의는 부활하는가〉라는 제목으로 방영된 다큐멘터리에는 제2차 세계 대전 당시, 아시아 나라들을 침략하고 수많은 아시아인들을 학살한 일본이 지난날에 대한 반성과 성찰은 회피하고 오히려 이 사실을 미화시키고 있는 모습을 조명하고 있습니다. 구체적인 예로 아시아에 막대한 피해를 끼친 전범 국가 일본이 지금은 세계 3위의 국방 예산 집행국으로 성장하여 태평양에서 가장 강력한 대형 군사 전함을 보유하게 된 사례를 제시했습니다.

또한 일본 역사 교과서에는 난징에서의 참혹한 중국인 대량 학살과 같은 전쟁 범죄 기록이 통째로 뽑아져 버려졌으며, 일본 총리가 야스쿠니 신사를 참배함으로써, 2차 세계 대전의 참전 군인을 영웅시하는 문제를 제기했습니다.

여기서 주목해야 할 사실은 현재 일본의 침략 전쟁을 지지하는 일본 우익 단체가 1천여 개가 넘으며, 이를 기반으로 일본의 역사 부정 주의와 신 군국주의가 보이지 않게 확산되고 있다는 점입니다. 그리고 이러한 일본 우익 단체의 정신적 토대의 중심에는 야스쿠니 신사가 자리 잡고 있습니다.

야스쿠니 신사는 1868년에 일왕을 위해 싸우다 목숨을 잃은 자들을 신으로 받들어, 후대에 그들의 업적을 기리고자 왕궁 옆에 세워졌습니다. 물론 왕을 위해 목숨을 걸고 싸운 사람들의 업적을 기리는 것을 문제 삼는 것은 아닙니다. 하지만 문제는 2차 세계 대전의 A급 전범자 14명과 200만 명이 넘는 일본 전사자들의 위패 또한 야스쿠니 신사에 보관하고 있다는 사실입니다. 이는 곧 세계 2차 대전에서 전사한 모든 일본인을 신으로 받들겠다는 의미입니다.

이처럼 일본은 끔찍한 전쟁 범죄를 오히려 경배와 찬양의 대상으로 변질시키고 있습니다. 무엇보다 가장 큰 문제점은 일본 국민들에게 침략 전쟁이라 할지라도 국가를 위해 충성하면 일본을 대표하는 총리, 국회 의원에게 경배를 받을 수 있다는 생각을 심어준다는 점입니다. 이는 일본 정부가 또다시 침략 전쟁을 일으키고자 할 때 국민들을 총동원할 수 있는 원동력이 될 수 있습니다.

실제로 2차 세계 대전에서 전사한 일본 군인의 위패가 야스쿠니에 보관되고 천왕이 직접 참배하자, 이 모습을 본 전사자 부모들은 감격에 겨워 눈물을 흘렸고, 이는 다시 일본인을 침략 전쟁에 동원할 수 있는 홍보의 지렛대로 활용된 바 있습니다.

일본 정부는 여전히 2차 세계 대전이 아시아 태평양 민족들을 해방시키기 위한 전쟁이라고 가르치고 있습니다. 만약 국제 사회가 이 문제를 방치하면, 이는 아시아와 세계 평화에 심각한 위험을 초래할 수 있는 시한폭탄을 방치하는 것과 같습니다.

프랑스 공영 TV가 일본 정부의 압력에도 굴하지 않고 방송을 내보낸 것은 나치의 잔학성을 직접 느낀 프랑스인들의 평화에 대한 의지라고 할 수 있습니다.

이런 시점에서 한국을 아시아 피스 메이커로 도약시키기 위해 반크에서 최우선적으로 해야 할 과제는 2차 세계 대전 때 일본의 침략으로 고통을 받은 아시아 각 나라들의 방송, 언론, 평화 단체, 정부 기관들을 대상으로 일본 야스쿠니 문제의 심각성을 지속적으로 제기하는 것입니다.

또한 나치의 잔학성을 기억하는 유럽 국가들을 대상으로 일본의 야스쿠니 문제에 대해 지속적으로 알려나가야 합니다. 유럽 언론인과 사회 지도층, 그리고 평화 관련 교육 기관들을 대상으로 일본의 야스쿠니가 세계 평화에 얼마나 위협적인 시한폭탄인지 전달해야 합니다. 나아가 세계 2차 대전 때 독일과 일본의 침략 전쟁을 막고자 참전했던 다른 국가들에게도 야스쿠니 문제를 지금 이대로 방치한다면 세계 평화에 어두운 과거의 그림자가 드리워질 수도 있다는 사실을 적극적으로 알려야 합니다.

만약 21세기 모든 한국인이 주도적으로 야스쿠니 문제에 대한 심각성을 전 세계에 알려 아시아 평화의 시한폭탄을 제거한다면, 한국은 아시아 평화를 이끌어낸 국가로 세계 역사에 기록될 것입니다.

아시아 평화를 위해 바로 지금, 한국이 주도적으로 일어날 때입니다.

월드 체인저를 양성하자!

반크가 그동안 독도, 동해, 동북공정 등 중국과 일본의 역사 왜곡에 대항하여 한국을 지키고 전 세계에 친한파를 양성하기 위한 사이버 외교관을 양성해왔다면, 2009년 9월 1일부터는 적극적으로 국제 관계를 주도하고 세계를 변화시킬 수 있도록, 국제 리더 양성 프로젝트인 '월드 체인저'를 시작할 예정입니다.

월드 체인저는 국제적 외교 인재를 양성하는 '사이버 학교'라고 할 수 있습니다. 교육은 온라인상에서 1달간 이루어지며, 교육 프로그램은 총 14단계입니다. 지구 온난화, 빈곤, 테러, 인권과 같은 글로벌 이슈 분석하기, 세계문화유산 조사하기, 국제기구 조사 및 인터뷰하기, 외신 번역하기, 글로벌 인맥 구축하기 등의 과정을 통해 전 세계에서 활동할 '글로벌 리더'를 길러내는 것입니다.

이러한 월드 체인저 프로젝트는 국제 사회의 권력 때문에 우리의 역사를 잃어버리는 일을 다시는 겪지 않겠다는 각오와도 같습니다. 그동안 반크가 한국을 변화시키는 사이버 외교관을 배출했듯이 앞으로는 월드 체인저를 통해 세계를 변화시키는 국제적 인재를 배출할 것입니다.

이를 위에 반크는 NGO 등 수많은 국제기구와 협력 및 교류를 추진할 것입니다. 그래서 월드 체인저를 통해 길러진 인재들이 각종 해외 기구나 단체에 자원 봉사자, 인턴쉽, 정직원으로 활동하거나 근무할 수 있도록 도울 것입니다.

월드 체인저 양성 사업 http://changer.prkorea.com

반크가 추진 예정인 국가 브랜드 및 이미지 사업

한국 역사 문화 교실 프로그램

정작 한국에 살고 있는 외국인도 한국 문화와 역사에 대해 공부할 기회는 좀처럼 흔하지 않습니다. 이들을 대상으로 한국에 대해 체계적으로 알려나가야, 이들이 향후 본국에 돌아갔을 때 한국의 진정한 홍보 전

령사가 될 수 있습니다. 따라서 국내 대학생 및 청년들을 대상으로 외국인에게 찾아가는 한국 역사 문화 교실 자원 봉사 단원을 모집하여, 한국을 알려나갈 수 있는 교육 활동을 할 수 있도록 지원할 예정입니다.

글로벌 시민 의식 함양 - 세계 시민 교육 봉사단

국내 거주 코시안, 이주 노동자, 외국인 유학생, 그리고 이들과 함께 다니면서 통역 봉사를 할 한국인을 세계 시민 교육 봉사단으로 임명하여 '세계 시민 교육'을 실시할 예정입니다. 이를 통해 국내 거주 외국인에게 자신의 나라를 소개할 수 있는 기회를 제공하고, 이들의 목소리를 통해 한국 학생들이 해당 국가에 대한 지식과 그 나라 사람들의 문화, 역사 등에 대한 이해를 높일 수 있도록 합니다. 또한 교육 후에 교육을 받은 학생들은 자신들의 느낀 점을 '세계 시민 교육 봉사단' 웹 사이트에 남겨서 이 교육 내용을 범국민적으로 확산되게 할 예정입니다.

한국 문화, 역사 골든벨 퀴즈 프로그램

매년 외국의 유학생들이 한국 대학교에 와서 공부하고 있습니다. 비록 1, 2년 단기 어학 연수생이라 해도, 이들에게 한국의 역사와 문화에 대한 호기심을 자극해주면, 이들은 적극적인 친한파가 될 수 있습니다. 따라서 전국의 대학교를 방문하여 외국 유학생을 대상으로 한국의 역사, 문화 퀴즈 프로그램을 운영할 예정입니다. KBS 골든벨처럼 외국 대학생을 대상으로 퀴즈 프로그램을 운영한다면, 외국 유학생들에게 한국에 대한 역사와 문화를 알릴 수 있는 효과가 있을 뿐 아니라 잊지 못할 추억을 갖게 된다는 장점도 있습니다.

한국 역사와 문화를 담은 영어 교재 제작 및 보급

영어 조기 교육 열풍 및 국제 중학교 설립 등으로 전국에 어린이 영어 교육을 위한 학원이 급증하고 있습니다. 하지만 이들이 사용하고 있는 영어 교재는 서양식 사고방식과 외국 문화를 소개하는 것이 대부분입니다. 아직 가치관이 성립되지 않은 어린이들이 서양의 역사와 문화를 담은 영어책을 공부하게 되면, 한국의 정체성에 대해 혼란을 주게 될 여지가 있습니다. 따라서 한국의 역사와 문화를 담은 어린이 영어 교재를 개발하여 보급하고 이 교재를 전국의 학원에서 사용하도록 캠페인을 전개할 것입니다. 한국의 어린이들이 한국의 역사와 문화를 세계인들에게 제대로 전하고 소개할 수 있는 능력이 있어야 한국의 이미지도 자연스럽게 높아질 수 있기 때문입니다.

한국 역사 문화 논문 대회

한국에서 한국어를 공부하는 장기 유학생들을 대상으로 한국의 역사와 문화를 주제로 한 논문 대회를 개최하여 이들이 적극적으로 한국에 대한 연구를 할 수 있도록 동기부여하고, 이들의 결과물을 적극적으로 해외에 홍보하면, 외국인들에게 보다 친근하게 한국의 역사와 문화를 소개할 수 있을 것입니다.

한국 문화, 역사를 알리는 다양한 홍보물 무료 배포

관광, 비즈니스, 세미나 등을 이유로 매년 1천만 명이 한국을 방문하고 있습니다. 이들이 체류하고 있는 호텔, 컨퍼런스장을 대상으로 한국의 역사와 문화를 소개하는 다양한 한국 홍보 자료를 무료로 배포할 예정입니다. 그래서 향후 이들이 해외로 돌아가서도 한국에 대한 정보를 얻을 수 있도록 할 것입니다.

특히 국내 유수 호텔과 협력하여 호텔 방마다 한국 관광과 문화를 알리는 다양한 엽서, 지도, 잡지 등을 객실마다 제공하는 사업을 추진할 것입니다. 이런 프로그램을 전국 호텔 및 여행사와 협력하여 보다 많은 국내 관광 외국인들로 하여금 한국에 대한 추억을 갖도록 유도할 예정입니다.

한국 문화, 역사를 홍보하는 상설 교육 센터 운영

해외로 출국하는 한국 청년들이 한국의 문화와 역사를 외국인에게 소개할 수 있는 교육 프로그램이 전무한 상태입니다. 따라서 이들을 대상으로 한국의 역사와 문화를 교육하는 상설 교육 센터를 운영하여, 한국의 국가 이미지를 올릴 수 있도록 할 예정입니다.

21세기 안용복 양성 프로젝트

미국 의회 도서관에 다케시마 표기를 막을 수 있었던 것은 현지에서 활동하는 해외 동포의 도움이 있었기 때문입니다. 따라서 독도 수호를 위해 각 나라별로 10명씩 총 2천 명의 해외 동포 정보원을 모집하는 '21세기 안용복 양성 프로젝트'를 실시할 예정입니다. 향후 이들이 전 세계

도서관, 박물관, 출판사, 정부 기관에 기록된 한국에 대한 잘못된 정보를 분석하여 제공해주면, 반크는 이를 기반으로 독도를 집중 홍보할 계획입니다. 반크는 이들이 해외 현지에서 한국의 독도, 고구려, 한국 문화에 대해 체계적으로 홍보할 수 있는 자료를 무상 지원하고, 한국 홍보 자료의 활용 방법이 적힌 책자를 무상 제공할 계획입니다.

전 세계 배낭 여행객을 향한 한국 홍보 프로젝트

매년 수많은 젊은이들이 해외로 배낭여행을 나가고 있고, 이들은 전 세계 배낭 여행객과 만나고 있습니다. 따라서 출국하는 한국의 청년 배낭 여행자들에게 한국을 홍보할 수 있는 다양한 미션을 주고 T-셔츠, 자료 지원 등 이들의 활동을 격려하고 지원하는 프로그램을 운영할 것입니다.

독도 등 한국 영토, 역사, 문화 자료 보급

각 나라 교과서, 세계 지도 출판사에서 발행하는 지도에 독도가 표기된 내용이 단 한 군데도 없는 것은 보다 적극적으로 독도에 대한 자료를 해외 출판사에 전달하지 않았기 때문입니다. 이에 따라 반크는 각 나라 출판사에 독도에 대한 오류 분석 내용 및 독도가 대한민국의 영토라는 사실을 알리는 영문 자료, 멀티미디어 CD, 세계 지도 등을 제작해서 미국 및 유럽권을 대상으로 알려나가는 활동을 추진할 예정입니다.

국가 브랜드 박람회 개최

국가 브랜드를 세계에 효과적으로 알리기 위해서는 정부, 지자체, 기업, 학계, 민간이 하나가 되어 범국민적인 운동을 펼쳐나가야 합니다. 하지만 정부의 해외 홍보 각 부처, 지자체 해외 홍보 부서, 기업, 민간이 한 목소리로 대한민국의 국가 브랜드에 대해 공감하고, 협력할 시스템 구축이 제대로 안 된 상태입니다. 이에 따라 국가 브랜드 박람회를 개최하여 정부, 민간, 기업, 시민이 하나가 되어 전 세계에 대한민국을 알려나갈 수 있도록 여론을 형성할 것입니다.

한국 관련 논문 페스티벌

중국, 일본과 관련한 영토 및 역사 분쟁에 관련해서는 한국 학자들보다 해외 외국인들의 관련 논문이 더 설득력이 있습니다. 따라서 전 세계에서 아시아학 및 한국학을 전공하는 외국인을 대상으로 한국 역사, 영토, 문화에 대한 논문 현상 공모를 하고, 공모된 논문을 바탕으로 영문 저널을 만들어 해외 대학교 및 교육, 출판 기관에 알려나갈 예정입니다.

해외 박물관 한국관 개설 및 해외 대학교 한국어학과 개설을 위한 모금 운동

전 세계 박물관에는 대부분 일본관과 중국관은 개설되어 있으나 한국관은 개설되어 있지 않거나 개설되어 있어도 그 규모가 열악한 상태입니다. 또한 해외 대학교에도 한국학과는 일본학과와 중국학과에 비해 교수진과 시설, 학생 유치 면에서 규모가 떨어지는 상태입니다. 이에 따라 전 세계 박물관에 한국관을 개설하고, 외국 대학교에 한국학과 개설 및 지원을 위한 범국민 모금 운동을 할 예정입니다. 그리고 네이버의 해피빈처럼 해외 기관과 연결해줄 수 있는 캠페인 사이트를 개설

할 것입니다.

해외 탐방단 및 프로그램 운영

해외 현지에 나가 각 나라 도서관, 대학교 교재, 초, 중, 고등학교 교과서에 독도 등 우리 역사와 문화에 대한 소개 내용을 분석하고, 독도가 다케시마로, 동해가 일본해로, 한국 역사를 중국의 속국이라고 소개된 내용에 대해 올바른 내용을 전달하는 역할을 할 탐방대를 조직할 것입니다. 또한 이들에게 국가 브랜드를 점차 올리고 있는 정부 및 연구 기관을 탐방해 한국의 국가 브랜드를 재고하기 위한 자문을 받을 것입니다.

한국 문화 감동 콘텐츠 기획 및 공모전

대한민국 각 지역별, 고장별로 세계인들에게 감동과 매력을 주는 감동 콘텐츠를 뽑아내고 이를 세계인들에게 보다 적극적으로 알려나갈 예정입니다. 이를 위해 전국 규모이 UCC, 사진, 기획서 공모전을 전개할 것입니다. 대한민국의 국가 브랜드를 높여나가기 위해서는 지역별로 세계인의 감동을 주는 콘텐츠가 필요하고, 이를 국민 스스로가 고민하고 찾아내는 과정을 거쳐야 더 큰 시너지 효과를 발휘할 수 있습니다. 또한 지역 문화 콘텐츠는 그 지역에 살고 있는 사람들에게 공감을 불러일으켜, 적극적인 협력을 이끌어낼 수 있을 것입니다. 또한 지역을 초월하여 한국인을 대표하는 다양한 한국 문화 콘텐츠를 기획하여 해외 홍보를 추진해나갈 예정입니다.

Dear VANK

안녕하세요. 반크 해외 한인 유학생, 한인 동포 가족 여러분.

미국 Clarkston 고등학교 2학년에 유학 중인 반크 해외 동아리 리더 김사란이라고 합니다. 전 한국 고등학교 1학년 재학 중에 반크의 사이버 외교관 교육을 받고 얼마 되지 않아 미국에 유학 오게 됐어요. 미국에 오자마자 2,000명이 넘는 학생이 재학 중인 학교에 다니게 됐고, 반크 활동을 쭉 이어보고자 'Friends of Korea' 클럽(반크 해외 동아리)을 만들기로 결심했답니다. 전 Friends of Korea 동아리의 기틀을 마련하고자 작은 노력부터 기울이기 시작했어요.

수업 시간에 한국 이야기로 관심을 끌고 복도 진열장에 한국 물건을 전시하는 걸로 시작! 아무것도 없는 저희 학교에 씨앗을 뿌렸답니다. 그런 노력에도 불구하고 같은 스쿨버스 타는 한 친구는 어느 날 이렇게 묻더라고요.

"너네 나라는 무슨 말 써? 일본말?"

또 다른 친구는 "한국? 거기가 어디지? 무슨 나라야?"라고 물었고요.

전 너무 당황해서 얼굴이 빨개진 채로, 눈물을 머금고 열심히 설명해야 했어요. 이런 일을 경험하자 이래서는 안 되겠단 생각이 들었고, 무작정 교감 선생님을 찾아가서 클럽을 만들게 되었답니다. 하지만 처음부터 일이 쉽게 풀린 건 아니었어요. 클럽을 담당해주실 선생님을 구해야 했고, 어느 정도 클럽 인원이 모여야 했어요. 또한 아이들의 관심을 끌기 위해 포스터, 학교 방송 등을 하나하나 찾아가면서 일을 진행시켜야 했답니다.

하지만 저희 학교에선 지금 변화의 물결이 일고 있어요. 아이들이 Friends of Korea 클럽에 대해 이야기하고 한국어를 배우기 위해 인터넷 사이트를 찾는답니다. 처음엔 무관심하던 아이들도 태권도에 관심을 보이고, 삼성과 같은 한국 회사를 보면 흥미로워하며 이것저것 묻는답니다. 전 하루하루 이런 작은 변화들을 피부로 느끼며 언젠간 세계가 변화될 수 있다는 자부심을 가지고 살고 있어요. 반크의 해외 한인 유학생, 더 나아가 750만 모든 해외 한국 동포 여러분, 그리고 가족 여러분 하나하나의 조그만 노력이 사람들의 의식을 변화시키고, 그 결실은 결국 세계인들에게 큰 영향을 미칠 수 있답니다.

전 아직도 '조금 더 일찍 시작할걸…'하는 생각을 하곤 해요. 친구에게 건네는 말 한마디, 소지품에 붙여 있는 한국 이미지 스티커 하나하나가 모여 열매를 맺는다는 사실. 꼭 명심하세요. 그 결실을 피부로 느끼는 순간, 대한민국은 세계인들에게 한 발짝 더 다가설 수 있답니다.

미국뿐만 아니라 세계 모든 나라! 특히 한국의 존재조차 정확히 알지 못하는 나라에서 도전해보지 않으시겠어요? 반크 리더가 곧 한국의 리더란 굳은 믿음! 그 믿음이 결국 한국의 미래를 만들어가는 밑거름이랍니다!

chapter 04

21세기 신 헤이그 특사 활동

반크는 4억 명이 가입된 세계 최대 청원 사이트(change.org)를 대상
으로 욱일전범기, 일본 교과서 왜곡 등 아시아 평화를 위협하는 일본의
신 군국주의 부활을 국제사회에 알려 세계인들과 함께 일본의 역사왜
곡을 막는 외교활동을 추진하고 있습니다.

글로벌 청원은 해외에 한국의 역사를 바로 알리는 활동을 넘어 아시아
인들을 하나로 모아 서양의 인종차별과 혐오에 대응하며, 세계 곳곳에서
발생하는 지구촌 문제를 한국청년들이 주도적으로 앞장서서 해결하는
국제 외교활동입니다. 세계 청원 사이트를 통한다면 해외 유명 방송과
언론을 통하지 않더라도 누구나 쉽게 전 세계인들에게 한국의 입장을
알려 국제사회의 협력과 지지를 얻을 수가 있습니다. 또한 구글과 같은
세계적인 포탈 사이트에 해당 관련 청원 주제를 검색하면 빠르게 검색

결과에 노출이 되어 전 세계인들에게 관련 문제를 홍보할수 있습니다.

1907년 고종황제는 네덜란드의 헤이그에서 개최된 제2회 만국평화 회의에 이상설, 이준, 이위종으로 구성된 특사를 비밀리에 파견해 국제 사회에 일제에 의해 강제 체결된 을사조약의 불법성과 한국의 주권 회복을 알렸습니다. 반크의 글로벌 청원은 21세기 헤이그 특사와 같은 국제외교활동입니다.

반크에서는 2019년 9월부터 2020년 12월 현재까지 총 30개가 넘는 글로벌 청원을 진행해 12만 명 이상의 세계인들의 동참과 지지를 이끌어내었습니다. 여러분도 아래 글로벌 청원에 직접 참가하고 주변 가족, 친구, 세계인에게 알려주세요.

- http://maywespeak.com/2020 2020년 도쿄 올림픽 욱일기 사용 금지 청원
- http://maywespeak.com/radiation 2020년 도쿄 올림픽 방사능 문제 청원
- http://maywespeak.com/textbook 일본 교과서 역사 왜곡 청원
- http://maywespeak.com/lunar 국제기구 유엔 설 오류 시정 청원
- http://maywespeak.com/unesco 일본 군함도 한국 강제노역 사실 왜곡 시정 청원
- http://maywespeak.com/racism 독일 슈피겔 아시아 인종차별 시정을 위한 청원
- http://maywespeak.com/sohn 일본 올림픽 박물관 손기정 오류 시정 청원
- http://maywespeak.com/who 세계보건기구 WHO 한국 오류 시정 청원
- http://maywespeak.com/asian 독일 경찰 한국인 인종 차별 시정을 위한 청원
- http://maywespeak.com/cia 미국 CIA 한국정보 오류 시정 청원
- http://maywespeak.com/dolmen 유네스코 한반도 최대 청동기 유적 청원

- http://maywespeak.com/yasukuni 일본 총리, 정치인들의 야스쿠니 신사참배 중단 청원
- http://maywespeak.com/northeastproject 광개토대왕비가 중화민족 비석? 동북공정 항의 청원
- http://maywespeak.com/greatwall 중국의 고무줄 만리장성 고발 청원
- http://maywespeak.com/heritage 일제강점기 유출 우리나라 문화재 환수 청원
- http://maywespeak.com/731 일본 생체실험 부대 '731' 실체를 국제사회에 알리는 청원
- http://maywespeak.com/flag 아마존, 구글, 위시는 욱일기 상품 판매를 금지하라!
- http://maywespeak.com/ioc 올림픽 정신에 반하는 올림픽 위원회를 고발합니다!
- http://maywespeak.com/lynch 한국의 한 연예인에게 수십만 개의 댓글을 달며 린치를 가하는 중국의 사이버 국수주의를 막아주세요!
- http://maywespeak.com/earth 일본정부 원전수 고의 방류를 막아주세요!
- http://maywespeak.com/media 한국인 인종차별한 아마존과 스페인 "야스"를 대상으로 인종차별 반대 청원
- http://maywespeak.com/koreans 미국 세계사 교과서의 한국 역사 오류 시정을 위한 청원
- http://maywespeak.com/language 유네스코는 국제기구인가요? 중국의 국가 기구인가요?
- http://maywespeak.com/exhibition 프랑스 국립 인류사 박물관의 한국역사 오류 시정을 요구합니다!
- http://maywespeak.com/imperialism 베를린 소녀상 철거명령 정지를 위한 글

로벌 청원

- http://maywespeak.com/forum 독일 훔볼트 포럼 한국 역사 문화 편견적 해석 시정 청원
- http://maywespeak.com/genocide 일본 우키시마호 진상규명 청원
- http://maywespeak.com/state.gov 미국 국무부 동해, 독도 표기 오류 시정 청원
- http://maywespeak.com/hanbok 중국 게임회사 페이퍼게임즈 한복 왜곡 중단 청원
- http://maywespeak.com/koreanwar 한국전쟁(6.25전쟁)은 내전? 중국 현대사 왜곡 반대 청원
- http://maywespeak.com/jikji 프랑스 직지 공개 전시 청원
- http://maywespeak.com/kimchi 중국 김치공정 반대 청원
- http://maywespeak.com/kamikaze 아마존, 이베이, 월마트는 "가미카제" 상품 판매 유통을 즉시 중지하라!
- http://maywespeak.com/hatespeech 일본 대기업 DHC는 헤이트스피치를 중단하라!

* 매월 새로운 글로벌 청원에 참여하기 위해서는 아래 반크 활동 소개 사이트를 클릭후 "글로벌 청원" 메뉴를 클릭하면 됩니다.

http://vank.prkorea.com

글로벌 디지털 포스터 배포 프로젝트

반크는 일본과 중국의 역사왜곡에 대응하며 국제사회에 한국인의 입장을 대변하기 위한 효과적인 방법으로 디지털 포스터를 제작 및 배포

하고 있습니다.

과거에는 국제사회에 한국의 목소리를 대변하는 사람들은 외교관으로 한정돼 있었지만, 지금은 SNS에서 의지와 영향력이 있는 1명이 1,000명의 외교관을 능가할 수 있는 디지털 외교관 시대가 왔습니다.

반크가 디지털 외교관들의 국제외교활동을 위해 제작하는 디지털 포스터는 빠르고 쉽게 한국의 입장을 전 세계에 알리며 세계인들의 지지와 공감을 받고 있습니다. 반크에서 제작한 디지털 포스터를 통한다면 누구나 쉽고 간단하게 세계인들에게 한국인의 입장을 알릴 수 있습니다. 또한 구글과 같은 세계적인 포털 사이트에 해당 관련 주제를 이미지 검색하면 빠르게 검색결과에 노출이 되어 전 세계인들에게 관련 문제를 홍보할 수 있습니다. 반크의 디지털 포스터 배포는 21세기 독립운동가들의 국제외교활동입니다.

세상을 바꾸는 반크의 디지털 포스터 배포에 여러분의 적극적인 참여를 기대합니다.

* 포스터 배포에 참여하기 위해서는 아래 반크 활동 소개 사이트를 클릭후 "포스터" 메뉴를 클릭하면 됩니다.

http://vank.prkorea.com

반크 한국홍보 자료 배포 프로젝트

반크는 한국의 역사와 문화를 전 세계에 알리는 혁신적이고 감성적인 한국 홍보 자료를 제작 및 배포하고 있습니다.

그렇다면 반크는 왜 한국홍보자료를 제작해 전 세계에 알리고 있을까요?

전 세계 수많은 세계사 교과서, 세계 지도, 백과사전, 관광안내 책자, 한국 소개 웹사이트에는 한국 전체 역사가 마치 중국의 식민지, 속국이라는 왜곡된 내용이 서술되고 있습니다.

이런 내용은 일제강점기 일본이 조선의 식민지배를 합리화하기 위해 한국 역사가 중국의 속국이기에 일본이 식민지배했다는 침략 명분을 정당화시키기 위해 조작하고 퍼트린 것입니다.

또한, 일본 정부는 오랜 기간 국가 주도로 막대한 예산을 투자해 동해를 일본해로, 독도를 다케시마로 왜곡해서 세계 곳곳에 알리고 있으며, 중국 정부 또한 동북공정을 통해 고조선, 고구려, 발해, 백제 등의 한국 역사를 중국 역사라는 왜곡된 내용을 세계 곳곳에 알리고 있습니다.

이에 민간단체인 반크는 일본과 중국의 글로벌 역사 왜곡에 대응해 전 세계 교과서, 웹사이트를 대상으로 왜곡된 한국 역사를 바로 알리는 한국 바로 알리기 사업을 전개하고 있습니다. 이를 위해 반크는 잘못된 한국 관련 내용을 고치는 활동을 넘어 올바른 한국 역사 자료를 선제적으로 제작해서 전 세계 외국인들에게 배포하는 활동을 하고 있습니다.

반크는 독도, 동해, 한국 역사가 올바로 서술된 세계 지도, 한국 지도, 엽서, 잡지 등 다양한 한국 소개자료를 제작해서 반크에서 활동하는 사이버 외교관, 글로벌 한국홍보대사들에게 제공하고 전 세계 외국인들에게 배포하고 있습니다.

반크가 배포한 홍보물은 105가지 종류의 150만 부가 인쇄되어 전 세계 한국학교에서 수업자료로 사용되고 있으며 국제 봉사단원, 해외 대학 교환학생, 어학 연수생들에게 배포되어 한국 홍보 활동을 지원하고 있습니다. 반크 한국홍보자료 제작 배포는 대한민국 국민이 모두 외교의 주인공이 되어, 세계 속에 대한민국의 새로운 이미지를 만드는 활동입니다. 대한민국을 변화시키는 반크의 한국홍보물 배포에 적극적인 참여를 기대합니다.

＊한국홍보자료 배포에 참여하기 위해서는 아래 반크 활동 소개 사이트를 클릭후 "홍보자료" 메뉴를 클릭하면 됩니다.

http://vank.prkorea.com

chapter 05

사이버 외교관!
한국을 넘어 세계로 눈을 돌려라!

2009년 가을, G20 정상 회의 한국 개최가 결정됐습니다. 선진국(10개국)과 신흥국(10개국)이 균형 있게 포함된 G20 정상 회의는 세계 인구의 약 2/3에 해당하는 국가들의 최고 지도자들의 회의입니다.

G20 정상 회의 한국 개최가 결정된 이후, 국제 사회에서 한국에 대한 관심이 높아지고 있습니다. 따라서 G20 정상 회의를 성공적으로 추진하고, 국제 사회에 한국의 이미지를 제대로 알리기 위해서는 한국 정부의 최고 지도자뿐만 아니라, 한국 국민들, 특히 앞으로 지구촌 문제를 온몸으로 체험하게 될 한국 청년들의 국제적 인식 전환이 필요합니다. 최고 지도자들이 모여 지구촌 문제에 대한 공동 대응 방안을 설계한다 할지라도, 이를 구체적으로 추진할 당사자들은 청년들이기 때문입니다.

따라서 반크는 전 세계 젊은이들과 네트워킹이 되어 있는 한국의 청년들을 대상으로 G20 정상 회의의 주요 의제를 미리 도출하기 위해 '사이버 모의 유엔 프로그램'을 주기적으로 운영하고 일선 초, 중, 고교에 월드 체인저 동아리 구축을 진행하고 있습니다.

바로 당신이 유엔 사무총장입니다!

2006년, 반기문 씨가 유엔 사무총장으로 선출되자 유엔에 대한 관심이 높아졌습니다. 반기문 사무총장의 일대기를 다룬 책들은 청소년들 사이에 베스트셀러가 되었으며, 그분의 뒤를 따라가고자 각 대학에서 추진하는 모의 유엔 행사에 적극적으로 참여하는 청소년도 늘고 있습니다. 제 2의 유엔 사무총장을 꿈꾸는 것이지요.

반기문 유엔 사무총장처럼 유엔에 진출해서 세계 평화를 위해 활동하고자 큰 꿈을 꾸는 것은 멋진 일이지만, 세계 평화를 위해 반드시 유엔에서 일할 필요는 없습니다. 무엇보다 한국에서 유엔 사무총장이 한 번 배출된 이상, 앞으로 100년 이내에 한국 출신의 유엔 사무총장은 선출되기 어려울 것입니다.

따라서 유엔이 추구하는 활동 목표를 올바르게 이해하고 다양한 방법으로 세계 평화를 위해 실천한다면, 이를 실천하는 여러분이 곧 유엔의 사무총장이나 다름없는 것입니다. 그렇다면 유엔의 4가지 활동 목표를 살펴볼까요?

첫째, 세계의 평화를 유지하는 것

둘째, 나라와 나라사이의 관계를 친근하게 발전시키는 것

셋째, 가난한 사람들이 잘 살수 있도록 도와주고 기아, 질병 등 지구촌 문제를 함께 해결하는 것

넷째, 전 세계 모든 국가들이 유엔의 활동 목표에 참여하도록 격려하도록 네트워킹 하는 것

첫째, 둘째 목표를 달성하기 위해서 여러분은 어떤 일을 할 수 있을까요? '세계 평화'라고 해서 복잡하고 어렵게 생각하지 않아도 된답니다. 지금부터 각 나라 역사와 문화, 종교를 올바르게 이해하고, 피부색과 국가에 대한 편견 없이 전 세계 친구를 적극적으로 사귀는 것만으로도 세계 평화를 유지하는 데 큰 기여를 한 셈이거든요. 단짝 친구와 쉽게 싸우지 못하듯이 전 세계 외국인들과 쌓은 우정의 다리는 결코 허물 수 없습니다.

셋째 목표를 달성하기 위해서는 반크에서 추진하는 월드 체인저 사이트(changer.prkorea.com)를 클릭해보세요. 사이버 모의 유엔에서 지구촌 문제 해결에 대해 다양한 아이디어를 나누고 함께 실천할 수 있습니다.

마지막으로 넷째 목표는 세계인들을 대상으로 유엔의 활동을 홍보하는 사이트인 사이버 스쿨버스, 유엔 뉴스, 방송 사이트를 활용하면 달성할 수 있습니다. 유엔에서 전 세계를 대상으로 추진하는 활동을 여러분 일상적인 삶 속에서 실천할 수 있도록 노력해보세요. 학교 친구들끼리 글로벌 이슈에 대한 연구 및 활동 모임을 만들 수도 있고, 인터넷을

통해 사귄 외국 친구와 빈곤에 대해 알리는 국제적 홍보 활동을 전개할 수도 있습니다.

최근 한 외국의 청소년이 유튜브에 환경 문제에 대한 심각성을 알린 동영상을 올려 지구 온난화에 대해 범세계적인 관심을 촉발시킨 사례가 있어 세계인을 놀라게 했습니다. 이처럼 인터넷만 할 수 있으면, 유엔 사무총장보다 더 영향력 있게 활동하는 젊은 글로벌 리더들이 많이 있습니다. 여러분 또한 그 주인공이 될 수 있습니다.

사이트 이름	웹 사이트 주소	사이트 설명
테이킹 아이티 글로벌	https://www.tigweb.org/	전 세계 젊은이들이 만든 '청년 유엔' 전 세계 초·중·고교에서 인터넷과 모바일, 소셜 미디어(SNS)를 통해 지구촌 문제를 함께 토론하고 실천 캠페인을 기획할 수 있는 사이트
유엔 뉴스	http://www.un.org/news	유엔에서 이루어지는 전 세계 활동에 대한 뉴스를 실시간으로 제공
유엔 방송	http://www.unmultimedia.org	유엔에서 이루어지는 전 세계 활동에 대한 방송, 라디오, 사진 등을 제공
유엔 공식 사이트	http://www.un.org	유엔의 모든 활동에 대해서 소개하는 유엔 공식 사이트

PART 05

한국을
변화시키는 힘,
내 손안에 있다

이번 5부에는 여러분이 세계 속의 한국을 변화시키는 주인공이 될 수 있는 방법이 들어 있습니다. 즉 객체(엑스트라)가 아닌 주체(주인공)로 다시 태어나는 거죠. 어떻게 한국 사회를 변화시키는 힘의 주체로 성장하여, 어떻게 엔진에 시동을 걸고 대한민국을 변화시켜 나갈 것인지, 또 어떻게 대한민국을 구성하는 어린이, 청소년, 어른들의 자발적 참여를 이끌 것인지를 살펴볼 것입니다. 더 나아가 한국 사회가 안고 있는 여러 사회 병폐의 본질적인 발생 원인을 진단하고, 이를 한국인 스스로 치유해나갈 수 있는 구체적이고 실질적인 방법도 배우게 될 것입니다.

겨자씨 한 알만한 믿음이 있다면 산을 옮길 수도 있다고 했습니다. 지금부터 태산도 옮길 수 있다는 겨자씨 믿음을 가지고, 아무리 작은 실천이라 해도 지속적으로 발걸음을 옮겨봅시다. 우리가 겨자씨 믿음을 포기하지 않는 이상, 비록 지금은 요원해 보이기만 하는 꿈일지라도 때가 되면 반드시 우리의 두 눈앞에 현실로 펼쳐질 것입니다. 비전은 반드시 이루어집니다.

chapter 01

반키가 되기 위해 Ready~Action!

앞에서 반크에 대해 배웠고, 또 반키가 되어 활동하고 싶다는 마음이 들었다면 이제 더 넓은 세계로 나갈 단계입니다. 이번 내용은 지금까지 배웠던 것을 체계적으로 정리하고 자신의 실력을 평가받는 부분입니다. '행동하지 않는 지식은 죽은 지식'이라는 말을 알고 있을 겁니다. 외국인들이 한국에 대한 왜곡된 정보를 진실로 알고 있다고 해서 분개할 일이 아니라 지금부터 여러분의 걸음걸음으로 왜곡된 것들을 바꿔나간다고 생각해야 합니다.

이제부터는 14가지 미션과 액션이 주어질 겁니다. 이를 통해 여러분은 반크에서 배운 중요한 원리를 여러분의 삶의 전 영역에서 어떻게 실천하고 구체화시킬 수 있는지 알게 될 것입니다. 자, 이제 반키로 활동할 그날을 위해 일보 전진할 순간입니다.

한국 홍보 자료 모으기

2002년도에 미국의 시사 주간지 〈타임〉은 '잃어버린 한국의 문화유산'이라는 제목으로 일제의 한국 문화재 약탈 실상과 반환 문제 등에 관한 특집 기사를 실은 적이 있습니다. 〈타임〉은 일본의 한국 문화재 약탈이 인류 역사상 유례가 없는 무자비한 인류 문화유산 파괴 행위였으며, 한국은 문화재를 약탈당하고도 무관심하며, 한일 정부 간의 공식 반환 협정은 매우 미묘하고 복잡한 사안이라는 것을 강조했습니다.

일제 시대 때 한국의 소중한 문화재가 10만 점이나 약탈되었다고 하는데, 정작 한국인은 약탈된 문화재 반환에 대해서 무관심하다는 외국 언론의 지적에 여러분은 어떤 생각이 듭니까? 우리는 알아야 합니다. 지금 우리를 있게 한 것이 무엇이고, 또 그것이 세계 속에서 우리를 어떻게 빛나게 할 것인지를 말입니다. 지금부터라도 내 고장의 문화재를 하나 이상 알아보고 왜 그 문화재가 중요한지 설명할 수 있어야 합니다. 잃어버린 것을 찾아오는 것 못지 않게 지금 우리에게 남겨진 것들을 보존하고 널리 알리는 것도 중요한 일이기 때문입니다.

Mission One 한국을 홍보할 자료를 모아라

외국 친구에게 한국을 홍보하기 위해서는 우리 자신이 한국에 대해서 잘 알아야 합니다. 우리가 아는 만큼 외국인 친구에게 한국을 소개할 수 있기 때문입니다. '한국 홍보 자료 모으기' 프로그램은 외국인에게 한국을 홍보할 때 도움이 될 만한 인터넷 홈페이지를 찾아 주제별로 자료를 요약 정리한 후 그 내용을 여러분 자신의 지식으로 만들어나가는 교육 프로그램입니다.

이번 과제와는 별도로 반크 한국홍보자료망(http://diplomat.prkorea. com/network/network_advert_l.jsp)은 체계적이고 지속적으로 관리되는 한국 관련 자료 통합 검색 엔진이기 때문에 대한민국 국민은 누구나 원하는 한국 관련 자료를 빠르고 쉽게 찾아 활용할 수 있습니다. 실전에서 한국을 홍보할 때 활용하면 많은 도움을 얻을 수 있을 겁니다.

Action Report 01

1. 앞으로 외국 친구를 사귀게 되면 한국에 대해 어떤 내용을 소개하고 싶은지 여러분이 관심을 가지고 있는 한국 홍보 주제를 선정하세요.

2. 선정한 주제에 대해 정확하고 믿을 수 있는 자료를 담고 있는 인터넷 홈페이지를 찾아 홈페이지 주소를 적어두세요.

3. 홈페이지에 소개된 내용 중 외국 친구에게 소개할 부분을 요약, 정리해보세요.

4. 외국인에게 소개하고 싶은 내 고장 문화재를 하나 이상 알아보고, 왜 그 문화재가 중요하다고 생각하는지 그 이유를 정리해보세요.

※ Action Report를 작성할때는 http://diplomat.prkorea.com/cyber/assignments_l.jsp을 보면 선배 반키들이 작성한 보고서를 참고할 수 있습니다.

영어로 자기소개, 한국 소개하기

초등학교 때부터 수십 년간 영어 공부를 해왔지만 막상 외국인을 만나면 말문이 턱 막히면서 얼굴만 붉어지지 않습니까? 이렇게 오랜 기간 영어를 공부하고, 압박감에 시달리면서도 실력이 향상되지 않는 이유는 동기부여가 제대로 되지 않았기 때문입니다. 지금부터라도 외국 친구를 사귀기 위한 목적으로, 내 친구와 진실한 우정을 나누기 위한 방법으로 영어 공부를 시작해보세요. 21세기 국제화 시대에서는 자신의 생각을 영어로 표현할 수 있는 능력이 무엇보다도 중요합니다.

Mission Two 나와 한국을 소개할 영문 자료를 준비하라

친구와 조금 더 가까워지기 위해서라면 아마 하지 말라고 해도 영어 공부가 하고 싶어질 겁니다. 영어로 자기소개를 하고 한국 소개를 하는 프로그램은 외국 친구에게 여러분 자신과 대한민국을 알리기 위한 도구로 영어를 활용할 수 있도록 돕는 과정입니다.

자기소개는 그럭저럭 해도 막상 영어로 한국을 소개하려면 어려울 수 있습니다. 우선은 외국 친구에게 한국의 무엇을 소개할지 생각한 후 단 한 문장이라도 좋으니까 할 수 있는 데까지 최선을 다해서 영어로 옮겨보세요. 그래도 어렵다면 http://usa.prkorea.com을 참고해보세요. 선배 반키들이 작성해놓은 영어 한국 소개문이 준비되어 있으니 어려울 때 참고하면 많은 도움이 될 겁니다.

Action Report 02

1. 외국 친구에게 여러분 자신을 소개할 영문 자기 소개서를 작성해보세요.

2. 외국 친구에게 여러분이 사는 나라, 대한민국을 소개할 영문 한국 소개서를 작성해보세요. 한국에 대해 전체적인 소개도 좋고 태극기나 한복, 한글, 학교, 직장 생활과 같은 특정한 주제에 관한 소개도 좋습니다.

3. 전 세계 수많은 나라 중에서 대한민국만이 가지고 있는 매력과 장점은 무엇인지 생각해본 후 그 내용을 영어로 작성해보세요.

4. 우리 주위에는 영어뿐 아니라 외국어를 공부하는 사람들이 많습니다. 여러분은 왜 외국어를 공부하나요? 왜 외국어를 공부하는지 각자의 이유를 적어보세요.

※ Action Report를 작성할때는 http://diplomat.prkorea.com/cyber/assignments_l.jsp을 보면 선배 반키들이 작성한 보고서를 참고할 수 있습니다.

한국의 입장을 지지해 줄 네트워크 구축하기

워싱턴에는 한국 관련 전문가 모임인 '코리아 클럽'이 있습니다. 이 단체의 회장은 '지한파(한국을 지지하는 무리) 네트워킹을 위해서는 긴 안목과 다양한 시각을 가진 사람들에게 접근해야 한다.'고 말했습니다. 한국이 주변의 강대국과 정책 조율을 순조롭게 하기 위해서는 무엇보다도 한국의 입장을 이해하고 지원해줄 지한파 인맥이 필수적이라는 말입니다. 하지만 아직까지 전 세계적으로 지한파 네트워크는 부실한 편이라고 합니다.

지금부터라도 책상 위에 세계 지도를 붙이고 여러분만의 글로벌 인적 네트워크를 구축하십시오. 세계 지도 속에 여러분의 친구가 많으면 많을수록 세계 속 한국의 입지는 굳건해질 겁니다.

Mission Three 해외 펜팔 사이트에서 외국 친구를 사귀어라

외국 친구에게 한국을 홍보하기 위해서는 우선 외국 친구와 꿈과 우정을 나눌 수 있는 진실한 관계를 형성해야 합니다. 이번 미션은 외국인과 진실한 친구가 되어서 친구의 나라인 한국을 사랑하게 만드는 것입니다.

인터넷을 사용하는 여러분은 비행기를 타거나 해외 어학연수를 가지 않고도 지금 바로 세계의 친구들을 만날 수 있습니다. 그럼, 친구 사귀러 인터넷 항해를 시작해볼까요?

Action Report 03

1. 우선 해외 검색 엔진을 통해 나라별 해외 펜팔 사이트를 찾아보세요.

2. 검색한 해외 펜팔 사이트에서 마음에 드는 외국 친구를 발견했으면 미리 준비한 영어 자기 소개서를 바탕으로 친구 하자는 메일을 적극적으로 보내세요. 친구에게 보낸 영문 자기 소개서를 수록하세요.

3. 또 여러분이 작성한 영문 자기 소개서도 해외 펜팔 사이트에 올려 전 세계 외국인들이 여러분에게 메일을 보내올 수 있도록 준비해보세요.

4. 외국 친구를 사귀면서 변화된 점, 특히 세계를 향한 시각과 한국을 향한 시각에 대해서 이야기해보세요.

※ Action Report를 작성할때는 http://diplomat.prkorea.com/cyber/assignments_l.jsp을 보면 선배 반키들이 작성한 보고서를 참고할 수 있습니다.

해외 채팅으로 심도 있는 대화 나누기

'호랑이를 잡으려면 호랑이 굴에 들어가야 한다.'는 속담 때문인지, 영어를 배우기 위해서는 영어가 쓰이는 현장에 가서 공부해야 한다고 생각하는 사람이 참 많습니다. 2018년 우리나라에서 해외 유학이나 연수를 간 사람들은 22만 명이 넘습니다. 그리고 그들이 외국에서 쓴 유학 비용도 엄청납니다.

여러분도 기회만 된다면 외국으로 어학연수를 떠날 생각입니까? 지금 인터넷으로 눈을 돌려보십시오. 인터넷 해외 채팅을 통하면 굳이 어학연수를 가지 않아도 전 세계 외국인들과 관심 분야에 관해 심도 있는 대화를 나눌 수 있습니다. 무엇보다도 시간과 장소에 구애되지 않고 외국인과 실시간 만남을 가질 수 있으며 본인의 정성과 노력에 따라서 진실한 친구로 발전할 수도 있습니다.

Mission Four 해외 채팅방에서 외국인과 대화하라

인터넷의 가장 큰 장점은 시간과 국경의 한계를 초월한다는 점입니다. 따라서 인터넷의 이런 장점을 활용한다면 전 세계 어느 나라의 누구와도 시간과 지리적인 제약 없이 만나고 대화할 수 있습니다. 해외 채팅을 지렛대 삼아 여러분 자신과 대한민국을 적극적으로 표현할 수 있는 능력을 가져야 하겠습니다. 물론 채팅방에 들어가기 전에 채팅 매너나 채팅방 약어 표현, 그리고 영타 정도는 충분히 연습해야겠지요?

Action Report 04

1. 외국 검색 엔진에서 채팅 사이트를 검색하세요.

2. 해외 채팅 사이트를 발견했으면 주제별로 개설되어 있는 여러 채팅방 중 하나를 선택한 후 외국인과 관련 주제에 대해 대화를 해봅니다. 어떤 주제로 어떤 대화를 나눴는지 이야기해보세요.

3. 기존에 개설되어 있는 채팅방이 아니라 본인이 직접 새로운 주제와 관련된 채팅방을 만들어보고 관련 주제에 관심을 보이는 외국인과 대화를 합니다. 어떤 주제로 채팅방을 개설했고 친구들과 어떤 내용의 대화를 나눴는지 적어보세요.

4. 채팅을 통해 우정을 나눈 외국인 친구를 소개해봅시다. 또 그 친구와 채팅을 하면서 생긴 에피소드 및 한국을 알린 사연을 이야기해봅시다.

※ Action Report를 작성할때는 http://diplomat.prkorea.com/cyber/assignments_l.jsp을 보면 선배 반키들이 작성한 보고서를 참고할 수 있습니다.

해외 정보를 수집하여 국제 전문가 되기

한국의 정부는 한국의 지리적 이점을 활용하고자 아시아 중심 국가라는 국정 목표를 제시하고 있습니다. 이는 동북아라는 거대 경제권의 허브가 되고자 하는 전략으로서 이 국정 목표에는 21세기 동북아 시대를 한국이 주도할 수 있다는 자신감과 포부가 반영되어 있습니다. 그리고 한편으로는 급속도로 성장하고 있는 중국과 세계 최고 수준의 일본 틈에 끼어 있는 한국이 동북아에서 중심적 위상을 확보하지 못하면 성장 동력을 영원히 잃어버릴 수도 있다는 위기감이 깔려 있기도 합니다.

한국을 동북아의 중심 국가로 성장시키는 것은 우리가 원하면 하고, 하기 싫으면 안 해도 되는 성격의 것이 아닙니다. 그 길은 기나긴 5천 년의 역사 동안 아시아와 동북아 주변 국가에 끊임없는 침략과 약탈을 받으면서도 목숨을 걸고 지켜온 한민족의 정체성과 한국의 미래가 걸려 있는 생존 전략입니다.

그렇기 때문에 이 시대를 살고 있는 대한민국 국민이라면 보다 적극적으로 행동하고 움직여 우리나라의 존재를 아시아 전역에 알리고 스스로 중심 국가의 일원으로 변신하지 않으면 안 됩니다.

여러분은 어떤가요? 적극적으로 외국 친구를 사귀고, 그들의 나라에 대해 알고, 또 그들의 진실한 친구가 되기 위해 노력하고 있습니까? 여러분이 전 세계 외국 친구들 사이에서 중요한 사람이 되어, 그 중심에 서는 날. 한국은 동북아시아의 중심 국가가 되어 있을 겁니다.

Mission Five 외국 친구가 사는 나라를 조사하라

외국인 친구가 사는 나라에 대해 얼마나 알고 있나요? 우리가 한국에 대해 관심이 많은 외국인 친구를 만나면 반갑고 호감이 가는 것과 마찬 가지로 외국 친구도 그렇습니다. 외국 친구가 사는 나라의 정치, 경제, 사회, 문화에 지속적으로 관심을 가지다 보면, 전 세계 많은 나라가 어떤 방식으로든 우리나라와 중요한 관계를 맺고 있다는 사실을 알 수 있을 겁니다. 또한 사귀고 있는 친구와 더 깊고 친밀한 관계를 맺을 수 있는 통로를 마련할 수 있습니다.

외국인 친구의 나라에 대해 조사하는 동안 인터넷에서 전 세계의 정보를 수집하고 분석하는 능력을 기를 수 있을 뿐 아니라, 세계화 시대 국제 시민으로서의 자질도 키울 수 있을 겁니다.

Action Report 05

1. 현재 사귀고 있는 (혹은 앞으로 사귀고 싶은) 외국 친구의 나라에 대해 인터넷으로 조사해
   봅시다.

2. 인터넷으로 조사한 내용을 바탕으로 외국 친구에게 더 자세한 사항을 질문해봅시다. 친
   구에게 어떤 내용의 질문을 했는지, 또 그 친구는 질문에 어떤 반응을 보이고, 어떤 대답
   을 했는지 적어봅시다.

3. 외국 친구가 사는 나라와 우리나라의 차이점 및 유의점을 비교 분석해봅시다.

4. 21세기 한국은 아시아의 중심, 동북아의 관문을 목표로 나아가고 있습니다. 그러면 중심
   국가의 국민으로서 우리가 가져야 할 기본 자세는 무엇일까 생각해보고, 글로 작성해보세
   요.

※ Action Report를 작성할때는 http://diplomat.prkorea.com/cyber/assignments_l.jsp을 보면
  선배 반키들이 작성한 보고서를 참고할 수 있습니다.

외신 뉴스 번역하기

　외국 신문·방송에서는 한국과 한국인을 어떤 관점으로 바라보고 있을까요? 남북으로 갈려 싸우는 불안한 분단 국가, 화염병이 난무하고 경찰과 시위대가 격렬한 시가전을 벌이는 데모 국가, 조직폭력배와 고위 공직자의 총체적 비리가 판치는 부패 국가 등 외신을 통해 소개되는 한국을 살펴보면 긍정적인 내용보다는 부정적인 내용이 많다는 것을 알 수 있습니다. 하지만 월드컵을 통해 알 수 있듯이 우리나라는 전 세계 모든 이들을 감동시킬 수 있는 잠재력을 가지고 있습니다.

Mission Six 77억의 눈으로 한국을 바라보라

　7천만 한국인의 눈에서 벗어나 77억 세계인의 눈으로 한국을 바라볼 수 있어야 합니다. 한국 관련 외신 뉴스를 보면 외국인들이 보는 '또 다른 한국'을 알 수 있습니다. 한국에서 한국인이 보는 한국과 외국에서 외국인이 보는 한국을 비교하다 보면 앞으로 우리가 해야 할 일은 무엇인지, 지금 우리는 무엇을 준비해야 하는지 알 수 있습니다.

　외신 뉴스를 번역하면 전 세계 신문에 소개된 한국의 모습을 알 수 있습니다. 세계 속의 한국을 바라볼 수 있는 능력을 키울 수 있습니다.

Action Report 06

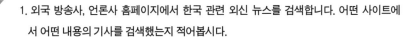

1. 외국 방송사, 언론사 홈페이지에서 한국 관련 외신 뉴스를 검색합니다. 어떤 사이트에서 어떤 내용의 기사를 검색했는지 적어봅시다.

2. 검색된 뉴스 가운데 여러분이 관심 있는 주제에 관한 내용을 보도한 뉴스를 선정해 한글로 번역해보세요.

3. 번역한 외신 내용에 대한 여러분의 생각과 느낌을 적으세요.

4. 외국 언론을 통해 접하는 한국에 대한 뉴스는 한국 언론을 통해 접하는 국내 뉴스와는 어떤 차이점이 있는지, 외신을 번역한 소감을 말해보세요.

※ Action Report를 작성할때는 http://diplomat.prkorea.com/cyber/assignments_l.jsp을 보면 선배 반키들이 작성한 보고서를 참고할 수 있습니다.

해외 인터넷 사이트에서 한국 오류 발견하기

지금까지 많이 얘기했지만 해외 인터넷 사이트 중에는 한국을 왜곡하거나, 바르지 않은 정보를 기재한 곳이 많습니다. 심지어는 한국을 '사기가 판치는 나라'라고 묘사하거나 한국과 북한을 구분하지 못하여 김정은 국무 위원장을 한국 대통령이라고 잘못 소개한 경우도 있습니다. 이는 일본 역사 교과서와 외국 교과서에 소개된 왜곡된 한국 정보가 외국 인터넷으로 복제되었기 때문입니다. 그리고 외국 인터넷 사이트가 한국으로부터 정확한 정보를 제공받지 못했기 때문이기도 합니다. 여러분은 어떻게 생각하나요? 여러분의 외국 친구가 인터넷을 통해 이런 정보를 접한다면 한국에 대해서 어떻게 생각할까요? 인터넷 사용률과 그 중요성이 갈수록 높아지는 지금, 한국에 대해 왜곡되고 잘못된 정보를 소개하는 인터넷 사이트를 조기에 발견하여 오류 확산에 능동적으로 대처할 수 있어야 하겠습니다.

Mission Seven 잘못된 해외 한국 정보를 찾아라

직접 눈으로 한국 오류를 발견하면 왜곡된 정보가 사이버 공간에서 어떠한 파급 효과를 가지는지 그 심각성을 인지할 수 있을 겁니다. 또 이들의 실태를 조기에 파악하면 한국 관련 오류 정보의 확산을 조기에 진화시킬 수 있을 겁니다.

Action Report 07

1. 일본 역사 교과서에는 한국이 어떻게 소개되어 있는지 조사합니다.

2. 그밖의 외국 교과서에는 한국을 어떻게 소개하고 있는지 조사합니다.

3. 해외 인터넷 사이트에서는 한국을 어떻게 소개하고 있는지 조사합니다.

4. 일본 교과서, 외국 교과서, 해외 인터넷 사이트에서 공통적으로 발견되고 있는 한국에 대한 부정적인 정보는 어떤 내용인지 조사합니다. 또 이런 부정적인 정보가 발생하게 된 원인은 어디에 있으며 또 그 책임은 누구에게 있는지도 생각해봅시다.

※ Action Report를 작성할때는 http://diplomat.prkorea.com/cyber/assignments_l.jsp을 보면 선배 반키들이 작성한 보고서를 참고할 수 있습니다.

외국 교과서 출판사에 친선 서한 보내기

자라나는 외국 학생들은 교과서를 통해서 한국을 보게 됩니다. 따라서 여러분의 외국 친구는 한국이 중국과 일본의 식민지에서 벗어난 적이 없다거나 지금도 독재 국가, 빈곤 국가라고 알고 있을 수 있습니다. 다른 사람이라면 몰라도 여러분의 친구들이 진실을 몰라주면 참기 힘들 겁니다. 지금부터라도 외국 교과서 저자에게 편지를 보내 '당신이 쓴 책 때문에 내 친구가 한국에 대해 잘못 알고 있고, 이 때문에 우리 사이의 우정이 위태롭게 되었다.'며 학자적 양심에 호소하는 편지를 보내봅시다.

Mission Eight 외국 교과서 출판사와 친해져라

외국 교과서는 그 나라의 학생들이 각 나라의 사회와 문화, 국민성을 이해하는 데 절대적인 신뢰를 받습니다. 교과서에 적힌 것은 '무조건 진실'이라고 생각하죠. 따라서 외국 교과서는 외국 학생들에게 한국의 이미지를 결정짓게 하는 중요한 요소가 될 수 있습니다. 친선 서한 보내기는 외국 교과서를 집필하는 학자 및 출판사에 이메일을 보내 한국 관련 기술 부분의 오류를 지적하고, 학자적 양심에 호소하여 한국의 시각도 포함하는 교과서를 편찬해달라고 제안하는 것입니다.

Action Report 08

1. 해외 검색 엔진을 통해 외국 교과서 출판사의 인터넷 홈페이지를 조사합니다.

2. 조사한 교과서 출판사의 홈페이지 담당자 앞으로 이메일을 보내서 잘못된 정보를 개선할 계획이 있거나 한국에 대한 정보를 새로 추가할 계획이 있는지를 묻습니다. 어떤 출판사에 어떤 내용을 물었습니까?

3. 외국 교과서 출판사들에 긍정적인 답변을 유도하기 위해서는 이메일에 어떤 내용을 담아 보내야 하는지 생각해보고, 이를 바탕으로 친선 서한을 작성해봅니다.

4. 외국 교과서 저술 학자들이 한국에 대한 바른 정보를 저술하게 하려면 우리가 무슨 일을 어떻게 해야 하는지 생각해봅시다.

※ Action Report를 작성할때는 http://diplomat.prkorea.com/cyber/assignments_l.jsp을 보면 선배 반키들이 작성한 보고서를 참고할 수 있습니다.

왜곡된 사이트에 항의 서한 보내기

반크는 동해의 명칭을 비롯해서 전 세계에 퍼져 있는 한국 관련 오류를 바로잡는 데 주력해왔습니다. 그 결과 많은 외국 출판사나 웹 사이트에서 한국의 관점을 포함하는 내용도 반영하는 쾌거를 이루었습니다. 여러분은 세계 속에 잘못 알려지고 있는 한국의 국가 이미지를 시정하여 대한민국 역사의 주인공이 되고 싶지 않습니까? 여러분의 노력은 전 세계 모든 네티즌들이 한국에 대한 바른 정보를 접하도록 만들 것입니다.

Mission Nine 왜곡된 정보를 실은 사이트에 항의 서한을 보내라

항의 서한 보내기는 한국을 부정적으로 소개하고 있는 외국의 유명 인터넷 사이트를 대상으로 이메일을 보내는 프로그램입니다.

항의 서한을 보내고 싶은데, 영어 실력이 없어서 걱정이라면 반크 인터넷 한국 오류 시정망(korea.prkorea.com)을 활용해도 좋습니다. 이 사이트를 활용하면 한국을 잘못 소개한 해외 유명 인터넷 사이트 현황을 볼 수 있습니다. 또한 해외 사이트의 한국 관련 오류는 무엇이 문제이고 어떻게 설득력있게 항의 서한을 작성해야 하는지 배울 수 있습니다. 또한 무엇보다 다른 반크 회원들의 항의서한을 참고로 여러분 스스로 항의서한을 작성할 수 있는 힘을 키울 수 있습니다.

Action Report 09

1. 전 세계 수많은 인터넷 사이트에는 동해가 일본해로 표기되고 있습니다. 동해 표기의 역사적, 실증적 정당성을 주장할 수 있는 근거 자료는 무엇인지 조사하세요.

2. 조사한 근거 자료를 바탕으로 동해를 일본해로 표기하는 것이 왜 부당한지 논리적으로 설득할 수 있는 항의 서한을 작성해봅니다. 항의 서한의 주된 주장과 그 근거는 무엇인지 적어봅시다.

3. 동해 표기 이외에도 잘못된 한국 정보를 싣고 있는 사이트가 있으면 그에 대한 항의 서한을 작성해봅니다.

4. 현재 외국 교과서와 인터넷에 있는 한국 정보는 잘못된 것이 많습니다. 그리고 세계인들은 지금 이 순간에도 그런 잘못된 정보를 접하고 있습니다. 만약 이런 한국의 오류 정보를 그냥 내버려두면 어떤 일이 일어날까요?

※ Action Report를 작성할때는 http://diplomat.prkorea.com/cyber/assignments_l.jsp을 보면 선배 반키들이 작성한 보고서를 참고할 수 있습니다.

외국 기관에 협력 서한 보내기

외국 현지에서는 한국에 대한 정보를 구하기가 힘들다고들 합니다. 해외 현지에서 외국인들이 한국에 대한 자세한 정보를 얻을 수 있는 방법은 한국 문화원을 방문하는 것인데, 각 나라에 설치된 우리나라 문화원은 형편없이 부족한 실정입니다.

어떻게 하면 여러분 친구가 한국 정보를 풍성하게 얻을 수 있을까요? 격조 높은 전통 문화제와 역동적인 한국의 현대 모습을 디지털 사진에 담아 친구가 다니는 학교 및 지역 언론사에 보급할 수도 있고, 외국 도서관 홈페이지 담당자에게 메일을 보내 한국의 문화 정보를 보낼 수도 있습니다. 개인이든 단체든 기관이든 일단 교류를 시작하고 좋은 관계를 유지해두면 우리가 전달하고자 하는 것을 보다 수월하게 전달할 수 있습니다.

Mission Ten 외국 기관과 협력 관계를 맺어라

전 세계 많은 외국인들이 한국에 대한 정확한 정보를 접하지 못하고 있습니다. 이는 한국 정보가 외국 현지의 영향력 있는 큰 기관을 통해 지속적으로 전달되지 않기 때문입니다. 따라서 현지에서 영향력이 큰 기관과 적극적으로 협력 관계를 구축해서 한국의 정보를 현지 거주 외국인들에게 지속적으로 전달하는 창구로 활용해야 합니다. 전 세계 방송사, 언론사, 항공사, 여행사, 정부 기관, 민간 단체를 대상으로 이메일을 보내 긴밀한 협력 관계를 맺어봅시다.

Action Report 10

1. 해외 인터넷 검색 엔진을 통해 협력을 체결하고자 하는 나라의 기관을 조사합니다.

2. 조사한 기관 홈페이지 담당자에게 이메일을 보내 한국에 관심을 갖고 있는지, 한국에 대한 정보를 받아볼 의향이 있는지를 물어봅니다.

3. 외국 기관이 긍정적인 답변을 하도록 유도하기 위해서는 이메일에 어떤 내용을 담아보내야 하는지 생각해보고, 이를 바탕으로 협력 서한을 작성해봅니다.

4. 해외 현지에 한국에 대한 정보가 지속적으로 전달되지 않는 이유가 무엇인지 생각해보고, 이를 개선하기 위해서 우리가 할 수 있는 일은 무엇이 있는지 생각해봅니다.

※ Action Report를 작성할때는 http://diplomat.prkorea.com/cyber/assignments_l.jsp을 보면 선배 반키들이 작성한 보고서를 참고할 수 있습니다.

외국 학교에 교류 서한 보내기

여러분 학교에서는 컴퓨터와 인터넷을 활용해서 교사와 학생들이 어떤 일을 하고 있습니까? 선진 외국의 초, 중, 고교에서는 학과 수업 시간에 인터넷을 통해 다른 나라의 학생들과 단체 펜팔 교류를 진행함으로써 학교 공부에 대한 관심을 자발적으로 높이고, 국제 감각과 정보화 감각을 배양시키고 있습니다.

급변하는 국제 정세에 능동적으로 대처하기 위해서는 영어 구사 능력과 넓은 시야가 절실히 필요합니다. 그렇지만 현실적으로 원어민과의 직접적인 접촉 기회는 극소수의 학생들에게만 주어질 뿐, 대다수의 학생들은 기회를 전혀 가지지 못한 상태입니다. 하지만 학급 교류를 추진하면 전 세계 외국 학생들과 접촉할 기회를 얻을 수 있습니다. 이제 온라인으로 자매결연을 하고 단체 펜팔 교류를 추진해봅시다.

Mission Eleven 외국 학교와 학급 교류를 유치하라

미국, 캐나다 등 선진 외국의 초, 중, 고교에서는 학과 수업 시간에 다른 나라 학생들과 단체 펜팔 교류를 진행함으로써 자발적인 관심을 갖고 학교 공부에 임할 수 있도록 하고, 국제적인 시야와 세계적인 감각까지 배양하고 있습니다. 우리도 해외 학급이나 동아리를 상대로 단체 펜팔 교류를 실시해봅시다.

Action Report 11

1. 학급 교류를 추진하고자 하는 나라를 선정하고 해외 검색 엔진을 통해 해당 국가의 학교에 대해 조사합니다.

2. 조사한 학교 홈페이지 담당자에게 이메일을 보내 한국의 학교와 단체 펜팔 교류를 추진할 의향이 있는지 묻습니다.

3. 외국의 학교로부터 긍정적인 답변을 받기 위해서는 이메일에 어떤 내용을 담아보내야 하는지 생각해보고, 이를 바탕으로 교류 서한을 작성해봅니다.

4. 외국 학교 홈페이지에 소개된 정보를 보고, 우리나라 학교의 교육 제도와 어떤 점이 다른지 생각해봅시다.

※ Action Report를 작성할때는 http://diplomat.prkorea.com/cyber/assignments_l.jsp을 보면 선배 반키들이 작성한 보고서를 참고할 수 있습니다.

한민족 하나로 모으기

민족은 하나가 되어야 큰일을 할 수 있습니다. 일찍이 이스라엘은 전 세계에 흩어진 1,800만 명 유대인의 인적, 지적, 물적 자원을 하나로 모으는 '민족 네트워크 사업'을 국가의 핵심 정책 사업으로 추진했고, 그 결과 유대인은 전 세계적으로 막강한 영향력을 행사하고 있습니다.

만약 여러분이 '한민족 네트워크'를 구축하고 구축된 한민족 네트워크를 통해 한민족의 정체성을 전 세계에 영구적으로 확산시켜나간다면, 21세기 한민족은 지구상에 존재하는 모든 나라 중에서 가장 영향력 있고 세계적인 나라로 성장할 것입니다.

Mission Twelve 흩어진 750만 한민족을 하나로 모아라

전 세계에는 약 750만 명에 달하는 한민족이 흩어져 살고 있다고 합니다. 이렇게 흩어진 한민족의 인적, 지적, 물적 자원을 하나로 연결시킬 수만 있다면 21세기 한민족은 세계 어느 나라보다도 가장 영향력 있고 세계적인 민족이 될 것입니다.

해외 한민족 커뮤니티를 찾고자 할 때는 반크 한민족 네트워크(http://diplomat.prkorea.com/network/network_korea_category.jsp)를 참고하세요. 전 세계에 흩어져 있는 해외 한민족 공동체의 다양한 정보가 실려 있습니다. 또 한민족을 하나로 모을 수 있는 구심점을 제시하기 위해 발간한 한민족 소식지는 전 세계 각지에서 일어나고 있는 다양한 한인 소식들을 실어 전 세계에 흩어져 살고 있는 한국인들의 눈과 귀가 되어주고 있습니다.

Action Report 12

1. 한민족이 왜 하나가 되어야 하는지 생각해본 후 글로 작성해봅니다.

2. 각 나라의 인터넷 검색 엔진을 통해 해외 한인 동포 커뮤니티 사이트를 찾아봅시다.

3. 검색한 해외 한인 사이트에 한민족이 왜 하나가 되어야 하는지 그 이유를 외국에 거주하는 동포들에게 설명하는 글을 올립니다.

4. 한민족이 해외에 흩어진 배경은 무엇인지 알아보고, 흩어진 한민족을 하나로 모으기 위해서 우리가 할 수 있는 일은 어떤 것이 있을지 생각해봅시다.

※ Action Report를 작성할때는 http://diplomat.prkorea.com/cyber/assignments_l.jsp을 보면 선배 반키들이 작성한 보고서를 참고할 수 있습니다.

우리들의 꿈 이루기

반크는 1999년 1월 1일, 21세기 한국이 '아시아의 중심, 동북아의 관문, 전 세계 모든 이들과 꿈과 우정을 나누는 나라'로 변화되기를 바라는 크리스천 젊은이의 기도와 겨자씨 믿음에서 시작되었습니다. 이것이 반크의 비전입니다. 그간 오류 시정 사업, 한국 바로 알리기 사업, 국가 이미지 재고 사업, 외국인 한국 친구 맺기 사업을 통해 한국을 대표하는 국가 홍보 민간 단체로 성장하고 있습니다.

반크의 꿈은 점점 현실이 되어가고 있습니다. 꿈꾸는 사람에게는 변화되는 삶과 선한 영향력이 따라옵니다. 여러분의 꿈을 통해 한국 사회는 변화될 것이고, 외국 친구들이 바라보는 한국도 변화될 것입니다. 우리는 지금 꿈을 향해 달려가고 있습니다.

Mission Thirteen 우리들의 꿈을 이루어 한국을 변화시키자

전 세계 외국인을 대상으로 한국의 이미지를 변화시키기 위해서는 우리 스스로의 삶이 먼저 변화되어야 합니다. 그리고 우리의 삶을 변화시키기 위해서는 우리가 무엇을 위해 대한민국에 태어났는지 그 본질적인 질문에 대한 해답을 찾아야 합니다.

꿈을 이루기 위해서는 여러분 가슴 깊은 곳에 있는 더 큰 목적을 발견해야 합니다. 만약 발견했다면 그것을 성취하기 위해 앞으로 노력해야 할 과정에는 어떤 것이 있는지 문서화해보세요. 그 과정을 통해 여러분은 스스로의 꿈뿐 아니라 대한민국의 꿈을 이룰 수 있습니다.

Action Report 13

1. 여러분의 개인적인 꿈은 무엇인가요?

2. 전 세계 수많은 나라들 중에서 한국에 태어났다는 사실에 대해서 어떻게 생각하고 있는
   지 여러분의 생각을 글로 작성해보세요.

3. 한국이라는 나라에 태어나서 민족과 세계를 위해 여러분이 기여해야 할 분야에는 어떤
   것이 있을지 생각해본 후, 글로 작성해보세요.

4. 그 분야에서 꿈을 성취하기 위해서는 구체적으로 어떤 노력을 해야 하는지, 그리고 어
   떤 과정을 수행해야 하는지 생각해보고, 다짐의 글을 작성해봅시다.

※ Action Report를 작성할때는 http://diplomat.prkorea.com/cyber/assignments_l.jsp을 보면
선배 반키들이 작성한 보고서를 참고할 수 있습니다.

대한민국에 꿈 심기

전 세계 교과서에서 한국은 '중국과 일본이라는 고래 사이에 긴 새우', '은둔의 나라'로 묘사되고 있습니다. 여러분은 어떻습니까? 여러분이 생각하는 역사 속의 한국은 지정학적으로 고래 사이에 끼어 있기는 하지만 마치 돌고래처럼 적극적이고 창의적으로 행동한 주도적인 이미지의 나라입니까? 아니면 새우 같이 수동적이고 의존적이며 비겁한 나라입니까? 여러분이 어떤 국가관과 역사 인식을 갖고 있느냐에 따라서 21세기 대한민국이 새우가 될지, 돌고래가 될지 결정될 것입니다.

Mission Fourteen 이 땅에 꿈을 심어 생명력을 공급하라

대한민국에 꿈을 심어주십시오. 한국인의 절반이 이민을 고려하고 있고 직장인에게 다시 태어나고 싶은 나라를 물으면 '한국'이라 답하는 사람은 드물다고 합니다. 또 대학생 2명 중 1명은 다시 태어난다면 한국을 택하지 않을 거라고 답했다고 합니다.

하지만 그런 한국은 저절로 만들어진 게 아닙니다. 지금 여러분을 괴롭게 하는 한국은 하늘에서 그냥 뚝 떨어진 게 아닙니다. 7천만 명이 모인 대한민국도 결국은 그 최소 단위인 단 한 명의 대한민국 국민에서 시작됩니다. 희망을 갖고 이 땅에 꿈을 심어 대한민국의 정치, 경제, 사회, 문화 등 전 분야에 새로운 생명을 불러일으킵시다.

Action Report 14

1. 과거 한국은 세계 속에서 어떤 나라였고, 현재 한국은 외국인에게 어떤 모습으로 비치고 있는지 생각해봅시다.

2. 여러분이 생각하는 한국은 어떤 나라입니까?

3. 21세기 여러분이 바라는 세계 속의 대한민국은 어떤 모습을 하고 있습니까?

4. 여러분이 바라는 세계 속의 대한민국을 실현하기 위해 지금 할 수 있는 일, 준비하고 있는 일은 어떤 것이 있는지 글로 작성해봅시다.

※ Action Report를 작성할때는 http://diplomat.prkorea.com/cyber/assignments_l.jsp을 보면 선배 반키들이 작성한 보고서를 참고할 수 있습니다.

에필로그

지은이에 대하여

박 기 태

1999년 1월 사이버 외교 사절단 반크 사이트를 개설했고, 2001년 11월 한국 바로 알리기 민간 기획단을 설립, 2021년 현재는 지혜롭고 헌신적인 반크 동료 이선희, 이정애, 신지원 연구원, 그리고 시대를 열어나가는 도전적인 반크 청년리더들, 혁신적인 디자인 회사 생기 박희현 실장, 김원중 웹마스터와 함께 활동하고 있다. 1명으로 시작된 반크는 2021년 현재 외국인 3만 명을 포함하여 국내외 15만 명의 회원이 가입된 단체로 성장했다. 저자는 반크 회원들과 함께 해외 교과서와 인터넷에 한국 오류 시정 사업, 세계 속에 한국을 바로 알리기 사업, 국가이미지와 브랜드 재고 사업 등을 추진하여 21세기 한국을 아시아의 중심, 동북아의 관문, 전 세계 모든 이와 꿈과 우정을 나누는 나라 대한민국으로 변화시키기 위해 하루하루를 실천하고 있다. 2000년 서경대 일어일문학과 졸업 후 기독교 위성 방송 조연출, KBS 월드넷 아시아 권역 webPD로 일했고, 2008년 횃불 트리니티 신학 대학원에서 신학 석사를 취득했다. 이후 2007년 국무 총리실 산하 국가 이미지 개발 위원회 위원으로 활동했으며, 2008년 서울시 홍보 대사, 현존하는 최고 금속 활자본인 직지 홍보 대사로 위촉되었고, 2009년부터는 청와대 국가 브랜드 자문 위원으로 활동 중이다.

2005년부터 저자는 기존 사이버 외교 사절단 반크 회원을 중심으로 이루어지던 한국 바로 알리기 활동을 국내외 교육 기관(초, 중, 고, 대학교)에서 도입할 수 있도록 전국 2만 개의 사이버 외교관 반크 동아리 구축 사업을 진행하고 있다. 이를 위해 일선 학교의 청소년들과 교사를 대상으로 사이버 외교관 교육 및 활동 프로그램을 전하고, 글로벌 리더십 특강을 통해 한국의 청소년들이 대한민국을 가슴에 품고 세계로 나아갈 수 있도록 국제적 안목을 키워주고 있다.

2006년부터 군경병과 대학생을 대상으로 '동북아 역사 영토 분쟁'에 대한 한국인의 대응 전략'과 '한국 역사'에 대한 특강을 전개하여 학창 시절에 역사 교육이 부족한 한국 청년들을 대상으로 한 역사 교육 및 국제적 안보 교육을 진행하고 있다.

2007년부터 국제적 시각을 가진 공무원과 교사를 양성하기 위해 지방 행정 연수원, 서울시와 충청북도, 경상북도의 공무원 연수원, 지방 자치 단체 교육청 등 공무원과 교사를 대상으로 '공직자의 세계를 보는 눈', '한국 역사', '국가 이미지와 브랜드 재고 전략', '한국 문화 세계화', '소프트 파워와 민간 외교 2.0', '한글 세계화' 등의 주제로 강의를 하고 있다.

2008년부터 750만 해외 흩어진 한민족을 하나로 모으기 위한 한민족 네트워크 구축을 위해 전 세계 한글 학교 교사와 학생, 한인 CEO, 한민족 여성 리더, 차세대 리더, 한인 언론사 대표 등 한인 등을 대상으로 한민족 정체성을 확립하는 강의를 전개하고 있다.

2009년도부터는 77억 세계인에게 한국의 국가 이미지를 재고시키기 위해 국내 대학교 국제 교육원에 재학 중인 외국인 교환 학생, 외국인 공무원, 외교관, 대사 등을 대상으로 한국 문화, 역사, 국가 브랜드를 주제로 영어 강의를 전개하고 있다.

또한 저자는 2009년도부터 한국을 넘어 세계를 변화시키는 글로벌 인재를 양성하고자 '월드 체인저 프로젝트'를 전개하고 있다. 이는 그간 중국의 동북공정, 일본의 독도 영유권 주장 등 앞으로 첨예해질지도 모르는 동북아 역사, 영토 분쟁에서 승리해 100여 년 전 나라를 일본에 빼앗긴 치욕을 다시 겪지 않도록 국제적인 인재를 양성하기 위함이다. 즉 반크를 1999년 설립 후 10년간 독도, 동해, 동북공정 등 중국과 일본의 역사 왜곡에 대항하여 한국을 지키고 전 세계에 친한파를 양성하기 위한 사이버 외교관을 양성해왔다면, 앞으로 10년간은 21세기 한국인이 적극적으로 국제 관계를 주도하고, 지구촌 환경, 지구 온난화, 빈곤, 테러 등 글로벌 이슈의 정책 대안 및 실행가를 배출하여 세계를 변화시키는 '월드 체인저'를 배출하기 위함이다.

저자는 2020년부터 5분 만에 우리나라 청소년과 청년들을 사이버 외교관과 글로벌 한국홍보대사로 양성하는 '단 5분' 프로젝트를 진행하고 있다. 그동안 반크의 활동에 참여하려면 선발과 교육, 한달간의 활동과 평가 등을 거쳤고, 그 과정에서 신청자 70%가 탈락했다.

저자는 보다 많은 청소년, 청년들의 반크 활동에 동참을 이끌어내고자 단 5분이면 반크 활동에 속성으로 동참하도록 새로운 디지털 외교 활동 프로그램을 추진 중이다. 21세기 신헤이그 특사 활동이 대표적이다. 신헤이그 특사 활동은 글로벌 청원과 디지털 포스터를 전 세계에 배포하며 100년 전 독립운동가들의 꿈을 21세기에 이어나가는 것이다.

저자는 한국 젊은이들 누구나 SNS(사회적관계망서비스)를 적극 활용하고 있다는 점에 착안, 2020년도에 33개 종류의 한국 홍보 디지털 포스터를 제작해 반크 사이버 외교관, 글로벌 한국홍보대사들과 함께 전 세계에 뿌렸다. 이 디지털 홍보물은 수십만 명의 외국인에게 전달됐다. 또한 글로벌 청원을 통해 세계인 11만6천여 명이 반크의 한국 바로 알리기 활동에 응원과 지지를 보냈다.

과거 외교의 주체는 외교부나 그 산하기관 등이었지만, 저자는 21세기 외교 주체를 평범한 청소년, 청년들이라 생각하고 지금의 시대는 디지털 외교 혁명의 시대라고 생각하고 있다. 이런 생각을 실행에 옮기고자 저자는 반크를 통해 디지털 외교 혁명의 시대 주인공인 21세기 독립운동가를 양성하고 있다.

또한 저자는 방탄소년단(BTS)과 블랙핑크 등 K-팝과 사랑의 불시착, 이태원 클라스 등 K-드라마, 기생충 등 K-영화로 인해 생겨난 세계 한류팬들의 관심을 어떻게 하면 한국의 유구한 역사와 찬란한 문화로 옮겨오게 할 수 있을지도 고민 중에 있다.

이를 위해 국가별, 언어별로 한류 콘텐츠와 연계해 고조선과 고구려,

신라, 백제, 고려, 조선시대 당시 위인들을 발굴해 현지 대학생들과 협력해 모바일 사이트를 구축한 뒤 이들을 알리고 있다.

독도와 동해를 알리는 세계지도 등 105개 종류의 한국 홍보물 150만 부를 인쇄해 세계에 배포했다. 세계 162개 국가에 출국한 한국 청년 2만9천여 명이 배포에 참여했다. 지금까지 600편의 한국 홍보 동영상을 제작해 유튜브 등에 올렸고, 모두 800만 뷰를 기록했다.

저자는 101년 전 1919년 3·1 운동 때 200만 명의 한국인이 독립운동가로 변했던 것처럼 디지털 외교 혁명 시대에 대한민국 모든 국민이 온라인에서 '21세기 독립운동가'로 변화할 수 있을 것으로 생각한다.

저자는 2020년 3·1 만세운동의 중심지인 남한산성의 항일운동 공원에서 경기도 광주시가 주관한 '제2회 해공민주평화상' 시상식에서 '글로벌 리더' 부문 상을 받았다. 해공은 광주 출신 독립운동가 신익희(1894~1956년) 선생의 호다.

이처럼 저자는 다른 반크 회원들과 마찬가지로 '아시아의 중심! 동북아의 관문! 전 세계 모든 이들과 꿈과 우정을 나누는 나라! 대한민국 KOREA!'라는 대한민국의 비전을 성취하기 위해 반크인의 사명인 전 세계 77억 외국인들에게 한국의 이미지를 변화시키고, 세계 곳곳에 흩어져 있는 750만 우리 민족을 하나로 모으며, 7천만 대한민국 국민들의 꿈을 격려하고 있다.

수상 경력

문화관광부 선정 '세계 아동 평화 대사'

한국관광공사 선정 '아름다운 관광 한국을 만드는 사람들 10인'

국정 홍보처 선정 '대통령 단체 표창'

월드컵 조직 위원회 선정 '대통령 단체 표창'

국회 선정 '대한민국 대중문화 미디어 대상'

카톨릭 미디어 대상 '특별상'

서울신문 선정 '2005 대한민국을 움직이는 101인'

2020년 해공민주평화상 글로벌 리더부문 수상

문화관광부 선정 '국가 외교 통일 분야 대통령 단체 표창'

서울시 홍보 대사(서울시)

현존하는 세계 최고 금속 활자 직지 홍보 대사(청주시)

경상북도 선정 특별상

행정안전부 선정 정부 문화 부분 대통령 단체 표창

서울시 선정 관광 대상 언론인 분야

나는 사이버 외교관 반크다

2009년 11월 20일 1판 1쇄 펴냄
2021년 3월 12일 개정판 1쇄 펴냄

지은이 박기태
펴낸이 김철종
인쇄제작 정민문화사

펴낸곳 (주)한언
등록번호 1983년 9월 30일 제1-128호
주소 서울시 종로구 삼일대로 453(경운동) 2층
전화번호 02)701-6911 **팩스번호** 02)701-4449
전자우편 haneon@haneon.com **홈페이지** www.haneon.com

ISBN 978-89-5596-906-1 13300

한언의 사명선언문

Since 3rd day of January, 1998

Our Mission
- 우리는 새로운 지식을 창출, 전파하여 전 인류가 이를 공유케 함으로써 인류 문화의 발전과 행복에 이바지한다.

- 우리는 끊임없이 학습하는 조직으로서 자신과 조직의 발전을 위해 쉼 없이 노력하며, 궁극적으로는 세계적 콘텐츠 그룹을 지향한다.

- 우리는 정신적, 물질적으로 최고 수준의 복지를 실현하기 위해 노력하며, 명실공히 초일류 사원들의 집합체로서 부끄럼 없이 행동한다.

Our Vision
한언은 콘텐츠 기업의 선도적 성공 모델이 된다.

저희 한언인들은 위와 같은 사명을 항상 가슴속에 간직하고 좋은 책을 만들기 위해 최선을 다하고 있습니다. 독자 여러분의 아낌없는 충고와 격려를 부탁드립니다.

· 한언 가족 ·

HanEon's Mission statement

Our Mission
- We create and broadcast new knowledge for the advancement and happiness of the whole human race.

- We do our best to improve ourselves and the organization, with the ultimate goal of striving to be the best content group in the world.

- We try to realize the highest quality of welfare system in both mental and physical ways and we behave in a manner that reflects our mission as proud members of HanEon Community.

Our Vision
HanEon will be the leading Success Model of the content group.